AR
Y
TÉCNICA
DEL

AMOR

ALBERT ELLIS

ARTE Y TÉCNICA DEL AMOR

grijalbo

ARTE Y TÉCNICA DEL AMOR

Título original en inglés: *The Art and Science of Love*

Traducción: Antonio Rivera,
        de la decimotercera edición de
        Lyle Suart, Inc.,
        Nueva York

© 1960, 1997, Institute for Rational Living, Inc.

D.R. © 1997 por EDITORIAL GRIJALBO, S.A. de C.V.
        Calz. San Bartolo Naucalpan núm. 282
        Argentina Poniente 11230
        Miguel Hidalgo, México, D.F.

ISBN 970-05-0761-0

IMPRESO EN MÉXICO

A los precursores y autoridades en cuestiones amorosas, sexuales y conyugales, que hicieron posible esta obra; en especial a Iwan Bloch, Katharine B. Davis, Robert L. Dickinson, Haveloch Ellis, Sandor Ferenczi, Henry T. Finck, J. C. Flugel, August Forel, Sigmund Freud, Paul H. Gebhard, Rene Guyon, Norman Haire, G. V. Hamilton, Edwin W. Hirsch, Magnus Hirschfeld, Max Hodann, G. Lombard Kelly, Alfred C. Kinsey, Richard von Krafft-Ebing, Paolo Mantegazza, Clyde E. Martin, William H. Masters, Margaret Mead, Ovid, A. P. Pillay, Wardell B. Pomeroy, W. F. Robie, William J. Robinson, Margaret Sanger, Eugene Steinach, Wilhelm Stekel, Hanna M. y Abraham Stone, Lewis M. Terman, Theodore Van de Velde, Kama-Sutra, Vatsyayana, y Edwars Westermarck.

A las primeras autoridades, sobre las mismas materias, que leyeron el manuscrito de esta obra, haciendo valiosos comentarios y sugestiones, aunque no intervinieran directamente en su forma definitiva; en especial a Hugo G. Beigel, Harry Benjamin, LeMon Clark, Lester W. Dearborn, Henry Guze, Robert A. Harper, Hans Lehfeldt, y Robert Veit Sherwin.

INDICE

INTRODUCCION

¿POR QUE OTRO MANUAL SOBRE EL MATRIMONIO?

Como el lector sabe muy bien, se han publicado muchas obras sobre el matrimonio. Entonces, ¿por qué razón publicar otra más?

Porque, si bien muchos de los libros editados son excelentes y han rendido grandes servicios a pacientes y amigos a quienes los he recomendado, ninguno de ellos parece reunir todos los requisitos que, quizá con excesiva insistencia, yo exijo a una obra ideal de este género.

¿Cuáles son estos requisitos? Sencillamente, un manual sobre las relaciones conyugales debe ser, en mi opinión:

Más objetivo que moralizador.

Más práctico que académico.

Más psicosexual que simplemente sexual, y más psicobiológico que únicamente psicológico o biológico.

Sincero y directo, más que vago y elusivo.

Moderno y no anticuado.

Completo en su parte esencial, sin dejar ningún cabo suelto.

Claro e interesante, preferentemente que profundo y aburrido.

He tratado que este libro cumpliese estos requisitos, para que mis lectores de ambos sexos puedan disponer de los conocimientos fundamentales que les hacen falta; sobre sí mismos y sus mutuas relaciones.

Confío en que este libro será para todos una valiosa guía, una orientación que les permitirá experimentar las relaciones sexuales creadoras en la justa proporción a que todo ser humano tiene derecho por su nacimiento.

ALBERT ELLIS

Nueva York

1 | EL APARATO SEXUAL HUMANO

Son muchos, demasiados en realidad, quienes piensan que el aparato sexual consiste principalmente en los órganos genitales y sus accesorios inmediatos. Esta creencia es errónea.

El aparato sexual está constituido por todo el organismo humano, muchas de cuyas partes esenciales no sólo son necesarias para despertar el apetito sexual, y lograr el orgasmo, sino que están íntimamente relacionadas entre sí con el clímax que se alcanza en el orgasmo. Según han demostrado Kinsey y sus colaboradores (1953), de manera espectacular y convincente, existen tantas partes del cuerpo directamente relacionadas con la excitación y la satisfacción sexual, que trazar una lista de todas ellas equivaldría a escribir el índice de un manual de anatomía humana.

A efectos de simple clasificación, diremos que las principales partes del organismo que afectan directa e indirectamente a la sexualidad son: *a)* el cerebro y el resto del sistema nervioso central; *b)* el sistema nervioso autónomo; *c)* los órganos sensoriales y el sistema muscular; *d)* las glándulas endocrinas de secreción interna; y *e)* los órganos genitales externos y el sistema reproductor interno.

¿En qué forma y medida todas y cada una de estas

11

partes del cuerpo afectan al apetito sexual y su satisfacción? Pueden resumirse como sigue:

El cerebro y el sistema nervioso central

El cerebro humano, que es la porción más voluminosa del encéfalo y ocupa la parte del cráneo comprendida entre la frente y la parte posterior de la cabeza, desempeña un papel muy importante para instigar o facilitar los apetitos sexuales, al recibir los impulsos externos que le envían los órganos sensoriales (Lastrucci, 1947). Cuando el individuo se halla en estado de excitación sexual, su cerebro colabora a la consecución del orgasmo proporcionándole sensaciones de placer o satisfacción. Cuando no existe comunicación entre el cerebro y la parte inferior del cuerpo (caso que puede presentarse a veces, al estar la médula espinal seccionada), el sujeto puede experimentar una excitación genital e incluso puede lograrse la eyaculación, pero esta excitación se producirá únicamente mediante un estímulo táctil de sus órganos genitales, no por un estímulo cerebral, y su placer será nulo.

El cerebro también sirve para regular o inhibir la excitación o el clímax sexual. Pese a recibir un estímulo genital directo, un sujeto puede enfocar su atención en pensamientos no estimulantes (como la limpieza de la casa o una partida de ajedrez) evitando así, por desvío inhibitorio, que se despierte su apetito o que éste alcance la culminación (Walker, 1946).

El sistema nervioso central o cerebroespinal comprende: *a)* el encéfalo; y *b)* una extensión alargada del mismo, consistente en la médula espinal y numerosas ramificaciones mayores de la misma (estos nervios raquídeos terminan a su vez en multitud de ramificaciones más pequeñas del sistema nervioso periférico y los órganos sensoriales). El sistema cerebroespinal traslada las sensaciones

12

exteriores procedentes de la epidermis, las extremidades, los músculos, la vista, el oído, el olfato, el gusto, etc., al cerebro, y las sensaciones endógenas o impulsos interiores, del cerebro a los órganos citados (Durand-Wever, 1952).

La parte del sistema cerebroespinal específicamente relacionada con las sensaciones sexuales es la región inferior (o zona sacrolumbar) de la médula espinal, situada en la parte inferior de la espalda. En esta región existen importantes ramificaciones de neuronas unidas directamente a las pequeñas terminaciones nerviosas de las regiones genital y pélvica. Estas neuronas regulan los estímulos procedentes de estas regiones o que se dirigen a ellas.

Si los nervios de los órganos genitales, en un hombre, no han sufrido lesión y las neuronas de la región inferior de la médula espinal también funcionan debidamente, la excitación del pene puede ocasionar la erección y el orgasmo; aunque (como en el caso de algunos parapléjicos) otras partes de su sistema nervioso pudieran hallarse gravemente dañadas. Con todo, como antes hemos observado, el parapléjico no experimentará ningún placer en su orgasmo, pues los nervios que normalmente hubieran transmitido las sensaciones a su cerebro y de éste a sus órganos genitales, están seccionados en algún punto del trayecto medular.

Cuando todas las partes de los sistemas nerviosos central y periférico funcionan normalmente, la excitación y la satisfacción sexuales constituyen un proceso en dos direcciones: a) el estímulo táctil de las partes genitales, se transmite por los conductos nerviosos a la parte inferior de la médula espinal y activa circuitos que vuelven a las partes genitales. Dichas sensaciones también se transmiten al cerebro, a través de la porción cefálica de la médula espinal; b) el cerebro, al recibir sensaciones procedentes de la parte inferior de la médula espinal, junto con es-

13

tímulos sexuales que le llegan por otros medios (como la contemplación de un ser apetecible del sexo opuesto), envía impulsos nerviosos a la región inferior de la médula espinal, y de ésta a los órganos genitales.

Mediante esta combinación, en dos direcciones, de estímulos genitales locales con pensamientos y señales centrados en el cerebro, el individuo se excita y satisface al máximo. Si sólo funciona uno de estos dos principales circuitos nerviosos, es probable que únicamente alcance una excitación sexual y una satisfacción parciales.

El sistema nervioso autónomo

El sistema nervioso autónomo es un especial conjunto de nervios cuya actividad no depende de la voluntad del individuo (como las palpitaciones cardíacas y la respiración), mientras que el sistema nervioso central regula las acciones voluntarias (como correr, arrodillarse y arrojar objetos). Aunque en la actualidad no está claro el modo cómo el sistema nervioso autónomo interviene en la producción o el estímulo del deseo sexual, sí parece seguro que origine o influya de manera significativa una parte primordial de la actividad orgánica que tiene lugar conjuntamente con el orgasmo, o inmediatamente después del mismo. Así, la respuesta a los estímulos sexuales suele provocar un aumento en el pulso, la presión sanguínea, el ritmo respiratorio, la secreción genital, la secreción salival, y así sucesivamente; y todas estas respuestas parecen depender de los impulsos nerviosos que circulan por el sistema nervioso autónomo.

Los órganos sensoriales y el sistema muscular

El sistema nervioso periférico está constituido por las últimas ramificaciones del sistema nervioso y los órganos

14

perceptores de los sentidos (botones o corpúsculos gustativos, receptores del calor y del frío, puntos sensibles al dolor, etc.), y los músculos accionados por las ramificaciones sensoriales. Sin este sistema sensorialmotor, los seres humanos no experimentarían sensaciones físicas, no sentirían dolor ni alegría. Aunque, por otra parte, tampoco podrían moverse.

Bajo el punto de vista sexual, los nervios sensoriales conducen las sensaciones de los órganos genitales —los ojos, la nariz, la boca, los dedos y otros órganos sensoriales— a la médula espinal y el cerebro; y, de una manera cinestética, de los músculos pelvianos, genitales, etc., al cerebro.

El sistema nervioso central, en cambio, envía señales a los músculos para que éstos puedan efectuar distintos ajustes a fin de facilitar los movimientos sexuales.

Teniendo en cuenta que, en el fondo, la sexualidad se halla íntimamente relacionada con la sensualidad, o sensaciones táctiles, tanto la excitación como el orgasmo dependen en gran parte del adecuado funcionamiento de los sentidos y los músculos. Si éstos se hallan gravemente dañados, muchas de las excitaciones y satisfacciones sexuales desaparecen.

Las glándulas endocrinas o de secreción interna

El ser humano posee varias glándulas productoras de hormonas que son muy importantes, entre las que se hallan comprendidas las gónadas (testículos en el varón y ovarios en la hembra), las cápsulas suprarrenales, la glándula tiroides, las paratiroides y la pituitaria. Las hormonas segregadas por estas glándulas son sustancias químicas muy activas, que, al derramarse en el torrente sanguíneo, producen con frecuencia unos efectos espectaculares, tanto en el terreno sexual como en otros aspectos de la economía humana (Beach, 1947, 1948, 1956).

Aunque antes se creía que cada una de las principales glándulas de secreción interna producía su hormona especial, en fecha reciente se ha descubierto que algunas de estas glándulas segregan más de una hormona. Las hormonas sexuales, por ejemplo, pueden producirse no sólo en los ovarios o los testículos, sino también en las cápsulas suprarrenales, que segregan la adrenalina, y en otras. Además, la producción de una hormona, como la tiroxina, por ejemplo, puede producir efectos apreciables en la segregación de otras hormonas.

Se ha descubierto también que los efectos hormonales sobre el deseo y el orgasmo pueden ser directos e indirectos. Así, cuando las hormonas penetran en el torrente sanguíneo, pueden tener dos acciones, a saber: *a)* excitar directamente los centros nerviosos que provocan el apetito sexual; y *b)* influir indirectamente en la acción sexual, afectando.de manera directa el metabolismo, el estado general de salud o el ciclo reproductivo del individuo; lo cual, a su vez, influye en sus tendencias sexuales. Por consiguiente, las influencias hormonales en la sexualidad no sólo son altamente apreciables, sino de una complejidad enorme.

Los órganos genitales y el sistema reproductor

Suponiendo que el sistema nervioso central de un individuo, junto con el sistema nervioso autónomo, sus órganos sensoriales y el sistema muscular, sin olvidar las glándulas endocrinas, se encuentren en buen estado, la frecuencia, intensidad y duración de sus actividades sexuales dependerán de manera muy importante de la condición en que se encuentren sus órganos genitales y sistema reproductor. Así, un sujeto cuyos órganos genitales

16

estén lesionados o enfermos, podrá ver gravemente afectados su excitación sexual y su rendimiento en este terreno. Y es posible que una mujer experimente notables alternativas en su apetito sexual, en diferentes períodos de su ciclo menstrual.

De ello se desprende que las diversas partes y sistemas del organismo humano afectan de varias maneras, importantes y significativas, las inclinaciones y actos sexuales. Bajo el punto de vista sexual, el ser humano acostumbra a actuar como un organismo total y no como un animal concentrado exclusivamente en el aspecto genital. Teniendo en cuenta que esta obra se dirige principalmente a los matrimonios, describiremos y comentaremos los órganos sexuales y sus diversas funciones con cierta minuciosidad, sin olvidar, empero, que un hombre o una mujer son mucho más que un pene o un clítoris y que incluso los pensamientos y sentimientos de carácter más sexual poseen raíces muy importantes semisexuales e incluso no sexuales.

Los órganos sexuales masculinos

La parte más notoria e importante de los órganos sexuales masculinos es el *pene*, que sirve para la micción y el coito. En estado de flaccidez, o sea cuando no se halla en erección, el pene suele medir entre 7 y 10 centímetros; en estado de excitación o erección, alcanza de 12 a 18 centímetros. Su longitud y diámetro varían considerablemente según los individuos. Entra en distensión o erección a causa de la excitación sexual, principalmente (aunque la distensión también se produce a veces por causas secundarias y estímulos distintos, como una excitación no sexual). Bajo el efecto de estos estímulos, la sangre afluye a las cavidades cavernosas y al cuerpo esponjoso, situados en el cuerpo del pene, y que lo mantienen en estado de erección hasta que cesan los estímulos físicos o mentales, volviendo entonces a su estado de flaccidez.

El pene está formado por una cabeza o glande; un reborde que separa al glande del cuerpo del pene; el cuerpo, que forma la mayor parte del pene libre; y una raíz o porción posterior, que está oculta y situada en el espesor del periné, debajo del pubis. En la parte central e inferior del pene se encuentra la uretra, conducto por el que pasan la orina o el semen, para salir por el meato del extremo anterior. Las partes más sensibles del pene suelen ser el glande y su parte inferior, a unos 2,5 centímetros detrás de éste.

Al llegar al glande, la piel forma un pliegue llamado prepucio, que lo cubre en su estado normal. Pero el sebo blanquecino segregado por las glándulas del prepucio forma una materia blancuzca a la que se ha dado el nombre de esmegma y que tiende a acumularse bajo este pliegue cutáneo. A veces, la boca del prepucio es demasiado estrecha y produce irritación. Este defecto, llamado fimosis, se elimina con frecuencia mediante la circuncisión, efectuada en los recién nacidos. La circuncisión, que en su origen tenía carácter religioso entre distintos pueblos del mundo, se recomienda en la actualidad por muchas autoridades médicas. En cambio, existen otras que se oponen a su generalización (Duzet, 1957).

El *escroto* es un saco o bolsa situado bajo el pene, que suele contener los *testículos* y el *epidídimo*. Los testículos producen: *a)* los espermatozoides o semen, mediante los cuales el varón puede fecundar a la hembra; y *b)* algunas hormonas sexuales, especialmente andrógenas, que determinan los caracteres sexuales secundarios (el vello de la cara, la gravedad de la voz, las facciones viriles, etc.) y contribuyen a que se despierte el apetito sexual. El testículo izquierdo suele hallarse un poco más bajo que el derecho. A veces un testículo o ambos faltan o no han descendido del canal inguinal al escroto, en cuyo caso es necesaria la intervención del cirujano. Si al menos un testículo se encuentra en su lugar y en buen estado, el varón suele conservar su aptitud generadora. Incluso puede poseer su potencia sexual aun en el caso de que ambos testículos no hayan descendido al escroto.

En el interior del escroto se encuentran los órganos sexuales masculinos accesorios: el *epidídimo*, una especie de reborde saliente en la parte posterior y superior del órgano, en el que se forman gradualmente los espermatozoides; el *conducto deferente*, continuación del *epidídimo*, que va de los testículos al conducto eyaculador; las *vesículas seminales*, situadas en la base de la vejiga y unidas al conducto deferente, verdaderos depósitos del semen, donde éste se almacena hasta el momento en que se necesita; la *próstata*, glándula que rodea a la uretra frente a la boca de la vejiga y que elabora un líquido espeso y lechoso, que constituye una parte muy principal de la porción líquida del semen; unos *conductos* eyaculadores especiales, que conducen la secreción de la vesícula seminal mezclada con los espermatozoos procedentes de los conductos deferentes, ayudan a expulsar este líquido del pene en el momento de la eyaculación; y las *glándulas* lubricantes (glándulas bulbo-uretrales o de Cowper), que facilitan el paso del semen por la uretra hasta su abertura o meato.

Los órganos femeninos

Los órganos sexuales femeninos son algo más complicados que los masculinos. En primer lugar, se hallan constituidos por la *vulva* (denominación general que sirve para indicar los órganos genitales femeninos externos). La vulva tiene forma ovalada y se encuentra entre los muslos femeninos, extendiéndose desde el monte de Venus, la porción de tejido adiposo situada encima del pubis, hasta la región que se encuentra antes de la abertura del recto (ano), llamada perineo. Cuando la vulva está cerrada, está recubierta por los grandes labios exteriores, en cuyo interior hay los pequeños labios interiores, ambos formados por pliegues cutáneos. Los grandes labios son de contextura áspera y tienen la coloración de la piel, extendiéndose desde el monte de Venus casi hasta el ano. Por lo general están cubiertos de vello. Los pequeños labios son delicados, de color rojizo y tienden a distenderse, a hacerse sensibles y lubrificarse cuando la mujer se halla excitada sexualmente. Según Masters (1960) adquieren un color rojo vivo cuando la mujer está a punto de alcanzar el orgasmo.

En el interior de los pequeños labios se encuentran, de adelante atrás: a) el *clítoris*; b) *la desembocadura de la uretra* (meato urinario); y c) *el orificio externo de la vagina*. El *clítoris* es un pequeño órgano, de una exquisita sensibilidad y una conformación que recuerda al pene. Acostumbra a ser el centro principal de las sensaciones sexuales en la mujer, aunque no siempre es así. No posee un conducto para la orina, como el pene masculino. Como éste, tiene un glande y un cuerpo. Aquél se halla cubierto por una pequeña funda o prepucio, provista de un pliegue interior que debe mantenerse limpio de la esmegma acumulada, o de lo contrario puede producir un olor muy desagradable. Algunas veces, cuando el prepucio del clítoris es demasiado angosto o causa irritación, puede ser necesario la circuncisión de este órgano. Con mayor frecuencia, se hace necesaria la intervención de un ginecólogo para limpiarlo de secreciones endurecidas y acumuladas bajo este pliegue.

Aunque el cuerpo del *clítoris* acostumbre a hallarse oculto en los tejidos femeninos y por consiguiente apenas parezca mayor que un guisante al tacto, este órgano mide alrededor de 3,5 centímetros. A semejanza del pene, su glande y su cuerpo se hinchan de sangre durante la excitación sexual, endureciendo el clítoris, que se vuelve tumescente o eréctil; pero, a causa de su pequeño tamaño, no tanto como el pene masculino.

La *desembocadura de la uretra* se halla separada del clítotis y la vagina. En realidad no es un órgano sexual, sino que está destinada a la micción. No obstante, a veces puede adquirir cierta sensibilidad y puede utilizarse para la masturbación y otras finalidades sexuales.

El *orificio externo de la vagina* se abre casi al lado del ano. Posee una pequeña entrada o vestíbulo, parte del cual recibe el nombre de introito que, como los pequeños labios, está bien provisto de terminaciones nerviosas y es muy sensible a los estímulos táctiles. Traspuestos el vestíbulo y el orificio vaginal, se abre la vagina propiamente dicha, órgano muy extensible, de forma tubular, que mide de siete a diez centímetros de longitud.

En circunstancias normales, el tubo vaginal tiene sus paredes en mutuo contacto, pero se separan al introducirse el miembro viril, ajustándose al tamaño del mismo y pudiendo distenderse considerablemente.

La longitud, el diámetro y el tamaño de la abertura de la vagina varía mucho de una mujer a otra pero, en la gran mayoría de casos, a causa de la elasticidad de sus paredes, la vagina puede recibir un pene de casi cualquier tamaño.

En las muchachas o mujeres que aún no han tenido comercio sexual, la entrada de la vagina está cubierta parcialmente por una membrana llamada *himen*. El himen puede ser grueso o fino, fuerte o débil, elástico o rígido e incluso inexistente, pues algunas niñas nacen sin himen. Puede rasgarse o dilatarse durante las primeras relaciones sexuales, aunque, a veces, puede impedir completamente el coito y en tal caso debe procederse a su extirpación quirúrgica. A menudo se rasga o se dilata mucho antes de que la joven efectúe la primera cópula, a consecuencia de reconocimientos médicos, exploración sexual, el empleo de tapones, etcétera.

En la parte superior de la vagina se distingue el cuello del útero, a través del cual se llega a la cavidad uterina. Durante las excitaciones sexuales y el coito, sus paredes están bien lubricadas; las glándulas de Bartholin, situadas cerca de la entrada, también pueden activarse para engrasar más sus paredes (Masters, 1960).

La vagina desempeña varias funciones importantes: a) permite evacuar la menstruación, que la mujer presenta con una regla cada mes lunar, o sea cada 28 días; b) se dilata enormemente durante el parto, para dar paso al infante; c) se dilata y se extiende para recibir al miembro viril durante la cópula.

Aunque en estado normal o de reposo parece ser un órgano bastante pequeño y angosto, puede dilatarse enormemente· y ser capaz al propio tiempo de cumplir todas sus funciones adecuadamente, cuando no median impedimentos de orden patológico.

Existen casos de incompatibilidad sexual, originados por la diferencia de tamaño entre el pene y la vagina. Casi todos ellos se deben a que la vagina puede haberse distendido por efecto de partos reiterados. Al propio tiempo, los esfínteres lisos, o haces musculares lisos, que rodean las paredes de la vagina, no aprietan al miembro viril con la fuerza necesaria para proporcionar un coito satisfactorio. Afortunadamente, la cirugía moderna puede remediar esta situación, en la mayoría de los casos.

Las paredes de la vagina, en efecto, están provistas de poderosos haces musculares en su extremo inferior, que durante el coito rodean firmemente por todas partes al miembro viril. Cuando el coito alcanza su clímax, los esfínteres de la parte inferior de la vagina suelen contraerse espasmódicamente, haciendo creer a la mujer que experimenta una especie de "orgasmo vaginal". En realidad, la mujer puede experimentar la misma contracción, aunque no con una sensación tan viva, al alcanzar el clímax por medio del masaje del clítoris o por otros medios extravaginales; por lo tanto, es dudoso que exista un "orgasmo vaginal" especial.

El hombre presenta sus órganos sexuales externos rodeados de vello, que se extiende por el pubis y parte del bajo vientre; la mujer, en cambio sólo presenta vello en el pubis, terminando en una línea antes de alcanzar el bajo vientre, recubriendo también la parte superior de la vulva y descendiendo triangularmente sobre los grandes labios.

Por encima de la vagina, en la cavidad abdominal femenina, se encuentra el útero o matriz, que con ambos nombres se denomina. De él parten unos a modo de brazos, llamados trompas de Falopio, en la proximidad de las cuales están los ovarios, uno a cada lado. Como los testículos del hombre, los ovarios segregan células reproductoras (llamadas *óvulos* en el caso de la mujer) y unas hormonas que influyen en la menstruación y el desarrollo de las características sexuales secundarias femeninas (vello, timbre de la voz, desarrollo de las partes genitales, etc.).

La cavidad uterina, como hemos señalado, posee un cuello que desemboca en la parte superior de la vagina. Durante el coito, el semen que eyacula el miembro viril penetra en el útero a través del cuello y asciende hasta las trompas de Falopio.[1]

Aproximadamente cada 28 días, un folículo madurado, que ha crecido formando una prominencia en la superficie del ovario, se abre y sale el óvulo del ovario, para ser recogido por la trompa de Falopio, de la que pasa al útero, donde se encuentra un espermatozoide que lo fecunda y se instala en la pared del útero, preparada por influencias hormonales para recibirlo.

---

[1] Según el doctor O. Karsten, en el orgasmo, el cuello del útero se abre e intenta atrapar ávidamente, como un animal hambriento, el semen que eyacula el miembro viril. (N. del T.)

Si el óvulo no encuentra un "pretendiente", la mucosa del útero, preparada para alimentarlo por la sustancia hormonal, se destruye y expulsa del cuerpo femenino, a través del cuello del útero y la vagina. Esta periódica destrucción de la hipertrofiada y congestionada mucosa del útero, que se expulsa en forma de hemorragia, recibe el nombre de *menstruación* y suele durar de tres a cinco días.

2 | EL ACTO SEXUAL EN EL HOMBRE Y LA MUJER

El acto sexual en el hombre

El proceso consistente en despertar y satisfacer el apetito sexual en el varón consta generalmente de varias fases:

1. El cuerpo entero, en particular sus tejidos nerviosos y conjuntivos, se halla en un estado suficiente de reposo, oxigenación, nutrición, etc., para predisponerlo a la actividad sexual.

2. Los testículos y otras glándulas reproductoras de hormonas segregan una cantidad adecuada de hormonas sexuales, en particular andrógenas, que se vierten en el torrente sanguíneo e infunden una sensibilidad conveniente a los órganos genitales.

3. Todo el organismo recibe un constante incentivo de estímulos físicos y psicológicos, de suficiente grado e intensidad, para excitar los centros nerviosos del cerebro y parte inferior de la médula espinal (región raquídea). Los principales estímulos que acostumbran a poseer eficacia son los que llegan a través de la vista, el tacto y el pensamiento de un objeto sexual, en particular un miembro determinado del sexo opuesto. (Dengrove, 1959; Kelly, 1957; Long, 1922; Moll, 1931.)

4. Cuando los nervios centrales del sistema cerebroespinal reciben un estímulo, se produce inmediatamente,

como estímulo-respuesta, una afluencia de sangre al glande y el cuerpo del pene, endureciéndose y obligándolo a elevarse o a ponerse en erección, formando un ángulo recto con el cuerpo.

5. Al propio tiempo, una gota viscosa que facilita el deslizamiento de la punta del glande y la eyaculación, es segregada por las glándulas de Cowper, situadas en la parte anterior de la uretra. Este líquido lubricante puede contener a veces esperma, pero casi siempre se trata de una secreción de dichas glándulas. Puede hacerse escaso y desaparecer por completo con la edad.

6. Impelido por su creciente excitación, el varón trata de aplicar una fricción continuada a las partes sensibles de su pene y se esfuerza por enfocar y concentrar sus movimientos pelvianos —en particular si tiene comercio sexual— a fin de que también éstos envíen impulsos a los centros nerviosos, junto con las continuas sensaciones que les llegan del miembro viril. Al propio tiempo, puede efectuar movimientos con los labios, manos, hombros, etc., que también envían señales al sistema cerebroespinal (Beach, 1956).

7. Los impulsos excitantes circulan constantemente y de forma creciente en ambas direcciones: del pene y otros órganos al cerebro y la médula espinal, y recíprocamente, para ser enviados nuevamente a los centros nerviosos desde estos órganos periféricos.

8. Finalmente, cuando los movimientos del pene, del cuerpo y las fricciones han acumulado gran cantidad de impulsos neuromusculares de gran intensidad, los centros nerviosos envían unas convulsiones arrítmicas que desencadenan el orgasmo, o lo que Kinsey y sus colaboradores (1953) denominan una "descarga explosiva de tensiones neuromusculares en el apogeo de la actividad sexual".

El orgasmo, en el hombre suele ir acompañado de la eyaculación; pero también puede producirse sin eyaculación; especialmente en adolescentes u hombres maduros que acaban de experimentar otro orgasmo o son impotentes.

El orgasmo está acompañado normalmente de intensas sensaciones de placer en el pene y otras partes del cuerpo, y también por varias clases de sensaciones y espasmos psicofísicos, entre los que se cuentan: un notable aumento en el número de pulsaciones, elevación de la presión sanguínea, del ritmo respiratorio, de las secreciones genital, nasal y salival, congestión pelviana y movimientos musculares en la pelvis, los muslos, los brazos y piernas, los músculos abdominales y casi todos los sistemas musculares más importantes del cuerpo.

El acto sexual en la mujer

Por lo que actualmente se sabe, la excitación sexual y su satisfacción en la mujer, se produce de manera muy similar a como ocurre en el hombre, salvo algunos cambios fisiológicos propios de los órganos femeninos. Así Masters (1960) descubrió recientemente que durante la excitación sexual, los senos y la vagina de la mujer muestran tendencia a dilatarse considerablemente y los labios interiores de la vulva adquieren un color escarlata durante el orgasmo.

Cuando se produce éste en la mujer, las paredes de la vagina y las glándulas de Bartholin pueden expulsar gran cantidad de flujo, lo cual puede hacer pensar en que se produce el equivalente de la eyaculación masculina. Pero, en realidad, no existe ninguna analogía con la expulsión del semen.

Las diferencias sexuales más marcadas entre el hombre y la mujer han sido objeto de vivos debates en la literatura de divulgación sexual, pero se poseen relativamente pocas pruebas que permitan hablar de grandes di-

27

ferencias (Bonaparte, 1953; Mead, 1949); Scheinfeld, 1947; Woodside, 1948; Zimmerman y Cervantes, 1956).

Una cuidadosa consideración y examen de las pruebas clínicas y experimentales que se poseen, nos permiten establecer las siguientes conclusiones:

1. La mayoría de los hombres se excitan con más facilidad y rapidez que las mujeres. Existe, sin embargo, una pequeña minoría de mujeres que se excitan instantáneamente ante unos estímulos sexuales determinados y cuyo apetito carnal suele despertarse con mucha mayor frecuencia que el de la mayoría de los hombres. Pero la mujer normal de nuestra sociedad tiene que realizar un esfuerzo mayor que el hombre corriente para enfocar su atención en ideas sexualmente excitantes; necesita un período más largo de activa estimulación física de las partes eróticas de su cuerpo antes de sentirse suficientemente excitada para alcanzar el clímax sexual (Adams, 1953; Landis, 1942; Terman, 1951; Shuttleworth, 1959; Wright, 1949a 1949b).

2. Casi todos los varones de nuestra sociedad pueden alcanzar el orgasmo en menos tiempo que la mayoría de mujeres, aunque en este caso también existe una pequeña minoría femenina capaz de experimentarlo con la misma rapidez o incluso antes que el varón normal. Cuando la mujer normal recibe estímulos directos —lo cual generalmente puede lograrse mejor mediante manipulación del clítoris que por introducción del miembro viril—, suele tardar de cuatro a cinco minutos en alcanzar el clímax, mientras que el varón normal, en las mismas circunstancias, tarda de dos a cuatro minutos. Pero cuando la mujer recibe estímulos indirectos, como suele suceder durante el coito, suele tardar de diez a veinte minutos en experimentar el orgasmo, y ocurrir que ni siquiera llegue a experimentarlo.

3. Muchas mujeres muestran una sensibilidad difusa, mientras que muchos hombres poseen una sensibilidad

específicamente genital a los estímulos sexuales (Daniels, 1953; Davis, 1956; Kisch, 1926). Así, los varones muestran con frecuencia un interés exclusivo o principal en el contacto genital, mientras que las mujeres sienten el mismo o mayor interés por los besos, caricias y otros escarceos sexuales del contacto genital. Al propio tiempo, no hay pruebas que indiquen que el miembro viril sea más sensible que el clítoris, ni que los pezones masculinos sean menos sensibles que los femeninos. Además, existen mujeres que sienten mayor atracción por los contactos genitales que por los contactos pregenitales, del mismo modo como hay ciertos hombres que se sienten enormemente atraídos por los juegos eróticos preliminares, que les excitan tanto como la cópula activa (de Beauvoir, 1953).

4. Ha sido establecido como norma, en especial por los investigadores del grupo Kinsey (1948, 1953), que la mujer tiende a ser menos excitable que el hombre en presencia de diversos estímulos; o sea que siente menor interés por las actividades sexuales ajenas, demostrando menor preferencia por un tipo determinado de acto sexual y reaccionando a una variedad más reducida de objetos sexuales.

Es muy posible que algunas de las diferencias psicológicas sexuales que se han observado entre hombres y mujeres pertenecientes a nuestra sociedad civilizada procedan de la educación sexual que han recibido, que puede ser radicalmente distinta de unas personas a otras (Van Emde Boas, 1950). También es posible, empero, que existan diferencias psicofisiológicas innatas entre ambos sexos, que produzcan una mayor excitación en el hombre normal ante una gama más variada de estímulos.

5. Cuando una mujer se halla excitada sexualmente y experimenta un orgasmo reparador, existen muchas probabilidades de que pueda repetirlo, transcurrido relativamente poco tiempo, hasta experimentar media docena de orgasmos completos (Masters, 1960). Algunas mujeres

incluso pueden experimentar diez, veinte, treinta o más orgasmos seguidos, con alternativas de mayor y menor goce, en un período de media hora, o una hora, después de experimentar el primero. A este respecto, las mujeres suelen ser sexualmente "superiores" a los hombres, pues éstos generalmente necesitan un período de descanso de media hora, o incluso más, entre orgasmo y orgasmo; y sólo muy raramente pueden experimentar más de tres o cuatro en un lapso de varias horas.

6. Si bien el orgasmo masculino sólo dura, por lo general, unos segundos, el femenino parece prolongarse con frecuencia a un tiempo mayor. En algunos casos, en especial cuando no está seguido de otros, decrece gradualmente y no con rapidez.

7. Aunque el orgasmo masculino puede ser muy intenso y placentero, a menudo abarca una gama de intensidad muy amplia, pues no siempre produce el mismo placer. El orgasmo femenino también posee una amplia gama de intensidad, quizá mayor incluso que la del hombre. Cuando se experimenta en toda su intensidad, puede provocar una sensación de goce extraordinario y relajante. Pero con frecuencia no posee intensidad y sólo satisface de una manera suave o moderada (Adams, 1953; Knight, 1943).

El orgasmo femenino es susceptible de clasificarse con cierta vaguedad en las dos categorías de orgasmo menor y mayor; sólo éste es completamente liberador y satisfactorio. A veces el orgasmo femenino menor equivale a una aguda excitación del clítoris, mientras que el mayor se acompaña de una aguda excitación de la vagina; pero no existen pruebas en favor de este aserto. Por el contrario, muchas mujeres sólo pueden alcanzar el orgasmo mayor mediante un estímulo directo del clítoris, mientras que la introducción del miembro viril en la vagina sólo les produce, en el mejor de los casos, un orgasmo menor (A. Ellis, 1953a).

8. Si bien casi todos los varones de nuestra sociedad alcanzan el apogeo de su actividad sexual en su adolescencia, poco antes de cumplir los veinte años, las mujeres tienden a alcanzarlo cuando frisan en los treinta años. Aún no está claro hasta qué punto esta lentitud de maduración sexual se debe a factores biológicos y está relacionada con las inhibiciones sexuales que pesan especialmente sobre la mujer. De todos modos, cuando ésta alcanza el apogeo de su excitabilidad sexual, tiende a mantener un nivel bastante seguido de apetito y satisfacción durante veinte o treinta años o más. Algunas mujeres, incluso, muestran una mayor excitabilidad sexual después de alcanzar la menopausia. En cambio, casi todos los varones experimentan una lenta, pero segura, disminución en el deseo y el rendimiento sexuales después de cumplir los veinte años.

En resumen, pues, parecen existir significativas diferenciaciones sexuales entre el hombre y la mujer corrientes; algunas de éstas tienen una base biológica y otras han sido probablemente creadas o exageradas por las diferentes actitudes ante la sexualidad, que nuestra civilización suele imprimir en ambos sexos (Hardenberg, 1949; Zimmerman y Cervantes, 1956). Pero como también ocurre con otros aspectos del hombre, en este caso las cifras *promedio* apenas significan nada, por lo que se refiere a la sexualidad masculina y femenina. Del mismo modo que el varón corriente, o medio, es más alto que la mujer corriente, aunque existen *algunas* mujeres mucho más altas que *algunos* hombres, también pueden existir *algunas* mujeres mucho más sexuales, que respondan con mucha mayor rapidez al estímulo y experimenten el orgasmo con mayor facilidad que *algunos* hombres (Landis, 1940).

Esto es particularmente cierto en aquellas mujeres que, a causa de su sexualidad especialmente elevada, son propensas a tener muchas aventuras premaritales, sin caer en la prostitución. Esta clase de mujeres suelen excitarse

31

con tanta facilidad y satisfacerse sexualmente tan pronto, que sus compañeros masculinos se llevan la errónea creencia de que todas las mujeres normales son, o deberían ser, como las que forman esta minoría. Por consiguiente, cuando un hombre tiene una aventura con una mujer *corriente,* o se casa con ella, se lleva una desagradable sorpresa al descubrir que su novia, o su esposa, es sexualmente "subnormal".

Por lo que se refiere, pues, a la sexualidad humana, así como a otras características y rasgos, debemos ser realistas y tener siempre en cuenta que existen diferencias de grupo e individuales. De lo contrario, nuestras relaciones heterosexuales serían saboteadas por especulaciones poco realistas.

3 | VALVULAS DE ESCAPE SEXUAL

Biológica y biosocialmente hablando, los seres humanos emplean numerosas válvulas de escape para la tensión sexual. Pueden excitarse sexualmente y alcanzar el orgasmo de diversas maneras principales: *a)* pueden, consciente o inconscientemente, pensar en personas u objetos excitantes, bajo el punto de vista sexual, o entregarse a ensueños de esta índole; *b)* pueden tener sueños sexuales; *c)* pueden masturbarse; *d)* pueden tener relaciones sexuales sin coito o coitos heterosexuales; *e)* pueden llegar a prácticas homosexuales; *f)* pueden tener, incluso, relaciones sexuales con animales.

Teniendo en cuenta que, en condiciones favorables, todas estas formas de actividad sexual son excitantes y capaces de provocar el orgasmo, todo hace suponer que si los seres humanos se educasen sin prejuicios sexuales ni apriorismos, en el curso de su vida se entregarían libremente a casi todas estas prácticas, aunque en diversos grados y limitaciones (Freud, 1938).

Así, bajo unas condiciones favorables de completa aceptación de todas las variantes sexuales, el hombre o la mujer corrientes participarían sin duda y abiertamente en las relaciones heterosexuales o sin coito (caricias extremadas) en su gran mayoría (quizá el 80 ó 90 por 100), en concepto de válvula de escape, empleando otras formas de sublimación sexual para sus restantes actividades.

33

En nuestra sociedad actual, empero, así como en otras partes del mundo, se inculcan actitudes sexuales distintas (Seward, 1946), con el resultado de que casi todas las personas, en particular después del matrimonio, terminan mostrándose partidarias de una clase determinada de válvula de escape —por lo general las relaciones heterosexuales—, mientras que una minoría se inclina por otra clase como el homosexualismo.

Esta canalización de nuestros impulsos plurisexuales hacia una o dos válvulas de escape principales tiene diversas causas posibles: *a)* nuestra educación nos hace creer que otras válvulas de escape distintas a las corrientes son inmorales o no están permitidas; *b)* a causa de alteraciones emocionales, sentimos apego por una válvula de escape determinada; *c)* experimentamos un temor neurótico de un tipo de conducta cualquiera (por ejemplo, tememos que nos rechacen los miembros del sexo opuesto) y por consiguiente seguimos adheridos o sujetos de manera fetichista a otra válvula de escape, que sustituye a aquélla (la homosexualidad, por ejemplo); *d)* probamos diversas válvulas (masturbación, escarceos heterosexuales y relaciones heterosexuales, por ejemplo) y basándonos en nuestra experiencia, decidimos que una de ellas (verbigratia, el coito heterosexual) es mucho más placentera que las demás, creando así una fijación sexual determinada.

Pero incluso en nuestra sociedad neurótica y llena de prejuicios sexuales, la completa canalización del impulso sexual no siempre constituye la regla invariable. Casi todas las personas apelan a diferentes clases de conducta al comienzo de su vida, antes de experimentar un apego principal por una forma determinada, y muchas acuden a las actividades plurisexuales durante casi toda su vida. Nos ocuparemos seguidamente con mayor detalle de varias de las formas principales de participación sexual que hoy predominan.

Pensamientos y fantasías erótico-sexuales

Virtualmente todos los hombres y mujeres normales tienen considerables pensamientos y fantasías sexuales (Ramsey, 1950). Por lo general suelen pensar en el encuentro con seres atractivos del sexo opuesto, a los que desnudan, acarician y con los que efectúan la cópula, etc. Tales fantasías ocupan una gama amplísima en el espectro de la imaginación y con frecuencia comprenden pensamientos y fantasías algo insólitos, peculiares o extravagantes. Solamente cuando estas ideas sexuales adquieren un matiz obsesivo-compulsivo, o cuando no pueden eliminarse en el proceso de excitación y satisfacción, es dado tacharlas propiamente de patológicas. Como observa Levine (1955): "Un error generalizado es el de creer que todos los pensamientos raros o extravagantes indican psicosis o anormalidad."

En la gran mayoría de los casos, los pensamientos y fantasías sexuales se utilizan para estimular la excitación y por sí solos no pueden conducir al orgasmo. En una minoría de casos —que probablemente no rebasa el 1 por 100 entre las mujeres y un porcentaje casi nulo entre los hombres—, los pensamientos de índole sexual pueden llegar a provocar un orgasmo corriente en el individuo. Los pensamientos eróticos no siempre provocan el orgasmo, en la mayoría de los casos, pero constituyen una ayuda importante. A menudo son indispensables para alcanzar el orgasmo durante la masturbación, el escarceo e incluso en el coito.

Sueños sexuales (erotismo onírico)

Según el informe Kinsey, casi todos los varones y aproximadamente el 70 por 100 de las hembras sometidos a estudio admitieron tener sueños nocturnos de carácter libidinoso, con orgasmo o sin él. En algunos casos, estos sueños eróticos parecen incrementarse al disminuir las restantes válvulas de escape sexuales del individuo; pero en muchos otros casos esto no es así, especialmente en las mujeres. Incluso cuando los sueños de carácter sexual aumentan como resultado de la disminución de otras actividades, el número de orgasmos (poluciones nocturnas) así alcanzados no parece igualar a los que han dejado de producirse por otros medios.

Los sueños eróticos, como los pensamientos y fantasías de la misma índole, son perfectamente normales y hay que esperar que se produzcan espontáneamente (Gutheil, 1950; C. Landis, 1940, 1942); lo verdaderamente insólito es que no tengan lugar. Pero cuando los sueños o pensamientos eróticos que se tienen en estado de vigilia asumen proporciones alarmantes, hay que sospechar que el individuo no tiene suficientes válvulas de escape o que sufre un desarreglo emocional, que crea en él una obsesión por el sexo. En el primero de ambos casos, suele ser aconsejable que se procure otras válvulas de escape; en el segundo caso, hay que recurrir a la ayuda psicológica, para conocer la raíz del mal.

Masturbación

En su prístino sentido, masturbación significa la manipulación de los órganos genitales, por lo general hasta alcanzar el orgasmo. Hoy en día, el término tiene un sentido más amplio y se refiere a casi todos los tipos de autoestimulación, manual o no manual. También se aplica con frecuencia a las relaciones entre dos individuos fuera del coito, pero entonces establece una confusión con el término escarceo amoroso, que para mayor claridad es el que hay que usar en este caso. En este libro aplicaremos el término "masturbación" únicamente la autoerotismo o autoexcitación; o sea, para describir la excitación y la satisfacción sexuales que se producen cuando una persona está sola.

En el transcurso de las edades, se han escrito y divulgado muchas objeciones a la masturbación..., a pesar del hecho de que el 95 por 100 de los varones norteamericanos y el 75 por 100 de las hembras, por lo menos, incurren en esta práctica, sin daño aparente, en un período u otro de su vida (Finger, 1947; Kinsey y colaboradores, 1948, 1953; Peck y Wells, 1925; Ramsey, 1950). En la actualidad ya no existe la tendencia a atribuir enfermedades mentales, debilitación física, lesiones genitales y múltiples dolencias al autoerotismo, como pretendieron en otro tiempo, desde luego erróneamente, diversas de las llamadas autoridades (Dearborn, 1947; Lawrence, 1953; Spitz, 1949, 1952; Wettley, 1959). Pero en numerosos textos modernos sobre temas sexuales aún figuran diversas objeciones contra la masturbación, aunque virtualmente casi todas estas objeciones, como he demostrado ampliamente en mi obra *Sexo sin culpabilidad* (1958), son infundadas.

Los principales argumentos anti-masturbatorios y las respuestas que pueden dárseles son los siguientes:

1. Suele sostenerse que la masturbación demuestra falta de madurez. Pero en realidad, los hombres y mujeres solteros de la cultura occidental hacen de ella, en la mayoría de los casos, su principal válvula de escape sexual. El autoerotismo sólo se convierte en una actividad inmadura o desviada cuando el individuo que puede elegir entre otras varias formas de actividad sexual cree que *sólo* puede experimentar satisfacción masturbándose, o cuando emplea las fantasías y actividades masturbatorias para reducir su estado de ansiedad (Abramson, 1955; Faust, 1957). Estos individuos son relativamente raros. Podemos afirmar que casi todos los restantes hombres y mujeres que se masturban, sea cual fuere su edad, se hallan comprendidos en la clasificación sexual normal.

37

2. Se ha tildado a la masturbación de actividad anti-social. Pero la idea de que la masturbación constituye un hábito solitario y poco social, que impulsa a los hombres y mujeres a evitar la compañía de sus semejantes, es tan ridícula como la idea de que la asistencia a un cinematógrafo puede ser más sana, socialmente, que la contemplación de la televisión en casa; o la de que los individuos que leen en casa son pobres almas solitarias, comparados con las personas que van a leer a las bibliotecas públicas, que así resultarían más normales bajo el punto de vista social.

Es posible que una muchacha o un joven poco sociables y tímidos se marturben, en vez de esforzarse por alcanzar unas relaciones heterosexuales; pero el individuo que se convierte en un ser poco sociable *a causa* de la masturbación es verdaderamente raro. Lo que no es raro es la sensación de *culpabilidad* producida por el autoerotismo, y ésta sí que puede provocar una actitud antisocial; pero no la masturbación.

3. Se ha pretendido que la masturbación no proporciona una completa satisfacción emocional. Pero ningún acto sexual —el coito heterosexual inclusive— puede proporcionar una completa satisfacción emocional en todos los momentos y a todas las personas. La idea de que un acto sexual, para que sea considerado "bueno" o "beneficioso", debe ser intensamente satisfactorio bajo el punto de vista emocional, o de que el erotismo sin amor es perverso, constituye una idea no científica y fundamentalmente puritana (Ellis, 1958). El sexo sin amor ni emoción, la masturbación inclusive, puede ser, en muchos casos, menos *preferible* al sexo con amor; pero no se puede pretender que esto lo haga o lo convierta necesariamente en algo malo o equivocado.

4. Suele argüirse que la masturbación es una frustración de la verdadera actividad sexual. No obstante, aunque puede constituir una frustración *relativa*, si se la

compara con las relaciones sexuales entre dos seres humanos, muy raramente constituye una frustración *absoluta*, pues de lo contrario no habría millones de personas que de una manera continua y repetida acuden a ella. Es natural que las personas educadas bajo ideas antimasturbatorias encuentren que el autoerotismo es relativamente poco satisfactorio. Los que han sido educados bajo ideas favorables a la masturbación encontrarán muy satisfactorias las actividades onanistas; aunque no siempre, por lo general, tan satisfactorias como otras formas de contactos humanos.

5. Se alega que la masturbación provoca la impotencia o la frigidez. A decir verdad, no existen pruebas en favor del aserto de que el onanismo cause la impotencia o la eyaculación prematura en el hombre, y los investigadores del grupo Kinsey comprobaron que si bien aproximadamente un 33 por 100 de las mujeres *que no* se masturbaban antes del matrimonio demostraron frigidez durante el coito en los primeros años de matrimonio, alrededor de un 15 por 100 de aquéllas que se masturbaban, demostraron la misma frigidez. Mis propias investigaciones clínicas, que abarcan un período de muchos años, indican también que un gran número de mujeres alcanzan unas relaciones maritales más satisfactorias si previamente se han dedicado a procurarse goce solitario, en mayor o menor grado.

El doctor Robert A. Harper, de Washington, me comunica al respecto en una carta: "La masturbación es un medio excelente para ayudar a vencer la frigidez de algunas mujeres, cuando se acompaña de una nueva orientación psicológica. Los hombres también pueden suprimir la eyaculación prematura, si su masturbación se acompaña de una orientación psicológica racional."

6. Se sostiene que la masturbación puede conducir a excesos sexuales. Pero la reacción erótica, en el hombre y la mujer, depende de un notabilísimo mecanismo a

prueba de fallos. Cuando un individuo alcanza el límite de su resistencia fisiológica, deja de reaccionar sexualmente. En tales circunstancias, sólo una persona completamente anormal, como un psicópata, se masturbaría sin sentir el menor deseo, y sólo esta clase de personas pueden llegar a masturbarse en "exceso". Kirkendall (1958, 1960) ha demostrado recientemente que los jóvenes acostumbran tener un potencial sexual mucho más elevado del que en realidad utilizan.

7. Suele decirse que, teniendo en cuenta que los niños de nuestra cultura profesan la idea de que la masturbación es peligrosa, lo cual despierta en ellos sentimientos de culpabilidad, los padres deberían aliarse con la propia conciencia del niño, a fin de tranquilizarlo, y, al propio tiempo que lo tranquilizan y le aseguran que la práctica es inofensiva, deberían ayudarle a encontrar medios para superarla. Esta doctrina es perniciosa y derrotista, pues da por sentado que *alguien* inculca en los niños la idea de que masturbarse es peligroso; idea que los padres deberían aniquilar sin contemplaciones, en vez de aceptarla cobardemente.

Nadie se atrevería a afirmar que, a causa de que los niños temen romper un espejo o cruzarse con un gato negro, los padres deberían ayudarles a superar la práctica de romper espejos o de cruzarse con gatos negros. Por el contrario, deberían ayudarles a vencer estos *temores* y no a interrumpir las *acciones* provocadas por dichos temores. Lo mismo ocurre con la masturbación: habría que ayudar a los niños a vencer el temor que les inspiran los goces solitarios, en vez de hacerles renunciar al onanismo.

En su conjunto, pues, los reparos que se objetan a la masturbación, en la mayoría de los manuales corrientes sobre Sexología —reparos que parecen dar a entender que si bien el autoerotismo no es totalmente perjudicial, sin embargo no es "bueno" ni "deseable"— no poseen base científica y constituyen una rémora moderna, formada por antiguas y trasnochadas actitudes moralizadoras y antisexuales (Brown y Kempton 1950; Stekel, 1950). Como observa LeMon Clark (1958): "Cuando el goce solitario en el hombre o la mujer proporciona un alivio a la tensión, fomenta el reposo y ayuda a alcanzar la relajación y el sueño, no sólo no es perjudicial, sino que sus efectos son definitivamente beneficiosos. Dejando aparte la ligera atención que merecen los problemas de una excesiva complacencia y de unos métodos que puedan causar lesiones, no hay que preocuparse por esta práctica natural, que se remonta a los tiempos prehistóricos."

La verdad es que la inmensa mayoría de norteamericanos practican el onanismo durante una parte considerable de su vida. Teniendo en cuenta las otras restricciones que pesan sobre la actividad sexual, serían anormales si no se entregasen a estas prácticas.

El escarceo amoroso o las relaciones sexuales sin coito

Como suele ocurrir con las prácticas onanistas, el escarceo suele tener mala fama en nuestra sociedad. Diversos autores han asegurado que las caricias que sólo se proponen procurar placer o alcanzar el orgasmo son anormales, pervertidas, malsanas, inmaduras, causantes de frustración y de frigidez. Salvo en muy pocos casos, estas alegaciones parecen ser infundadas (Beigel, 1952; R. Harper, 1960b).

El escarceo amoroso consiste en un estímulo táctil del cuerpo de la otra persona, en particular de las partes genitales y las zonas erógenas. Suele hacerse mediante caricias, abrazos, besos, mordiscos, masajes, etc. Cuando se limita a besos en los labios, abrazos y manoseo de los senos y otras zonas situadas de cintura para arriba, suele recibir el nombre vulgar de *magreo*. Cuando incluye la mutua desnudez y el estímulo de las partes genitales, acostumbra a llamarse *escarceo amoroso* o *relaciones sexuales sin coito*.

Las caricias prolongadas que no conducen al orgasmo pueden dar por resultado, en algunos individuos, a estados de tensión, dolores en la ingle o región testicular, jaquecas y otras formas de malestar físico. Según los recientes descubrimientos del doctor Abel J. Leader, un urólogo de Houston, puede producirse un desorden crónico de la próstata y las vesículas seminales (su nombre técnico es vesiculoprostatitis) cuando las secreciones producidas por estas glándulas son retenidas, en lugar de expulsarse...; como ocurre cuando un varón hace caricias o se excita de otro modo durante un período prolongado de tiempo, sin satisfacción sexual completa (Secor, 1959). Según LeMon Clark (comunicación al autor): "Es frecuente que las muchachas contraigan una congestión crónica de la pelvis, como resultado de prolongados escarceos amorosos sin alcanzar el orgasmo. Sus capilares pelvianos adquieren una dilatación crónica, que origina congestión y molestias. Una sesión de caricias sin orgasmo causa poco daño, si se hace de vez en cuando, pero entregarse a escarceos amorosos dos o tres veces por semana durante un año, es muy perjudicial."

En el reverso de la medalla, vemos que ciertas personas pueden entregarse a sesiones prolongadas de caricias sin que eso les resulte perjudicial; por el contrario, sienten cierta cantidad de satisfacción que va aparejada a una reducción de sus tensiones. Con estos individuos, que quizá forman una minoría, las caricias y escarceos pueden ser más satisfactorios que cualquier clase de relaciones sexuales. Al propio tiempo, muchos de ellos hallan sin duda mayor satisfacción y beneficio en los juegos amorosos que terminan en el orgasmo.

Esta última clase de actividad, cuando no se hace de manera exclusiva o invariable, no parece tener graves desventajas al compararla con el verdadero coito. Con frecuencia no es una actividad que produzca tanto goce como la cópula, en particular para el varón; pero algunas personas, especialmente mujeres, la encuentran más satisfactoria que el comercio carnal. Representa exactamente la misma clase de estímulo y reacción que posee el coito en casi todos sus aspectos; y por lo que hasta ahora sabemos, casi todos los hombres y mujeres experimentan la misma clase de orgasmo, gracias a estos escarceos, que el que alcanzan mediante la cópula...; a condición *sine qua non* de que no tengan importantes prejuicios psicológicos a favor de uno de estos dos actos sexuales (Lindsey y Evans, 1925, 1929).

Cuando se practica exclusivamente como un medio de alcanzar el orgasmo o se prefiere de manera invariable a otra forma de relaciones sexuales, el escarceo puede formar parte del sistema individual de fetichismo, deseos o neurosis sexual. Así, es posible que el individuo recurra continuamente al escarceo porque teme la cópula, o se sentiría culpable ante la pérdida de la virginidad, o sienta una atracción fetichista por la manipulación de los senos, por ejemplo. En algunos casos, empero, como sucede cuando un varón que alcanza demasiado rápidamente el orgasmo en la cópula, pero tarda más tiempo en alcanzarlo y goza más si su esposa le acaricia el pene, o si una mujer encuentra el coito doloroso físicamente, aunque esto no suceda con otra clase de relaciones, el escarceo puede emplearse de manera preferente o exclusiva, sobre una base no fetichista ni neurótica.

Los juegos amorosos que terminan en el orgasmo son particularmente normales y saludables cuando se acude a ellos a causa de las dificultades que presentan otras formas de actividad sexual. Así, si dos jóvenes o incluso dos cónyuges de más edad desean tener relaciones sexuales pero tienen un legítimo temor a sus consecuencias, pueden proporcionarse virtualmente toda la satisfacción que ansían sin correr riesgos de embarazo. O si dos personas están limitadas a tener relaciones sexuales en un lugar semipúblico —un automóvil estacionado, por ejemplo— y desean reducir al mínimo el riesgo de verse descubiertos, las caricias y escarceos pueden ser una forma más práctica de relación sexual que el coito (Bromley y Britten, 1938; Reevy, 1960; Rockwood y Ford, 1945).

Resulta muy sorprendente —como ha señalado el doctor Alex Comfort (1950)— que una sociedad como la nuestra, que mira con tan malos ojos las relaciones sexuales premaritales y que pone de relieve los peligros del embarazo ilegítimo y el aborto, también desapruebe las caricias amorosas capaces de producir el orgasmo. Aceptando que los jóvenes tengan fuertes deseos sexuales y que deban realizar cualquier clase de participación sexual, hechos ambos reconocidos y admitidos, parece mucho más prudente fomentar en ellos esta clase de caricias, que terminan en el orgasmo, que resignarse a que practiquen el coito premarital o se dediquen a actividades homosexuales.

Nuestra sociedad, por desgracia, no demuestra perspicacia ni prudencia en este terreno. Mira con malos ojos las relaciones íntimas premaritales, lo mismo que los actos sexuales inofensivos, como la masturbación y el escarceo. Con esta actitud, llena de prejuicios oscuros, lanzan hacia la cópula a muchos jóvenes que, de haber recibido una educación sexual más racional, probablemente se dedicarían a juegos y escarceos amorosos que terminarían naturalmente en el orgasmo. ¡Singular paradoja, en verdad!

De todos modos, las caricias y escarceos parecen ser relativamente inofensivos para muchos individuos cuando se practican moderadamente, y absolutamente inofensivos cuando se continúan hasta alcanzar el mutuo orgasmo. La inmensa mayoría de hombres y mujeres pueden alcanzar fácilmente el orgasmo a través de diversas clases de caricias; y no parece haber ninguna razón válida que les impida hacerlo cuando lo deseen y cuando se sientan libres de la creencia antinatural de que el sexo es pecado.

Relaciones sexuales premaritales

Según los estudios de Hamilton (1929), Davis (1929), Bromley y Britten (1938), Dickinson y Beam (1934), Terman (1938), Hohmann y Schaffner (1947), Kinsey y sus asociados (1948, 1953), Gebhard, Pomeroy, Martin y Christenson (1958), Ehrmann (1960), Locke (1951), y otros investigadores, el coito premarital, aunque unánimemente condenado en Norteamérica, se practica aproximadamente por la mitad de las hembras y el 80 al 90 por 100 de los varones. La mayoría de estudios tienden a demostrar que los índices de participación en esta clase de actividad sexual han ido en aumento en los últimos años, particularmente en el caso de las hembras (Chesser, 1956; L. Fink, 1950; Lanval, 1950a, 1950b).

Prácticamente todos los tratados matrimoniales dedican considerable espacio a las desventajas del coito premarital, sin ocuparse apenas de sus posibles ventajas. Y eso, cuando se dignan abordar el tema.

Los reparos acostumbrados que suelen oponerse a las relaciones sexuales prenupciales es que pueden causar enfermedades venéreas, embarazo ilegítimo y aborto, complejos de culpabilidad y ansiedad, pérdida de la reputación, frigidez e impotencia, trastornos emotivos, explotación de la pareja sexual, sabotaje de la vida familiar, ruindad, falta de responsabilidad, causa de desdichas en el matrimonio, promiscuidad, etc. (Blood, 1955; Butterfield, 1953; S. Duvall, 1952; Christensen, 1959; Duvall y Hill, 1952; Fromme, 1950; Mace, 1958, 1960; Sorokin, 1956; Unwin, 1933 1934).

Estas objeciones a la cópula premarital han sido consideradas en detalle en mi obra *Sexo sin culpabilidad*

45

(1958c). Aquí bastará con decir que, aunque muchas de las pretendidas desventajas en las relaciones sexuales premaritales pueden aplicarse a individuos ignorantes, estúpidos o gravemente trastornados, apenas se aplican en la actualidad al adulto inteligente y culto, que posee un mínimo de estabilidad y madurez emocionales. Un individuo de este tipo puede eliminar fácilmente los peligros representados por las enfermedades venéreas, la concepción ilegítima y el aborto; no se convertirá en una persona dominada por un sentimiento de culpabilidad, incapaz de corresponder a los estímulos, frígida o impotente, dedicada a la explotación de su pareja o una promiscuidad neurótica; y con frecuencia tendrá una vida sexual y general más equilibrada y sana después del matrimonio, gracias a sus experiencias sexuales premaritales.

Por otra parte, las relaciones sexuales premaritales poseen varias ventajas evidentes: Proporcionan un desahogo sexual y psicológico para aquellos que necesitan imperiosamente válvulas de escape eróticas; realzan la propia competencia sexual y la confianza en sí mismo; proporcionan aventuras y experiencia; sirven para prevenir el desarrollo de aberraciones sexuales y desviaciones; limitan la prostitución y las ofensas al pudor; proporcionan variedad y goce; polarizan la personalidad, etcétera. Como ha dicho el doctor Louis Berg, uno de los primeros psicólogos y sexólogos de las últimas décadas, refiriéndose a la capacidad de comprensión del varón de las diferencias que lo separan de la hembra, a menos que "haya tenido una expereincia personal lo suficientemente amplia para descubrirlas por sí mismo, es probable que cometa errores tanto de omisión como de comisión... Es evidente que un hombre que sólo haya tenido tres o cuatro aventuras premaritales aisladas, o una sola muy duradera, está en situación de adquirir únicamente un conocimiento muy sumario de la complicada y diversa naturaleza sexual de la mujer" (Berg y Street, 1953).

Esto no quiere decir que todos los individuos y en todas las circunstancias deban entregarse al coito premarital. Nada de eso. Muchas personas, a causa de su estupidez, ignorancia, falta de madurez cronológica, inestabilidad emocional u otras características, se meterían en mayores dificultades sosteniendo relaciones sexuales premaritales que dejando de tenerlas; pero probablemente un número igual o superior, dotado de fuertes impulsos sexuales, madurez física y emocional y deseos de aventura y experiencia, aun experimentaría mayores dificultades al no tener cualquier forma de contacto premarital heterosexual.

Como antes hemos observado, el coito se considera demasiado arriesgado o muy poco placentero para practicarlo antes del matrimonio, y en tal caso es lógico que algunos individuos acudan a los escarceos amorosos capaces de provocarles el orgasmo y de satisfacer, con la máxima seguridad, sus apremiantes deseos sexuales.

Castidad y virginidad

Se ha asegurado con frecuencia, en la literatura sexual, que la rigurosa castidad o virginidad de un individuo antes del matrimonio no ofrece riesgos ni desventajas importantes. Suele señalarse que tales individuos pueden sublimar fácilmente sus necesidades sexuales, librándose a otras formas de actividad, como el atletismo o la vida social, lo que les permite prescindir de una vida sexual activa.

Aunque la teoría de la sublimación de las válvulas de escape sexual fue presentada por una autoridad tan reconocida como Sigmund Freud, parece estar equivocada en gran parte. En apariencia, los individuos sólo pueden sublimar de una manera compensativa una actividad determinada, sustituyéndola por otra, cuando la acción sustituida se halla estrechamente relacionada con la que viene a suplantarla (Gallichan, 1916, 1939; A. Hamilton, 1955; Leuba, 1948). Así, una mujer que desee vivamente ser madre, pero que no pueda tener hijos propios, podrá sublimar adecuadamente sus impulsos maternales haciéndose enfermera, maestra en una guardería infantil, o dedicándose a cualquier otra ocupación que le permita emplear casi todo su tiempo y energías al cuidado de los niños.

Sin embargo, las actividades sexuales no pueden sublimarse fácilmente por nada que no sea otras actividades sexuales. Un individuo puede conservar una saludable virginidad...; a condición de que se masturbe o se entregue a escarceos amorosos hasta alcanzar el orgasmo. Pero como indicó Taylor (1933) en una monografía clásica, y como el equipo Kinsey (1948, 1953) ha afirmado más recientemente, los seres humanos, y en especial los del sexo masculino, raramente eliminan sus impulsos eróticos acudiendo a intereses no sexuales. Lo que suelen hacer es sustituir una forma de conducta sexual por otra.

En particular para muchos hombres y mujeres fuertemente sexuados, es casi prácticamente imposible cualquier forma de auténtica sublimación sexual. Esta clase de individuos muy raramente permanecen en la más completa castidad; y cuando se obligan a mantenerse apartados de cualquier forma de actividad sexual, terminan por mostrarse tensos y turbados (Arlington, 1958; Guyon, 1934, 1950, 1951; Russell, 1929; Stokes y Mace, 1953): Además de un extremado nerviosismo e irritabilidad, suelen ofrecer síntomas físicos, entre los que se cuentan jaquecas, trastornos gástricos, congestión de la región pelviana y elevación de la presión sanguínea (Robinson, 1930).

La completa castidad, o la absoluta continencia de todas las formas de desahogo sexual, es poco práctica o perjudicial para la mayoría de seres humanos (Beigel, 1960; Briffault, 1931; Brown y Kempton, 1950; Frumkin, 1960; Hiltner, 1953; Kronhausen y Kronhausen, 1959;

Langdon-Davies, 1954; Nystrom, 1919; Wile, 1934; Wood, 1960b; Wylie 1947). La castidad o la virginidad bajo el punto de vista médico —por lo que hay que entender abstinencia de ciertas formas de relaciones sexuales, en particular el coito— es posible e inofensiva, mientras se utilicen compensativamente otras válvulas de escape. Existen unos pocos individuos que sólo pueden alcanzar el orgasmo mediante la cópula, y tales individuos no podrían tolerar la castidad, que les produciría efectos perjudiciales. Pero esto no es cierto en lo que se refiere a la inmensa mayoría de seres humanos. La absoluta continencia o abstinencia, a decir verdad, nunca ha sido practicada por una porción apreciable de jóvenes sanos de ambos sexos, ni hay motivo para creer que lo sea (Haire, 1948, 1951; Wood, 1960a).

Relaciones extramatrimoniales

Las relaciones extramaritales o adulterio se producen cuando un individuo legalmente casado sostiene relaciones sexuales con otro individuo que puede o no estar casado. Dicho de otro modo, ambos adúlteros pueden ser casados, o solo puede serlo uno. Casi todas las sociedades humanas —aunque de ningún modo todas— han condenado el adulterio, principalmente porque arroja dudas sobre la paternidad y tiende a destruir la vida familiar (Ford y Beach, 1951; Hambly, 1959; Kardiner, 1944; Westermarck, 1922; Wood, 1960b).

Nuestra propia sociedad ha condenado y castigado siempre severamente a los adúlteros, basándose en consideraciones morales, religiosas, sociales y de otra índole (Drummond, 1953; Murdoch, 1949; Pilpel y Zavin, 1952; Ploscowe, 1951). Casi todas las objeciones que se han hecho contra las relaciones extramaritales, empero, son hoy de validez dudosa, aunque hubieran podido tener una

4.—*Arte y técnica del amor*

gran validez hace un siglo o más (Dearborn, 1947; A. Ellis, 1958c; R. Harper, 1960b).

Un individuo inteligente, culto y que haya alcanzado la madurez emocional y que en la actualidad sostenga unas relaciones adulterinas, no se considerará intrínsecamente malo y pecador, sin sufrir por consiguiente un complejo de intensa culpabilidad. En circunstancias normales, empleará una adecuada técnica contraconceptiva para evitar los peligros de un embarazo ilegítimo o un aborto. Adoptará medidas adecuadas contra una infección venérea. Solamente se preocupará por el daño que pueda reportar a su reputación y mostrará tendencia a mostrarse muy honrado con su compañero extramarital, evitando explotarlo. Por lo general su adulterio tendrá una base afectiva, libre de condiciones sórdidas. Y mostrándose discreto en lo tocante a sus relaciones ilegales, evitará los castigos que pudiera reportarle su descubrimiento.

En vez de acomplejarse por sus relaciones ilegítimas, el adulto inteligente de hoy en día logrará con frecuencia considerables ventajas... es decir, la misma clase de ventajas representadas por la aventura, la experiencia, la variedad y el placer que el participante adulto puede alcanzar en unas relaciones premaritales en la actualidad. ¿Entonces, por qué hay que abstenerse de cometer adulterio? Por varias razones:

1. Porque insistimos (tal vez de una manera ilógica) en que un adúltero no ama a su cónyuge y compromete su matrimonio al entregarse a relaciones extramaritales, y así, por esta misma insistencia, *hacemos* del adulterio un motivo principal de destrucción del matrimonio cuando se descubre (como sucede a menudo). En tales condiciones, el adulterio, en efecto, sabotea incluso a los mejores matrimonios. Contribuye a ello toda la maquinaria social, llena de prejuicios y de resortes falsos.

2. Porque las personas que forman nuestra sociedad *creen* que el adulterio es enemigo del matrimonio; a causa

de esto, los cónyuges que tienen relaciones extramaritales tienen que mantenerlas ocultas y entregarse a ellas de un modo furtivo. Esto quiere decir que tienen que engañar a sus cónyuges. Y aunque el adulterio en sí no podría comprometer a su matrimonio, el engaño de que lo rodean (el engaño es siempre contraproducente, trátese de lo que se trate), puede resultar perjudicial.

3. Teniendo en cuenta que en nuestra civilización se supone de antemano que los cónyuges tienen que alcanzar únicamente satisfacción sexual entre ellos, si uno es adúltero puede mostrar menor interés sexual por el otro (aunque a veces suele suceder lo contrario), y, en consecuencia el otro cónyuge puede sentirse sexualmente insatisfecho y descontento en su matrimonio. De manera similar, el tiempo, las energías, los recursos económicos, etc., que con frecuencia se requieren para sostener unas relaciones ilegítimas, se restan a los que el cónyuge debe a su familia.

4. Porque bajo nuestro sistema de educación, el adulterio suele comprometer unas relaciones maritales (aunque no siempre); si un individuo goza de un buen matrimonio y si su cónyuge pudiese sentirse afligida al descubrirlo cometiendo adulterio, cometería una estupidez arriesgando sus buenas relaciones conyugales para procurarse unos placeres sexuales suplementarios. Por otra parte, las personas solteras (que cometan adulterio con persona casada) o las personas casadas que llevan una existencia muy poco satisfactoria y sostengan malas relaciones, quizás no se arriesguen demasiado al cometer adulterio.

En vista de estas razones, incluso en individuo no preocupado por cuestiones de moral que desease conservar las ventajas (junto con las desventajas) del matrimonio monógamo, haría bien en abstenerse del adulterio. Si sucediese que él y su esposa fueran partidarios, honrada y mutuamente, de que las relaciones extremaritales son beneficiosas y no les inquietase el conocimiento de su mutua infidelidad, obrarían muy cuerdamente participando de las relaciones extramaritales, ocasionales o frecuentes.

En la ciudad inglesa de Dudley, por ejemplo, el consejo municipal, en febrero de 1959, después de obligar a Joseph New, su esposa Margaret y su amante Sadie, junto con sus diez hijos (siete de Margaret y tres de Sadie) a dejar libre un apartamiento municipal a causa de su vida adulterina en un *menage a trois,* depuso su actitud y en un alarde de comprensión proporcionó una casa para la familia. Sadie, según un artículo publicado en el *World-Telegram* de Nueva York, se convirtió en la amante de Joseph varios años antes. Cuando tuvieron un hijo, él se la llevó a su casa y la presentó a su esposa. Después de estudiar el asunto, Margaret accedió a que Sadie y su hijo se fuesen a vivir con ellos y desde entonces, Joseph, su esposa y su amante, con los hijos de ambas, vivieron en perfecta armonía.

Esta insólita situación, en que la esposa acepta abiertamente el adulterio del marido, también existe a veces en otras partes del mundo, especialmente en los países latinos, donde con frecuencia se acepta el adulterio del marido con una amante mercenaria o prostituta, mientras que la esposa presenta severas objeciones a que tenga relaciones amorosas con una mujer no prostituida. Como apunta el doctor Harry Benjamin (comunicación al autor), lo que se teme en este caso es un amor o una *rival* marital; pero una prostituta pagada o una mujer aceptada por la esposa(como en el caso de Joseph New), no se considera una rival de importancia.

Pero sea como fuere, las probabilidades de que un cónyuge norteamericano acepte plena y abiertamente unas relaciones ilegítimas por parte del otro cónyuge, son extraordinariamente escasas. Por consiguiente, aun teniendo en cuenta que los *deseos* adúlteros son muy fuertes y completamente normales por parte de casi todas las personas casadas, las *acciones* extramaritales suelen ser caóticas e inmaturas. Pero en el caso de que estas relaciones existan y sean descubiertas por uno de los cónyuges, no hay que considerarlas como una señal segura de que el amor conyugal ha muerto y de que debe entablarse inmediatamente el divorcio. En la mayoría de los casos el matrimonio puede salvarse, y en ocasiones incluso mejorarse, si el cónyuge que no ha cometido adulterio: *a)* conserva la calma, sin convertir en una catástrofe la situación que se ha presentado; *b)* se abstiene de censurar al cónyuge adúltero por su conducta que, si bien denota falta de madurez, es muy humana; *c)* desecha cualquier idea de venganza o desquite; *d)* hace un sincero examen de conciencia para descubrir lo que puede haber hecho, a fin de alentar el adulterio de su cónyuge; *e)* hace todos los esfuerzos posibles, de acuerdo con los métodos que se expondrán en el resto de esta obra, para mejorar sus relaciones amorosas y sexuales con su cónyuge; y *f)*, en caso necesario, pedirá el consejo de un asesor matrimonial imparcial y objetivo o un psicoterapeuta, que le ayudará a descubrir y corregir las actitudes ocultas y las emociones que se hallan en la raíz del adulterio que acaba de cometerse.

4 | METODOS PSICOLOGICOS PARA PROVOCAR LA EXCITACION SEXUAL DE LA PAREJA

La excitabilidad sexual de los seres humanos constituye un importante proceso psicológico y físico (Lastrucci, 1947; Maslow, 1955). Los seres humanos no sólo pueden excitarse sexualmente a través de varios de los sentidos —en particular los del tacto y la vista— sino que también puede despertarse en ellos el apetito carnal mediante pensamientos y sentimientos. O sea, que pueden alcanzar un estado de dilatación de los tejidos y erección, empezar a segregar fluido precoital, y a veces incluso alcanzar el orgasmo al recordar antiguas experiencias sexuales, al pensar en aventuras presentes o imaginar futuros escarceos.

Por consiguiente, si se desea excitar al máximo a un miembro del sexo opuesto, a fin de que desee sostener relaciones carnales, es preferible emplear simultáneamente los métodos físicos y psíquicos de excitación (Bibby, 1960; Reik, 1958; Stekel, 1926; Stokes, 1948; Vatsyayana). Los principales métodos y técnicas psicológicas que pueden utilizarse en este caso son los siguientes.

Aprecio de las cualidades amorosas y sexuales

A todo el mundo le gusta despertar aprecio y admiración. El entusiasmo que se manifieste ante la belleza, la

54

personalidad, la destreza amorosa, etc., de la pareja, contribuirá a despertar mayor interés en ésta por los atributos y la personalidad de quien le prodiga los elogios.

Por más bien parecidos, inteligentes, provistos de talento o potencia sexual que seamos, a todos nos gusta vernos concreta y específicamente apreciados por nuestra pareja *en particular*. Todos deseamos, a intervalos más o menos frecuentes, que nos digan que somos simpáticos, agradables y placenteros. Y a veces —y esto es más importante— queremos que el ser amado subraye sus palabras con acciones hábiles y convincentes: muestras especiales de consideración, regalos, acordándose de los aniversarios, ofreciendo por sorpresa entradas para el teatro, o simplemente demostrando un verdadero placer por el hecho de sentarse juntos a cenar.

Especialmente, por lo que se refiere a las relaciones sexuales, si se demuestra que se espera con impaciencia el contacto íntimo, aquella misma noche, que se considera la intimidad física como parte importante, pero nada más que una parte de unas relaciones completas, y que no existe nadie en el mundo con quien se desee compartir aquellos goces íntimos, es probable que este entusiasmo y ardor despierte ideas y sentimientos similares en la pareja (Fromm, 1956; Mace, 1945, 1958).

Esto es particularmente cierto cuando el ser amado tiene, o cree tener, algún defecto físico o de otro tipo (si ella cree que tiene la nariz demasiado larga o él piensa que su respiración es demasiado ruidosa), tiene mucha importancia mostrar benevolencia ante el defecto, extremando las atenciones y los elogios de las buenas cualidades que posea la persona amada.

Si ante estos "defectos" se adopta una actitud crítica o de censura, con toda probabilidad se neutralizará el deseo. En cambio, la plena aceptación de la pareja, con todas sus tachas y defectos, la alentará y contribuirá a despertar su ardor sexual.

Si la compañía del ser amado nos excita, esa excitación aumentará recíprocamente la suya. Es importantísimo demostrar entonces el mayor afecto y atracción por la pareja, sin ocultar estos sentimientos, de manera que no puedan ser vistos ni comprendidos.

Demostración de amor

El amor muestra una tendencia a incrementar la seguridad emocional y a destruir las inhibiciones. Cuando el amante está seguro de la aceptación y aprobación de la persona amada, ya no *teme* lo que los demás puedan pensar de él..., ni siquiera de lo que pueden pensar de él en el terreno sexual. Dará rienda suelta a sus emociones. Y con el ser amado intentará cosas que no se atrevería a intentar, por temor al fracaso o a la burla, con otras personas. De manera recíproca, si teme no ser correspondido o que el amor se extinguirá, el amante puede temer efectuar acciones capaces de desagradar al ser amado o perderlo para siempre (Grant, 1957; Levy y Munroe, 1938).

El amor, especialmente para las mujeres de nuestra sociedad, es un importante requisito previo para las relaciones sexuales libres de trabas. Quizá en esto exista algo biológico; teniendo en cuenta que las mujeres corren mayores riesgos, el de embarazo por ejemplo, a consecuencia del coito; el amor reduce ese riesgo. Sea como fuere, la mujer occidental ha sido educada para contenerse sexualmente hasta estar perfectamente segura de su compañero: hasta estar segura de que hay amor.

El hombre occidental también suele abrigar la creencia de que el amor carnal es de valor secundario y poco importante, si no va acompañado de sentimientos amorosos; esto puede obligarle a contenerse en unas relaciones carnales sin amor.

Resumiendo: cuanto más amor se entregue durante las

relaciones sexuales, más probable es que la pareja alcance las más altas cúspides de la excitación y sienta un deseo vehemente de corresponder a su pareja en la misma forma. El amor no solo engendra amor, sino que también engendra una mayor respuesta sexual.

Confianza en sí mismo e iniciativa

Si bien, como se ha observado en la sección anterior, la mayoría de seres humanos muestran menos inhibiciones cuando se sienten aceptados y aprobados que cuando no se sienten correspondidos, la ausencia de inhibiciones se relaciona en principio con la propia satisfacción y la confianza en sí mismo, más que con la aceptación ajena. La inhibición sexual no es más que un eufemismo para denominar *temor* o *angustia;* y casi toda la angustia humana, como señalo en mi libro *Como vivir con un neurótico* (1957a), tiene su origen en exagerar la importancia de lo que los demás piensan de uno, sin tener valor para imponer sus propias convicciones.

Para obtener una mayor confianza en sí mismo y reducir la angustia y la ansiedad, hay que dejar de censurarse por las propias equivocaciones, aceptando plenamente las propias debilidades y fallos; determinándonos por conquistar el amor y la aprobación de todas las personas que se encuentran a nuestro alrededor, en vez de perdernos en la vorágine de nuestras indecisiones, dudas y autoacusaciones.

El aumento de la confianza en sí mismo produce marcados beneficios en el terreno sexual. En primer lugar, se adquiere la actitud del triunfador; y esta actitud provoca generalmente resultados positivos. Si los primeros intentos por excitar a la pareja fracasan, el hombre que tenga confianza en sí mismo no cejará en ellos, hasta conseguirlo en muchos casos.

En segundo lugar, gracias a este aplomo y a llevar la iniciativa en el terreno sexual, se infunde confianza en la pareja. Muchas mujeres, como señala Caprio (1952), reaccionan muy mal ante la timidez sexual del marido, en parte porque creen que no posee suficiente potencia viril. Un amante lleno de confianza en sí mismo, en cambio, infundirá en su pareja la idea de que es capaz de realizar el acto amoroso a la perfección, y por consiguiente ella se entregará plenamente con todo su fuego y ardor.

En tercer lugar, la confianza en sí mismo que pueda demostrar un amante constituirá un buen modelo para la pareja. Si uno de los cónyuges da a entender, por sus acciones, que es perfectamente apto en el terreno sexual y que está seguro de pasar unos momentos muy placenteros en el lecho, el otro cónyuge compartirá esta creencia y de ello saldrá altamente beneficiado el acto amoroso.

En cuarto lugar, si uno de los cónyuges toma la iniciativa, el otro creerá por lo general que es muy deseado y amado. En particular, según observa Mozes (1959): "Nada puede aumentar más la excitación del esposo que el convencimiento de que su esposa participa plenamente en el acto, tomando la iniciativa o al menos alentándolo. Por consiguiente, la esposa debe representar un papel activo en todos los momentos del juego amoroso."

La confianza en sí mismo y la adopción de la iniciativa sexual, pues, son importantes requisitos para despertar el deseo de la pareja amorosa; y si a las personas les importase más su propia consideración que la consideración *ajena*, su técnica sexual saldría muy mejorada.

Hay que hablar de las cosas

Ningún hombre ni ninguna mujer son capaces de leer el pensamiento. Incluso los individuos que están apasionadamente enamorados cometen malentendidos; y esto es moneda corriente entre las personas casadas. Las inclinaciones sexuales son algo necesariamente tan personal y único, que es difícil, por no decir imposible, que un miembro del mismo sexo las comprenda. Un miembro del sexo opuesto, que por lo general presentará sorprendentes diferencias, aún tendrá mayores dificultades en comprender una materia tan compleja. El único sistema cuerdo y sensato, pues, para saber lo que más excita y estimula a la persona con quien se tienen relaciones amorosas, consiste en preguntarle, sin subterfugios, en buen castellano; y la única manera de conseguir que la pareja comprenda lo que más nos excita y satisface, consiste en decírselo (R. Harper, 1958; Katz, 1956).

La vergüenza, en este terreno, está completamente fuera de lugar, y sería tan absurda como si un marido se avergonzase de decir a su esposa que prefiere más los huevos revueltos que fritos, y encima se enfadase porque ella no es capaz de adivinarlo. ¿Por qué tendría que adivinarlo? ¿Y por qué el marido debe avergonzarse de decírselo?

Así, pues, si a uno le gusta hacer el amor con la luz encendida, escuchando música, frente a un espejo, en el suelo, despacio, deprisa, oral o manualmente, en el agua o en tierra, ¡por el amor de Dios, *que lo diga!* Y que se esfuerce por descubrir, no sólo por actos sino por *palabras,* cuáles son las preferencias de su amada.

Si ninguno de los dos es capaz de manifestar claramente estas preferencias e informarse mutuamente de lo que les gusta a ambos o les disgusta, surgirán actitudes anormales, incluso cómicas, innecesarios complejos de culpabilidad y en algunos casos será necesario acudir a un facultativo. Pero antes de abrir la guía telefónica para buscar las señas de un psiquiatra, ¡es preferible abrir la boca y hablar francamente!

Aunque una excesiva cortesía o una etiqueta inspirada por el temor estén fuera de lugar en las relaciones sexuales, una cortesía normal y unos modales correctos suelen tener importancia en el proceso de excitación sexual. Solamente en teoría las parejas desean exactamente lo mismo en el mismo instante. Por lo general, una tarda más que otra en excitarse; o requiere unas técnicas distintas de excitación; o actúa y reacciona de un modo distinto al experimentar el apetito carnal.

En tales circunstancias, con frecuencia es necesario mostrarse paciente y no tener prisa, refrenando los propios deseos; o bien mostrarse impetuoso, cuando se hubiera preferido esperar. De manera semejante, a veces hay que aminorar el ritmo de las caricias, cuando se hubiera preferido activarlo; mostrar delicadeza, cuando se hubiera preferido mostrarse fogoso y vehemente; apelar a un ritmo monótono cuando se desearía acariciar de forma más irregular, y someterse a otras varias restricciones y molestias, en aras a la mayor satisfacción y excitación de la pareja.

Lo principal a observar aquí es que no sólo la técnica física sino la *actitud* deben ser consideradas y amables. Si se hace exactamente aquello que la pareja prefiere, pero ésta se percata de que su amante aprieta los dientes y tasca el freno durante la ejecución del acto, no se puede esperar que esté tranquila y contenta, ni que alcance el máximo de su excitación.

Si se da a entender, empero, que *se desea* complacer a la pareja, que es *un placer* mostrarse paciente, la pareja apreciará profundamente aquella actitud y mostrará tendencia a entregarse sin reservas.

Se afirma a veces, erróneamente, que los que son "buenos en la cama", como se dice vulgarmente, son aquellos que disfrutan completamente de las relaciones sexuales, abandonándose a su instinto, y que por lo tanto son susceptibles de satisfacer a su pareja. Esto sólo es verdad en parte, y en ocasiones es completamente falso. Los individuos que disfrutan completamente en la cama se hallan a veces tan absorbidos por su propio placer, que apenas muestran consideración por su pareja, con el resultado de que son muy malos compañeros de lecho, debido a un egoísmo desenfrenado y descortés.

Más importante que el propio goce, en ciertos aspectos, es quizá un arraigado sentimiento de *simpatía* hacia la pareja y un intenso deseo de averiguar lo que la complace, para ejecutar entonces estos actos placenteros. El individuo capaz de profunda simpatía no sólo observa de manera pasiva lo que desea su compañero o compañera de lecho, sino que *busca* activamente la manera de satisfacer estas exigencias y de alimentarlas.

La destreza sexual, en suma, forma parte integrante de una actitud altamente creadora, activa, experimental e impulsada por el amor. Es una consideración profiláctica; un concentrado intento por descubrir no sólo lo que *satisface*, sino lo que podría *satisfacer*.

La destreza sexual no es masoquista ni consiste en el propio sacrificio, pues el buen amante no debe olvidar totalmente sus propios deseos para atender a las necesidades de su pareja; es una actividad en la que ambos participan y se influyen mutuamente, pues el amante *disfruta* con las reacciones placenteras de su pareja y *quiere* descubrir nuevos y mejores medios de excitar y satisfacer a su compañero o compañera (Rhoda Winter Russell, comunicación personal), sintonizándose mutuamente en una sola vibración amorosa.

Los buenos amantes, en el sentido más amplio de la palabra, son raros en nuestra sociedad y cuando existen y realizan plenamente su actividad amatoria y creadora, tienden a gozar de un aprecio excepcional, aunque no sean de una gran potencia sexual, ni jóvenes, ni siquiera individuos bellos o apuestos.

El empleo de materiales excitantes

Como resultado de sus tendencias gene-biológicas, unidas al hecho de haberse formado en una sociedad que considera extraordinariamente estimulantes ciertos objetos, el individuo normal está acostumbrado a diversos estímulos eróticos, tales como novelas románticas, fotografías de desnudos o pornográficas, poesías sicalípticas, etc. Que directa o indirectamente contribuyen a una excitación preliminar; lo que no tiene nada de ridículo y anormal, ni hay por qué avergonzarse de ello.

Si la excitación de la pareja ofreciese cierta dificultad, no habría que vacilar en acudir de una manera franca y abierta al empleo de los materiales más indicados. Antes habría que descubrir, por medio de una hábil conversación y experimentación, la naturaleza de estos materiales y cuáles son, para disponer en abundancia de ellos en el momento y lugar adecuados.

Esto no puede resultar fácil, puesto que, como apuntan Maddock (1959) y Kronhausen y Kronhausen (1959b), el género de material sexual estimulante disponible en los Estados Unidos consiste en pornografía barata, que no resulta excesivamente excitante para muchos individuos cultos e inteligentes. Pero si existen novelas, discos o películas susceptibles de excitar a la pareja, vale la pena procurárselos y utilizarlos como estimulantes.

A veces los únicos materiales necesarios para provocar la excitación sexual son la propia voz o las acciones del ser amado; pero otras veces las ayudas complementarias pueden ser de gran utilidad. Kelly (1953), recomienda encarecidamente que los cónyuges instalen una gran espejo a los pies de la cama para observarse mientras tienen comercio carnal, complementando este procedimiento con un espejo de mano, que puede sostener el cónyuge que ocupe la posición superior. De esta manera, ambos participantes en el acto pueden verlo y excitarse aún más, comprobando la situación exacta de sus posiciones y movimientos. Pueden utilizarse con ventaja, habilidad e ingenio, otros arreglos y disposiciones.

Enfoque sexual

Por lo que se refiere a la propia excitación sexual, a veces puede ser necesario polarizar los pensamientos en temas excitantes. Esto no es tan raro como pueda parecer, pues los actores, oradores, escritores y músicos —por dar sólo unos cuantos ejemplos— no podrían dar su máximo rendimiento si mientras representan, hablan, escriben o tocan, no se obligasen a enfocar su atención en el asunto que los ocupa, impregnados mentalmente de estos temas.

Supongamos que un gran violinista estuviese pensando en coles o en reyes mientras interpretase un concierto de Beethoven o de Mozart. ¿Sería capaz de expresar profundos sentimientos musicales y transmitirlos al público que lo escucha? Desde luego que no. Y del mismo modo, ¿cómo sería posible comunicar un profundo deseo por tener relaciones sexuales con la pareja, si estuviese pensando en el propio trabajo o en las labores domésticas?

Si se experimenta alguna dificultad, pues, en excitarse sexualmente o en alcanzar el apogeo de la excitación, hay que enfocar la atención en algo eróticamente excitante, sea lo que sea: el cuerpo de la pareja; el recuerdo de una cópula en los bosques; la novela "sexy" leída la víspera; la joven vista en el autobús; no importa lo que fuere, mientras consiga despertar un mayor interés por el acto que se va a realizar.

¿Las imágenes pecan de extravagantes? ¿Se concentran en algo determinado? ¿Muestran tendencia a ser "perversas"? No importa, mientras sean sólo imágenes y den resultado positivo en las relaciones con la pareja. Si cesan de producir efecto o si se requiere cierta especial actividad sexual como complemento, entonces (como veremos más adelante) el trastorno puede ser más grave y es posible que haga falta una ayuda psicológica. Pero en general, no hay que temer a los extravíos de la imaginación. La actividad sexual, en muchos casos, necesita imágenes concebidas libremente para alcanzar su más alta realización. No hay que tener miedo en el empleo de esta arma ideológica, que se esfuma rápidamente en el orgasmo.

En cuanto a la pareja difícil de excitar por falta de un adecuado enfoque sexual, se la puede ayudar a conseguirlo y despertar sus estímulos, mediante una actitud objetiva ante la situación.

Es decir, cuando el amante se convence de que resultaría insultante para su amor dirigir la atención a personas u objetos excitantes mientras ambos sostienen relaciones sexuales, la pareja, naturalmente, experimentará un sentimiento de culpabilidad y se sentirá muy coartada. Pero si se acepta de manera realista el hecho de que los pensamientos y acciones de la pareja respecto a su compañero o compañera pueden no ser suficientes para hacerle alcanzar la cúspide de la excitación sexual, queda perfectamente justificado pensar o hacer lo que pueda resultar más excitante; y resulta muy peculiar que, pensando primero en otra persona o en algo distinto, tenga mayores probabilidades de terminar alcanzando la total satisfacción con su compañero o compañera. El fin, en este caso, justifica los medios.

La novedad

En algunos casos, la ausencia de apetito carnal suele ser el resultado del exceso de familiaridad y de las continuadas irritaciones y presiones de la vida cotidiana. En tales casos, puede resultar deseable que los cónyuges interrumpan temporalmente la frecuencia de sus relaciones sexuales, o que se tomen unas vacaciones juntos, para librarse de muchas de sus preocupaciones y responsabilidades ordinarias. Durante estas vacaciones, que pueden ser como una segunda luna de miel, los deseos que permanecían en estado latente pueden surgir de nuevo con prontitud renovadora e incluso alcanzar alturas insospechadas.

Si la pérdida del apetito sexual fuese motivada por una excesiva familiaridad entre ambos cónyuges, a veces puede resucitarse mediante la adopción de dormitorios separados, o, algunas veces, tomándose un período de vacaciones que los separen (Benjamín, 1939b). Pero muchos asesores matrimoniales dudan que pueda alcanzarse una mayor unión mediante la separación de un matrimonio, y aconsejan que éste aborde los problemas sexuales con decisión, en lugar de huir temporalmente de ellos.

En muchos casos, resulta más práctico el empleo de novedades físicas y psicológicas. Por ejemplo, puede emplearse, a veces, el suelo en lugar de la cama; pueden sostenerse relaciones sexuales en pleno día y no de noche; pueden representarse escenas de la propia invención o que se han leído en un libro; o apelar a prácticas sexuales que la pareja apenas utiliza, pero que, en ocasiones pueden resultar excitantes. Todas éstas y otras muchas formas de variedad pueden inventarse y emplearse fácilmente, cuando la vieja rutina ya empieza a producir hastío.

Aunque con frecuencia se cree que es el varón quien anhela variedad y novedad y no la hembra, esto no siempre es cierto. Debido precisamente al hecho de que casi

5.—Arte y técnica del amor

todos los varones se excitan y satisfacen con tanta facilidad, muy a menudo pueden repetir una y otras vez los mismos actos sexuales, sin hallarlos monótonos. Pero numerosas hembras, al hallarse dotadas de deseos sexuales menos imperiosos y al tener mayor sensibilidad por los aspectos románticos de la vida, necesitan mucho más los ambientes y las situaciones insólitas.

¿Ha probado el lector a pasar una noche en la playa con su pareja? ¿O a bañarse ambos desnudos? ¿O a compartir un lecho de agujas de pino en lo más profundo del bosque? ¿O a hacer el amor escuchando una grabación de "Tristán e Isolda"? Los efectos que esto produce en la pareja resultan a veces sorprendentes.

Una de mis pacientes sintió tal deleite cuando su marido, con el que llevaba doce años de casada, se la llevó en coche un domingo por la noche, dejando a sus cuatro hijos en casa, y, por primera vez desde la época de su noviazgo, la abrazó impetuosamente en el automóvil parado junta a la playa, que estuvo segura de que esta vez él la amaba de *verdad,* y experimentó mayor satisfacción sexual que en muchas noches de cópula en la cama.

¿Comprende el lector la actitud de esta mujer... y de muchas otras mujeres? Y si es el marido a quien le gustan los ambientes nuevos, excitantes y románticos, ¿por qué no complacerlo? La variedad sexual puede ser la consolidación del amor y la sal de la vida.

Pero esto no significa que *todos* deban buscar la variedad sexual dentro del matrimonio ni que la novedad constituya una necesidad absoluta para alcanzar una satisfacción continuada. Algunos esposos, como demuestra Clark Vincent (1956b, 1957), pueden continuar perfectamente bien limitándose a las mismas caricias preliminares y a una o dos posiciones para el coito; y sería una tontería que estas parejas pensaran que *deben* copular en dos metros de agua o efectuar el proverbial salto del tigre. A decir verdad, la insistencia en la novedad sexual puede contribuir a crear la frigidez en algunas esposas y la impotencia en algunos maridos, convencidos de que son incompetentes si no efectúan el acto en un ambiente insólito y en posiciones extravagantes.

Sea como sea, cuando exista dificultad en la excitación, la novedad y la aventura en las relaciones sexuales pueden resultar convenientes. No puede producir ningún daño probarlo y a veces esto puede obrar maravillas.

Procedimientos especiales de preparación

Sucede a veces que uno o ambos participantes en el acto sexual están dispuestos, por sus experiencias anteriores a su educación, a excitarse con mayor facilidad o a coartar su excitación en condiciones específicas determinadas. Así, puede suceder que una mujer haya tenido sus primeras experiencias amorosas con un amante a quien le gustaba desnudarla lentamente, y se excitará con mayor rapidez en una situación análoga. En cambio, una situación diferente (o, mejor dicho, su actitud hacia las situaciones distintas), hará que le cueste excitarse. En tales circunstancias, es aconsejable que su pareja, al menos al principio, se atenga a las condiciones que ella considera imprescindibles para excitarse fácilmente, teniendo en cuenta su previo acondicionamiento.

De manera similar, como muy acertadamente indican Berg y Street (1953), un individuo que se haya formado en una atmósfera de continuas peleas domésticas, quizá no sea capaz de excitarse sexualmente si discute o se pelea con su pareja. En tales condiciones, sería conveniente que su pareja averiguase cuáles son las situaciones que le resultan repelentes, y evitase todo contacto sexual en tales circunstancias.

Resumen

La excitación sexual, como hemos indicado en el capítulo precedente, sólo se alcanza en parte mediante impulsos nerviosos provocados por estímulos físicos o corporales. El resultado de los procesos cerebrales, del pensamiento y las emociones, también tiene mucha importancia. El arte del sexo, por consiguiente y como Ovidio lo calificó acertadamente hace muchos siglos, es el arte de amar: es decir, el arte de mostrarse considerado, delicado, amante, atento, lleno de confianza en sí mismo, comunicativo, imaginativo, indulgente y deseoso de experimentar. En último término, la cabeza y el corazón y no los labios, los dedos, los brazos y los órganos genitales, son los principales órganos para la excitación y la satisfacción de la pareja.

5 | METODOS FISICOS PARA EXCITAR A LA PAREJA

Zonas erógenas

Los principales métodos físicos de excitación sexual consisten en tocar, acariciar, rozar, manipular, oprimir, apretar, besar o mordisquear los órganos genitales o las zonas llamadas erógenas. Las zonas erógenas son aquellas partes del cuerpo cuyas terminaciones nerviosas reaccionan al tacto o a la presión y comunican fácilmente con los centros de excitación sexual, situados en la médula espinal y el encéfalo.

En la mayoría de individuos, los propios órganos genitales constituyen las principales zonas erógenas. Casi todos los varones presentan una mayor sensibilidad genital en el glande y en la parte inferior del cuerpo del pene, a unos dos centímetros y medio del glande. El resto de las partes genitales, el cuerpo del pene y el escroto inclusive, también pueden ser bastante sensibles; aunque no tanto como el glande y la parte inferior del pene propiamente dicho.

Casi todas las mujeres poseen una extraordinaria sensibilidad en el clítoris, pequeños labios y vestíbulo de la vagina, mostrando una sensibilidad menor en el resto de sus órganos genitales. La propia vagina no es particularmente sensible al tacto, pero puede reaccionar a la presión (Guze, 1960; Krant, 1958). En muchas mujeres, la pared superior de la parte inferior de la vagina, donde se encuentra la raíz del clítoris, es muy sensible al estímulo.

Las zonas erógenas extra-genitales de ambos sexos son probablemente más numerosas de lo que suele indicarse en los tratados de sexología y pueden comprender: los labios, el lóbulo de la oreja, el cuero cabelludo, el cuello, los sobacos, los senos (especialmente los pezones), las nalgas, el ano, los muslos, los riñones, la columna vertebral y los hombros. Como sucede en la mayoría de casos, el santo y seña, cuando se trate de localizar y estimular las zonas erógenas de un individuo, será: ¡Atención a las diferencias individuales! Y también: ¡No dudéis en experimentar! Esto es válido para todos los aspectos de la técnica sexual.

Muchos hombres y mujeres, a causa de su peculiar constitución física o debido a la influencia de arraigados prejuicios, se muestran insensibles o irritables en algunas regiones que, en teoría, deberían producirles la mayor excitación. Así, una minoría de mujeres presentan escasa o ninguna excitabilidad mamaria; otras rehuyen cualquier forma de estímulo anal; y muchas son hipersensibles o insensibles en el clítoris y zonas adjuntas y les molesta cualquier contacto directo en estas regiones erógenas (lo cual puede ser debido a existir una adherencia entre el prepucio y el clítoris que, al retener un depósito de células entre ambos, dé por resultado una irritación en vez de un goce, cuando se intente excitar esta parte; pero también puede deberse al hecho de que a estas mujeres no les gusten los contactos en el clítoris o se muestren hipersensibles en esta zona). Al propio tiempo, existe un número considerable de hombres que, a causa de prejuicios psicológicos o insensibilidad de las terminaciones nerviosas, no experimenten una excitación particular con las caricias o besos en el lóbulo de la oreja, en el pecho, en el escroto, o en cualquier otro lugar determinado.

Por otra parte, existen individuos que alcanzan el paroxismo del goce merced a estímulos efectuados en regiones que, según los manuales, deberían dejarlos tan fríos como un témpano. W. E. Parkhurst (comunicación al autor) indica que unas caricias suaves y delicadas en la parte interior del antebrazo, directamente encima de la muñeca, provocan la excitación en muchas mujeres.

Otros investigadores han descubierto otros lugares insólitos que producen resultados sorprendentes en distintos individuos (Grafenberg, 1950). Por consiguiente, conviene efectuar múltiples pruebas con la pareja, para no pasar por alto ninguna de sus zonas erógenas.

Otra palabra de advertencia: en casi todas las cuestiones sexuales, es equivocado tomar un *no* inicial por la respuesta definitiva. Si los seres humanos se limitasen a probar las cosas una vez sin repetir los intentos iniciales, so pretexto de que no les producían un goce inmediato, muchos de los placeres más intensos, como comer ostras, beber martinis e ir a esquiar, apenas existirían. Por consiguiente, si la pareja, al primer intento, no parece excitarse mediante besos o caricias determinados, hay que insistir hasta convencerse plenamente, de que aquella maniobra determinada no le resulta satisfactoria. No hay que forzar las cosas, pero tampoco hay que dejarse desalentar al primer intento.

La paciencia, como subraya Katz (1956), "es garantía del éxito. Una actitud tranquila y confiada resulta tranquilizadora para la pareja y le evitará que se sienta frustrada y desazonada. Hace falta tiempo para aprender las técnicas adecuadas y unas relaciones sexuales satisfactorias y unificadas también son cuestión de tiempo. Si saben aceptarse los fracasos y decepciones ocasionales como algo normal, casi todas las relaciones sexuales se encontrarán francamente satisfactorias". Berg y Street (1953) abundan en este parecer y observan que los besos y las caricias de las zonas erógenas femeninas deben comenzar por lo general quince minutos antes del coito, aunque la pareja se excite de manera conveniente en menos de cinco minutos. Los diez minutos restantes, sabiamente empleados, pueden estimularla y hacerle alcanzar una excitación aún mayor.

No hay que olvidar, al propio tiempo, que algunas mujeres y muchos hombres empiezan a sentir hastío y se enfrían sexualmente si los juegos preliminares continúan durante un período demasiado largo. Es preferible que semejantes individuos se tomen un descanso antes de entregarse a unas relaciones satisfactorias; aunque también su pareja pueda hacerles alcanzar el orgasmo, para satisfacer después su apetito, cuando su compañero o compañera haya alcanzado el límite del goce.

Mientras no se insista de una manera arbitraria en que ambos participantes *deben* hallarse completamente excitados y alcanzar el orgasmo con una simultaneidad matemática, los esposos cuyos períodos de excitación difieran ampliamente, no han de tener dificultad en darse mutua satisfacción. Siempre es preferible que el cónyuge que se excita con mayor facilidad aprenda a reprimirse; evitando especialmente el contacto genital con su pareja, hasta que ésta esté completamente excitada y manifieste de manera activa su deseo de íntimo contacto o de cualquier otro medio de producir el orgasmo.

La técnica de la caricia

Los dos métodos principales de estimular a la pareja, haciéndole alcanzar la cumbre de la excitación, son las caricias y los besos, cuyos detalles, por desgracia, suelen descuidarse en los textos occidentales sobre el arte del amor. Las obras orientales sobre temas eróticos son más explícitas; y la más antigua de estas obras que se nos ha conservado, el *Kama-Sutra* de Vatsyayana (que data del siglo VI de nuestra Era), expone con detalles las numerosas variantes existentes de los ocho métodos principales para ejercer presión, señalar o rascar con las uñas, y ocho métodos diferentes de mordisquear.

El sentido del tacto, como indica Van de Velde (1926), es el más importante de todos los sentidos en el terreno sexual; y el órgano principal para provocar la excitación de un miembro del sexo opuesto no es el pene del varón ni la vagina de la mujer, sino el índice de aquél y la mano de ésta. Las posibilidades de acariciar, tocar y estrujar las zonas erógenas de la pareja son infinitamente variadas y deben abordarse con considerable imaginación, espíritu de experimentación y curiosidad.

La mayoría de individuos se excitan más fácilmente mediante leves y suaves caricias, manipulaciones indoloras y con frecuencia rítmicas. Pero una minoría muy considerable encuentra insípidas esta clase de caricias y desea unas caricias más firmes, más rápidas, a veces algo violentas e incluso dolorosas. Otros individuos reaccionan mejor a una combinación de caricias suaves y lentas seguidas o alternadas por caricias más violentas y rápidas. Hay que determinar de manera experimental a qué clase de individuos pertenece la pareja; esto nunca puede predecirse ni suponerse de antemano.

Hay que prestar una atención especial a la técnica empleada para acariciar el clítoris o el pene de la pareja. Por lo general, tiene gran importancia mantener un contacto regular y bastante prolongado con el clítoris, puesto que muchas mujeres se quejan de que sus maridos dejan de tener contacto con su clítoris, lo que les provoca una continua frustración y vuelven a quedarse frías después de haber sido excitadas. En algunos casos, empero, pueden darse titilaciones o pequeños tironcitos intermitentes al clítoris; de manera algo parecida a como se hace con la cuerda de un banjo, o bien puede presionarse firmemente de un lado a otro, una y otra vez, hasta que la mujer alcanza la cúspide de su excitación (pudiendo alcanzar incluso un nuevo orgasmo con cada una de estas maniobras).

El clítoris puede recibir un masaje lento o rápido en un movimiento circular; o puede frotarse o sobarse de arriba abajo o de un lado a otro. Los ya citados Berg y Street (1953) señalan que la punta del clítoris suele ser particularmente sensible y que el contacto con ella puede provocar contracciones nerviosas por parte de la mujer, lo cual resulta desfavorable para la excitación sexual. Por consiguiente, estos autores recomiendan que el masaje del clítoris se haga alrededor del mismo y en torno a su cabeza, siguiendo una curva en forma de U, evitando el contacto con su extremidad. Parkhurst (comunicación al autor) recomienda una fricción intensamente rápida o un movimiento vibratorio en el clítoris y la parte superior de la vulva. Otros autores se muestran partidarios de caricias lentas, profundas y regulares, que vayan del clítoris a la abertura vaginal.

Las diferencias individuales entre las mujeres son tan amplias, que sólo una práctica y una experimentación considerable permitirán descubrir la técnica o las técnicas adecuadas, que surtirán efecto en cada mujer determinada.

Las caricias efectuadas en el pene masculino también pueden ser un arte y una ciencia y no es aconsejable dejarlas al azar. Por lo general, este miembro posee un punto muy sensible, situado en la parte inferior del glande o a unos dos centímetros y medio de éste. El masaje con los dedos puede producir efectos muy excitantes en este lugar. Como en el caso de la manipulación del clítoris, las caricias suaves de las partes tiernas del pene pueden resultar mucho más eficaces que un manejo o un frotamiento rudos (que a veces incluso pueden resultar dolorosos). Pero como siempre, algunos varones requieren una presión, un frotamiento y un manejo insólitos, e incluso pellizcos o mordiscos para que se produzca la erección. Suele suponerse erróneamente que, una vez el varón o la hembra han experimentado un orgasmo, la manipulación de sus partes genitales debe cesar inmediatamente, ya que estos órganos tienden a ser supersensibles después de alcanzarse el apogeo del goce. No obstante, unas suaves y delicadas caricias del clítoris, el pene o sus partes contiguas (como los labios exteriores femeninos o el escroto masculino) pueden resultar extremadamente oportunas después del orgasmo y a veces pueden provocar una nueva excitación y una nueva capacidad para el orgasmo.

En los comienzos de la excitación suele suponerse también, teniendo en cuenta que de momento no se provoca ninguna reacción inmediata en dichos órganos, que el individuo no está en condiciones de excitarse entonces, por su tardanza en reaccionar. Mas con frecuencia, especialmente en el caso de la mujer, son necesarios de diez a quince minutos de masaje persistente y agradable para estimular la sensación; y después, cuando ésta surge, puede necesitarse un período de tiempo mucho mayor para que la pareja alcance la cumbre de la verdadera excitación.

Aunque los dedos, y en especial las yemas de los mismos, son utilísimos como medio de acariciar y dar masaje a los órganos genitales y otras zonas erógenas de la pareja, no debe vacilarse en emplear otras partes del cuerpo para las mismas finalidades. Así, se pueden emplear con éxito los nudillos, las uñas, la palma de la mano, el antebrazo, el puño, el codo, etc.

A veces también se pueden utilizar con eficacia los dedos de los pies, los pies, las rodillas, las piernas, los muslos y otras partes de la anatomía con las que se pueden efectuar caricias. Incluso la cabeza y la cara pueden dar sorprendentes resultados. Prácticamente todas las partes del cuerpo dotadas de movimiento pueden emplearse para acariciar.

Aunque el pene es principalmente un órgano destinado a la propia satisfacción del varón, también puede emplearse para acariciar. Puede servir para estimular los senos femeninos u otras zonas erógenas; y puede emplearse no sólo para su introducción en la vagina, sino para deliciosos contactos con los órganos sexuales externos de la mujer. Así, los indígenas de las islas Truk practican unas peculiares relaciones sexuales en las que el varón frota el clítoris de su compañera con el pene, mientras permanece sentado con las piernas extendidas y la mujer se sienta sobre sus piernas. Los indígenas de Truk tienen en tal aprecio a este pasatiempo sexual, que reservan principalmente su empleo a los amantes, siendo rara su práctica en las relaciones conyugales, en las que no existe un amor tan vivo y que suelen pecar de rutinarias. (Swartz, 1958).

Los movimientos acariciadores, como se desprende de lo antedicho, no consisten solamente en caricias o masajes en una única dimensión. Pueden comprender también abrazos, estrujones, masajes, apretones, manipulaciones, pellizcos, presiones, etc. El abrazo, pues, o sea el acto de estrechar fuertemente a la pareja entre los brazos, también se incluye en la técnica de la caricia. Se incluyen también en ella los apretones y abrazos de diversas partes del cuerpo de la pareja, de la cabeza a los pies.

Técnicas del beso

El beso, desde luego, es una técnica de la caricia que goza de mucho favor y que también comprende una amplia gama de actividades, que van desde la presión con los labios apretados, el beso con la boca abierta, el mordisqueo, la lamida, la succión, etc. Como otras muchas caricias, el beso puede darse de una manera suave e intensa, puede ser húmedo o seco, durar un largo período de tiempo o unos instantes; sólo o combinado con otras caricias. Van de Velde (1926) recomienda que "se mezclen en el beso los tres sentidos siguientes: tacto, gusto y olfato. El *sonido* debe brillar por su ausencia". Sin embargo, existen algunos individuos que hallan placenteros los ruidos y chasquidos producidos por los labios al juntarse.

Como otras muchas caricias y de manera especial, con frecuencia el beso debe prolongarse durante un tiempo, antes de que resulte completamente placentero. Así, muchos hombres y mujeres que al principio sienten repugnancia por los "besos hasta el alma" —o sea los besos profundos y húmedos— en los que los participantes introducen la lengua en la boca de la pareja durante largos período de exploración mutua *(Maraichinage o Kataglossism)* terminan por apreciar intensamente esta clase de besos. Con frecuencia es necesario cierto grado de insistencia y experimentación en el arte del beso, como en otras prácticas sexuales, si se desea conseguir la máxima satisfacción y excitación.

La estimulación genital-oral se considera tradicionalmente un acto vedado en nuestra sociedad, pero no parece haber ninguna razón válida para que esta prohibición continúe. La razón principal de la existencia de una actitud negativa hacia el beso genital hay que buscarla probablemente en el concepto difuso de "suciedad", que durante siglos ha rodeado a los órganos genitales. Este concepto surge a su vez, en parte, de una antigua confusión entre las funciones genitales y anales, que puede haber surgido debido a la estrecha proximidad de las zonas de los órganos genitales y el ano (H. Ellis, 1936; Robie, 1925). La vagina femenina también se encuentra muy próxima a la uretra, mientras que el miembro viril o pene sirve asimismo para la micción.

Pero si bien el ano es, hasta cierto punto, un órgano "sucio", maloliente y falto de higiene, apenas se puede decir lo mismo de los órganos genitales, que además pueden mantenerse en un estado de escrupulosa limpieza con relativa facilidad. Por consiguiente, aquellos individuos que presenten legítimas objeciones a establecer un contacto directo con el ano de su pareja, generalizan a veces estas objeciones, extendiéndolas a las relaciones de tipo oral-genital. Si, libres de prejuicios, probasen los besos genitales pasivos o activos, es posible que los encontrasen libres de reparos y muy agradables (Thornton y Thornton, 1939).

Aunque casi todos los tratados modernos sobre el matrimonio se ocupan con cierta extensión de las posiciones del coito, raramente puede leerse en ellos que las posiciones para las caricias y los besos pueden ser igualmente importantes. La tendencia "normal" de las parejas que se entregan a juegos amorosos, antes del coito, es de tumbarse de costado, uno junto a otro. En realidad, esta posición es bastante limitadora y hace casi imposible muchos de los besos y caricias más estimulantes y excitantes.

En general, las posiciones para las caricias y los besos, en especial las que comprenden manipulación genital, suelen corresponderse bastante con las posiciones para la cópula, que se describen con detalle en otro capítulo de esta obra. Los participantes pueden tumbarse cara a cara, uno de ellos de espaldas, sentarse, arrodillarse o estar de pie.

En los besos o caricias genitales, el participante activo puede tenderse bajo el que asume una actitud más pasiva; o a su lado pero en dirección opuesta; sentado o arrodidillado en el suelo, mientras la pareja permanece tendida o sentada con los órganos genitales al borde de una silla o de la cama; o bien, cuando ambos participantes asumen

78

una actitud doblemente activa, puede adoptarse la posición llama del 69, que describe de forma gráfica la colocación de ambos participantes: uno colocado sobre el otro, vientre con vientre, pero ambos en direcciones opuestas; posición oral-genital por ambas partes.

Juegos y escarceos preliminares, no genitales

Casi todos los juegos preliminares de carácter amoroso, o sea las caricias y los besos no genitales que tienen lugar antes del coito, constituyen una parte estimulante y agradable de las relaciones sexuales. Son particularmente apropiados cuando el varón trata de excitar a una mujer virgen o poco menos, que siente cierto temor ante el acto que se avecina y que por consiguiente debe ser objeto de una preparación previa, delicada y lenta. Estos juegos amorosos, empero, no siempre son necesarios para las parejas a las que el acto amoroso no inspira temor y que saben perfectamente que terminarán efectuándolo.

Algunos cónyuges gozan intensamente con estos juegos y escarceos no genitales y con frecuencia se entregan a ellos durante horas enteras; pero otros pueden pasarse fácilmente sin ellos en la mayoría de ocasiones y no es conveniente que los prolonguen, so pretexto de que *antes* les resultaban agradables y útiles. Si se pasa del punto conveniente, estos juegos pueden conducir a la frigidez sexual.

En fecha reciente, una de las clientas de mi consultorio matrimonial se quejó de que su marido insistía en entregarse a juegos amorosos no genitales, durante una hora por lo menos, antes de la cópula, pese a que ello les hacía perder un período de sueño del que ambos se hallaban muy necesitados. Agregó que a veces ella también gozaba inmensamente con esta clase de actividad..., cuando había tiempo suficiente. Otras veces, en cambio, le restaba satisfacción y daba por resultado un orgasmo de poca intensidad.

Cuando expuse esta queja a su marido, él vio en seguida que su insistencia en aquellos juegos y escarceos prolongados se debía principalmente a que así fue como se demostró a sus propios ojos que era "un verdadero hombre" y un buen amante en sus aventuras premaritales, comprendiendo que podía prescindir fácilmente de estos juegos, innecesarios en la mayoría de ocasiones.

Si uno de los cónyuges encuentra muy deseable los juegos amorosos preliminares, su pareja debe tratar de complacerlo al respecto..., a condición de que las exigencias que se le hagan no sean excesivas o requieran demasiado tiempo.

Los inconvenientes y molestias que pueden producir los juegos amorosos preliminares son dobles: la irritación que pueda sentir la esposa, que encuentra cortos estos juegos preliminares, puede hallar su contrapartida en el disgusto experimentado por el marido, por ejemplo, obligado a entregarse a ellos.

Cuando ambos cónyuges difieran radicalmente en sus deseos, lo mejor es buscar una solución intermedia, basada en el buen sentido y la ecuanimidad...; lo cual puede hacerse extensivo a muchos aspectos de la vida sexual, en que existan marcadas diferencias entre ambos participantes.

Del mismo modo que muchos individuos encuentran los juegos extragenitales relativamente sosos y aburridos, otros los encuentran más estimulantes que las relaciones genitales propiamente dichas. Cuando el varón o la hembra han tenido ya un orgasmo, pueden hallar irritante el contacto genital directo. Pero, incluso entonces, quizá se sorprenda al comprobar que unos besos o caricias suaves o fuertes de otras partes del cuerpo, como muslos, nalgas o espalda, pueden conducir a un nuevo estado de excitación completa.

Los estímulos no genitales, aunque por lo general suelen recibir el nombre de "juegos amorosos preliminares", suelen prestarse en muchos casos a confusiones, a causa de esta denominación. En primer lugar, a veces pueden no terminar en juegos genitales o en el coito, sino que puede apelarse a ellos como un fin en sí mismo, pues muchos individuos los encuentran eminentemente satisfactorios; en segundo lugar, cuando se emplean como un fin en sí mismo, pueden provocar un orgasmo completo, especialmente en la mujer. Así, muchas mujeres alcanzan la cumbre de la excitación mediante los besos en la boca, apretados abrazos o titilación de los pezones.

No hay nada de extraño, anormal o pervertido en la consecución del orgasmo mediante estímulos no genitales, ni hay ninguna razón para que los cónyuges susceptibles de alcanzar el orgasmo por este medio no lo practiquen...; mientras se aseguren de que su pareja también alcanza el apogeo amoroso mediante una técnica no genital o genital.

Estimulación genital

Aunque en este caso, como en todos, se haga también difícil generalizar, la estimulación directa de los propios órganos genitales suele ser la técnica más fácil y mejor para casi todos los hombres y mujeres. El masaje del pene, del clítoris o de otras regiones de la vulva suele producir los mejores resultados. En este caso, como ya hemos indicado anteriormente, la clave se encuentra en la experimentación, pues hay personas que reaccionan extraordinariamente a la más ligera estimulación, mientras que otras requieren una estimulación más fuerte y continuada; hay individuos partidarios de los métodos manuales; otros de los métodos orales; algunos necesitan el ritmo o bien masajes intermitentes, y así sucesivamente.

81

En este caso, como en casi todos, la falta de inhibiciones sexuales y de vergüenzas inoportunas son las primeras condiciones de una técnica excelente. Las personas convencidas de que el sexo, en todo o en uno cualquiera de sus aspectos, es algo pecaminoso, perverso, vergonzoso, malo o inmoral, se mostrarán reacias en acudir a los diversos estímulos genitales, que son a veces necesarios para provocar la máxima excitación de la pareja. Los que posean ideas sexuales sanas y se sientan relativamente poco cohibidos, sabrán excitar al máximo a su pareja, al propio tiempo que se excitan a sí mismos.

Como en casi todas las formas de conducta sexual, la estimulación genital debería ser variada. Existen individuos que se excitan fácilmente una y otra vez acudiendo siempre al mismo tipo de besos o caricias genitales. Pero existen otros que, aunque gocen con un acto determinado, se hacen relativamente inmunes a sus efectos al cabo de un tiempo, y a veces deben acudir a otros tipos y variantes de contacto genital para excitarse.

Autoexcitación

Con demasiada frecuencia se cree erróneamente que el participante insensible sólo puede alcanzar la cumbre de la excitación sexual si el otro participante se esfuerza asiduamente por provocar su propia excitación. En realidad, como hemos observado ya en el capítulo anterior, el participante no excitado puede estimularse a menudo concentrándose en unos estímulos capaces de excitarlo. En el terreno físico, el participante que no se encuentra excitado puede alcanzar también frecuentemente al apogeo de la excitación, concentrando su atención en la tarea de estimular a su pareja.

Examinemos el caso, por ejemplo, de un hombre que esté más bien cansado y que haya perdido su interés por las relaciones sexuales, especialmente cuando por la noche se acuesta con su esposa. He visto a muchos pacientes del psicoterapeuta exponer esta queja, ya fuese de ellos o de su cónyuge. Pero cuando les sugerí que se esforzasen por acariciar y besar a su cónyuge en el lecho, alentándose por excitar y satisfacer a su esposa y no a sí mismos, casi todos estos individuos descubrieron, con gran sorpresa por su parte, que mientras intentaban estimular activamente a su esposa, ellos terminaban con frecuencia por excitarse y acababan sosteniendo unas relaciones sexuales completas. La autoexcitación física puede tener lugar, pues, como resultado de entregarse deliberadamente a una actividad sexual determinada, aunque al principio no parezca provocar la menor excitación.

El coito como excitante sexual

Los tratados matrimoniales suelen conceder una tremenda importancia a la paciencia, en particular por parte del varón, durante los preliminares del acto sexual. Con frecuencia se cita al respecto la famosa frase que escribe Balzac en su *Fisiología del matrimonio:* "No hay que empezar nunca un matrimonio con una violación." Esta preocupación está muy bien fundada, sobre todo teniendo en cuenta que algunos hombres realizan el acto sexual con sus esposas antes de que éstas se hallen convenientemente preparadas y los resultados pueden ser a veces desastrosos.

Pero también existen casos en que el mejor preludio al coito es el propio coito; en que nada, salvo la propia cópula, estimule a uno o a ambos participantes, haciéndoles alcanzar un alto grado de excitación. Así, existen cónyuges que se muestran fríos, tibios o indiferentes incluso después de haberse entregado a considerables escarceos preliminares. Pero una vez se ha iniciado la cópula y ambos o su pareja han hecho varios movimientos vigorosos de penetración, sus órganos sexuales pueden empezar a ponerse tumescentes y a lubrificarse bien, pudiendo en este caso efectuar unas relaciones íntimas completamente satisfactorias. Los experimentos realizados al respecto, especialmente con lubricantes (saliva, por ejemplo, gelatina K-Y), que tal vez sean necesarios para hacer posible el principio de la cópula, cuando exista poco apetito inicial, pueden resultar muy satisfactorios.

El empleo de estimulantes

Además de los estimulantes psicológicos comentados en el capítulo anterior, existen varios excitantes psicofísicos que a veces pueden ser muy eficaces para provocar la propia excitación o la de la pareja. Podemos pasar revista a las siguientes posibilidades:

1. Uno de los mejores estimulantes sexuales es la visión y el olor del cuerpo de la pareja. Por ello, si se desea excitar sexualmente a la pareja, hay que esforzarse por mantenerse en buenas condiciones físicas, evitando en particular los extremos de gordura, delgadez, mal aspecto, etc., (salvo cuando estos extremos físicos, como sucede en algunos casos, sean precisamente y quizá *fetichísticamente,* los mejores estimulantes para la pareja).

La limpieza, en especial de los órganos genitales, suele ser muy importante, pues el clítoris femenino y el prepucio masculino pueden constituir depósitos de secreciones (esmegma) si no se mantienen limpios, produciendo un olor fétido que puede evitar o enfriar la excitación de la pareja. Es necesario un escrupuloso lavado de los órganos genitales masculinos y femeninos de manera regular con agua y jabón, limpiando al propio tiempo los pliegues cutáneos que puedan ocultar secreciones. En algunos casos es necesario practicar la circuncisión en los varones (y muy raramente en las hembras) como medida profiláctica e higiénica, que evitará irritaciones e infecciones.

Si una mujer está acostumbrada a las irrigaciones para limpiar sus órganos genitales, será mejor que las practique bajo asesoramiento médico, puesto que, al expulsar las secreciones normales de la vagina, que desempeñan un papel protector, las irrigaciones continuadas pueden ser más perjudiciales que beneficiosas.

Unas ropas de dormir atrayentes, especialmente por parte de la mujer, pueden ayudar grandemente a estimular al cónyuge; y según cuáles sean los gustos individuales, con frecuencia serán preferibles la semidesnudez o la desnudez integral.

Aunque entre los maridos actuales no suele existir la demanda que hubo, en las generaciones anteriores, a favor de ropas de cama vaporosas u otras prendas íntimas provocadoras, en sus esposas (Ellis, Doorbar, Guze y Clark, 1952); aún escucho algunas quejas de maridos que piensan que sus esposas no hacen el menor esfuerzo por atraerlos físicamente y que, como resultado de ello, se muestran semi-impotentes en el lecho conyugal.

Pero es más frecuente escuchar a esposas que se quejan de que su marido no se baña ni se afeita con la debida frecuencia, o que su aliento huele a alcohol y a tabaco.

Greve (1957) señala con insólita franqueza que "existen un centenar de puntos que presentan sutiles diferencias, todos en la misma línea, y que las mujeres suelen descuidar. Un camisón poco atrayente, sucio o roto, las ropas de la cama no excesivamente limpias, vello en el cuerpo (el vello en el cuerpo femenino causa repulsión a muchos hombres) y un aliento fétido (debido con frecuencia a haber comido cebollas o ajo, o el olor desagradable producido por una dentadura en mal estado, etc.), suele extinguir con mucha frecuencia y de manera subconsciente el deseo de muchos hombres, por lo demás normales."

Mucho puede hacerse, pues, en ambos sexos, para aumentar el atractivo sexual ante el compañero o la compañera. Una pareja bien parecida, de un olor agradable y un aliento perfumado, constituye un excitante sexual mutuo inigualable.

2. En todas las épocas se han recomendado diversos alimentos considerados afrodisíacos. En su mayoría (entre ellos se incluyen las ostras, el pescado, la miel, los espárragos y las especias) no son de un valor demostrado ni excitantes sexuales concretos. Lo que sí parece estar fuera de toda duda es que una dieta baja en proteínas tiende a reducir la sexualidad y un ayuno prolongado (como se demostró en un famoso experimento realizado en la Universidad de Minnesota), termina por provocar la indiferencia sexual (Keys y otros autores, 1950). Un buen régimen alimenticio, en cambio, que contenga cantidades suficientes de proteínas y una provisión equilibrada de vitaminas, suele echar los cimientos de una máxima excitabilidad sexual. Tanto la obesidad como la falta de nutrición son contrarias a la excitación y la satisfacción sexuales.

Es posible que algún día se descubra un alimento que sea verdaderamente afrodisíaco. Pero hasta la fecha todos los informes que se poseen sobre los alimentos estimulantes han resultado ser enteramente infundados y no han resistido la investigación científica. Aunque algunos alimentos de sabor exquisito y muy salpimentados, como indica MacDougald (1960), pueden poseer un significado simbólico o bien, por motivos psicológicos, puedan hacer creer a quienes los ingieren que han provocado su excitación sexual, en la actualidad no conocemos ninguno que posea verdaderamente esas cualidades.

3. El apetito sexual se apaga o se ve coartado fácilmente por la fatiga, la escasa resistencia, la enfermedad y la tensión en general. En cambio, un descanso adecuado, un ejercicio saludable, un trabajo interesante y la ausen-

cia de preocupaciones, son importantes factores estimulantes y preparan el terreno para la misma. Un baño o una ducha tibios, poco antes de entregarse a las relaciones sexuales, puede producir a veces unos efectos apaciguadores y refrescantes, y por consiguiente facilitará la excitación sexual en algunos individuos.

4. Existen varios ingredientes que, si se ingieren en cantidades suficientes pero no excesivas, estimulan el apetito carnal en algunas personas. Entre éstos se incluyen:

a) El alcohol, tomado en cantidades moderadas, suele actuar como un estimulante sexual, pues tiende a aplacar temporalmente la ansiedad y a reducir las inhibiciones. También tiende a amortiguar la sensibilidad nerviosa, permitiendo así que los individuos que alcanzan el orgasmo prematuramente tengan reacciones más lentas. W. Horsley Gantt (Himwich, 1958) ha presentado claras pruebas experimentales de la verdad de este aserto en los perros; y existen muchos datos clínicos que atestiguan que es de un efecto similar entre los seres humanos.

El retardo provocado por el alcohol puede aumentar en algunos casos la confianza de un individuo (particularmente del varón) en su propia potencia viril y, por consiguiente, le hará ver con más agrado el intercambio sexual. Pero si el alcohol se ingiere en grandes cantidades, suele amortiguar la excitabilidad sexual, terminando por provocar una anestesia y una impotencia completas.

b) El opio y sus derivados (como la morfina, la heroína, el Dilaudid y la codeína) y los recientes analgésicos sintéticos (entre los que se cuentan el Demerol y la metadona) pueden ayudar temporalmente a la excitación sexual, aplacando el temor y la ansiedad. Pero estas drogas, tomadas de forma continuada, terminan por conducir a la toxicomanía, la frigidez y la impotencia. Según Mauer y Vogel (1954), "los estupefacientes poseen la tendencia general a reducir progresivamente o borrar el apetito sexual en el varón y la hembra, aunque pueden existir excepciones individuales a esta regla". La doctora Marie Nyswander, en su obra *El adicto a las drogas como paciente* (1958), demuestra que la morfina deja al morfinómano tan satisfecho como si hubiese ejecutado el acto sexual y espera con más anhelo la proxima inyección que una buena cópula.

Como en el caso de la morfina y sus derivados, la ingestión de bromuros, barbitúricos, marihuana, grifa, mescalina y cocaína, a veces ejerce un efecto excitante al principio, en parte debido a la reducción de los sentimientos de ansiedad e inhibición. Pero el hábito de estas drogas termina por producir efectos directos y secundarios, que on contrarios al apetito carnal y su satisfacción.

c) Existen varias sustancias, como la estricnina, las cantáridas y la yohimbina, que a veces producen la excitación sexual, mediante la irritación del conducto urinario o del sistema nervioso; pero prácticamente todas estas drogas son excepcionalmente peligrosas, con frecuencia producen grandes daños al individuo que las ingiere y en ningún caso deben emplearse sin riguroso asesoramiento médico. Kelly (1957) es uno de los pocos sexólogos eminentes que creen que aún deberían hacerse muchos más estudios en relación con la estricnina y la yohimbina, por ejemplo, ya que a veces producen buenos resultados en individuos que constituyen casos de impotencia por causas no psicogénicas. Hasta ahora, sin embargo, las investigaciones que desea Kelly aún no se han realizado, y hay que adoptar grandes precauciones al utilizar estas drogas.

d) Se han descubierto recientemente varios calmantes que aplacan la ansiedad de forma temporal y que por consiguiente pueden fomentar el apetito carnal y la participación activa; se realizan numerosos experimentos con estas nuevas drogas. Sin embargo, sólo deben administrarse por prescripción médica, pues suelen producir efectos secundarios nocivos.

e) El empleo de hormonas sexuales y otros tipos hormonales produce a veces unos resultados espectaculares en la estimulación del apetito sexual. Así, las mujeres sometidas a tratamiento de hormonas masculinas, o sea testosterona, utilizadas para combatir el cáncer, suelen experimentar un apetito sexual del que antes carecían (Kuppermam, 1959). Existe también la posibilidad de que en algunos casos de varones que sufren una verdadera deficiencia hormonal, la administración de testosterona puede aliviar algunos de los síntomas de impotencia que presentan (Clark, 1959a).

Los efectos de las hormonas sexuales en distintos individuos varían considerablemente; sin embargo, a veces es difícil asegurar si los resultados beneficiosos obtenidos se deben en realidad a la administración de la hormona, o a la autosugestión del paciente, producida por dicha administración. Las hormonas, además, pueden causar graves efectos secundarios, y, a semejanza de otros medicamentos, sólo deben tomarse por prescripción facultativa y en casos determinados.

f) Los perfumes suelen ser sexualmente excitantes, en especial para los varones de nuestra sociedad. Los bálsamos, ungüentos, inciensos, baños de sales, agua de colonia, etc., que producen perfumes muy marcados, debido a las sustancias aromáticas que contienen, suelen tener a veces eficacia en estos aspectos. Al propio tiempo, hay individuos que, casi siempre por motivos psicológicos, toleran mal los perfumes; en este caso provocan la pérdida de su apetito carnal si perciben su aroma en su pareja.

Resumen

Existen muchas técnicas psicofísicas para provocar la excitación de la pareja. Algunas de ellas (caricias y besos, por ejemplo) son inofensivas y eficaces, mientras que otras (el alcohol y las drogas, entre ellas) son peligrosas y de efectos contraproducentes.

Todos los métodos físicos de excitación sexual dependen, en último término, de los cimientos psicológicos que se les ha dado, puesto que si una persona determinada experimenta prejuicios psicológicos contra el sexo o contra una pareja concreta, es dudoso que ninguna técnica sirva para provocar su excitación.

Incluso las potentes drogas y sueros "de la verdad", el amital de sodio por ejemplo, no producen resultado alguno en muchas personas decididas a no facilitar determinada información. De manera similar, los excitantes sexuales más potentes no surten efecto en aquellos individuos que están decididos a no dejarse excitar.

El mejor procedimiento, pues, para poner a la pareja en un estado en que desee ardientemente las relaciones íntimas y se la pueda hacer alcanzar con facilidad el apogeo de la excitación, consiste en emplear las influencias psicológicas y los métodos bosquejados en el capítulo anterior. Empleado conjuntamente con las mejores técnicas físicas que se describen en este capítulo, este enfoque doble de la excitación suele ser eficaz y a veces produce efectos insospechados.

Si todas las medidas físicas y psicofisiológicas expuestas y destinadas a excitar a la pareja (o a quien las practique) se probasen con sinceridad e insistencia, pero no surtiesen resultado alguno, entonces hay la posibilidad de que exista un obstáculo biológico o mental. En tal caso, hay que buscar el consejo de un médico o especialista de reconocida solvencia y someterse a su reconocimiento, para ver si descubre la presencia de una lesión física o un trauma, y también se debe consultar a un psicólogo, un psiquíatra o un asesor matrimonial, para investigar la posibilidad de trastornos psicológicos.

Muchos casos de falta de excitabilidad sexual pueden atribuirse a pensamientos y sentimientos irracionales que, una vez descubiertos y reconocidos, pueden ser arrancados de cuajo como factores causales (A. Ellis, 1953b, 1954c, 1957a). Por consiguiente, cuando el individuo no pueda resolver por sí solo el problema, debe buscar al instante la ayuda competente de un profesional.

6 | LA COPULA: PRIMEROS PASOS

Si el hombre practica algo de manera natural, sin aprendizaje ni experiencia previos, *no es* precisamente el comercio sexual. Casi todos los animales inferiores se aparean instintivamente, impulsados por una fuerza interior. El hombre, por el contrario, suele *excitarse* instintivamente —o sería más exacto decir que una parte muy considerable de su excitación sexual es instintiva o innata— pero, la parte consecutiva a esa excitación requiere mucho aprendizaje, preparación y depende de una amplia gama de factores ambientales.

Por lo que se refiere al método específico que empleará para alcanzar la cumbre de la excitación, el hombre (como vimos en el capítulo II) está vinculado a las tendencias que le han sido inculcadas por la sociedad o las que ha adquirido merced a la experiencia, y no a las tendencias instintivas.

En teoría, puede elegir entre una amplia variedad de válvulas de escape sexuales. Pero en la práctica, el empleo de una cualquiera de estas posibles válvulas, a fin de alcanzar el orgasmo, dependerá de muchos factores relacionados con sus experiencias de niñez y juventud.

Esto quiere decir que el individuo que haya sostenido relativamente pocas relaciones heterosexuales, tendrá mucho que aprender acerca de la técnica del coito. Vamos a esbozar aquí algunas indicaciones útiles a este respecto.

Señales de preparación

La cópula sólo debe efectuarse cuando ambos participantes estén suficientemente preparados; de lo contrario, podrían surgir dificultades. En el varón, la preparación para el coito parece fácil de determinar, pues en gran parte parece depender de una simple erección adecuada o rígida del pene. Pero en la realidad, muchos varones experimentan a veces formidables erecciones sin hallarse particularmente excitados y en este caso la cópula les resultaría dolorosa, desagradable o indiferente. De manera similar, las mujeres pueden tener un clítoris inflamado o erecto, sin que esto signifique necesariamente que deseen la cópula, ni se hallen preparadas para ella.

La verdadera excitación sexual en el varón y la hembra suele estar acompañada de varios síntomas indicadores, claramente perceptibles. Además de la inflamación y congestión sanguínea de los órganos genitales, también otras varias partes del cuerpo, en particular los labios, los senos y los pezones, pueden aumentar de tamaño y congestionarse. La presión sanguínea y el pulso suelen elevarse, el individuo se muestra inquieto y anhelante, el ritmo respiratorio aumenta, pueden aparecer escalofríos, la piel puede adquirir un aspecto sonrojado y congestionado, el individuo puede temblar, de la boca puede surgir un olor particular y (quizá esto sea lo más frecuente) las secreciones precoitales del varón y la hembra empiezan a fluir, a veces copiosamente.

En el caso de la hembra, como ha descubierto recientemente Masters (1960), la elevada excitación sexual y la inminencia del orgasmo se reflejan invariablemente en el estado de sus pequeños labios, que empiezan a adquirir un color escarlata.

A pesar de estos evidentes signos de excitación sexual, muchos cónyuges, en especial cuando se hallan absorbidos por su propia excitación y sus reacciones, son incapaces

93

de juzgar adecuadamente si su compañero o compañera se halla dispuesto ya para el coito. Esto se debe a que algunas personas —por lo general del sexo femenino— no sólo deben hallarse excitadas para desear la penetración del miembro viril, sino que deben hallarse *suficientemente* excitadas, a menudo durante un período de tiempo considerable, antes de desear la introducción. En algunos casos, es casi imposible decir, salvo por el propio interesado, cuándo se ha alcanzado este grado suficiente de excitación.

Por consiguiente, las parejas que sostienen relaciones sexuales habitualmente deben ponerse de acuerdo y conocer previamente las señales indicadoras de que desean comenzar la cópula. El cónyuge que tarda más tiempo en experimentar un deseo apremiante debe dar un golpecito al otro, cuando se halle preparado para la introducción, diciendo "¡Ahora!", o indicando por cualquier otro medio a su pareja que se halla a punto. En este caso, como ya se ha indicado anteriormente, es preciso pensar que ninguno de ambos cónyuges es telépata y que un lenguaje llano y sencillo suele ser el medio más ideal de comunicación en la cama. Cualquier reserva está fuera de lugar.

Las primeras relaciones sexuales

La primera cópula suele ofrecer ciertas dificultades, no sólo en el caso de la mujer sino también en el del hombre. El varón virgen no sabe qué hacer, sencillamente; es más, a menudo teme hacerlo mal o de manera incompetente. Como indica Mozes (1959b), teniendo en cuenta las dificultades de la desfloración, las autoridades médicas calculan que aproximadamente una de cada veinte recién casadas aún es virgen al término del primer año, y una de cada cien, al término del segundo año de matrimonio.

Mientras la mujer virgen teme el dolor que pueda experimentar o el disgusto que le produzca la cópula, el hombre siempre teme *fracasar*. Aún cuando ella no experimente el orgasmo, en su caso la posibilidad de fracaso apenas se plantea; pero el varón, por pasiva que sea su actitud, en particular si se excita y satisface fácilmente, alcanzará el orgasmo con toda probabilidad.

Pero si el varón fracasa, la hembra no podrá lograr satisfacción..., al menos en el lecho conyugal. Así, la responsabilidad del fracaso recaerá principalmente sobre el varón, y la angustia que esto le producirá (es decir, la sensación de incapacidad causada por su fracaso), puede muy bien convertir las primeras cópulas en una verdadera pesadilla.

Por consiguiente, sería muy de desear que la mujer se mostrase especialmente afectuosa y comprensiva, si supiese que su pareja no posee experiencia sexual o la posee en menor grado. Debería demostrarle que, si bien le gustaría que no fracasara, tanto por el placer que él pudiera experimentar como por el que sentiría ella, no consideraba que esto fuese una necesidad vital; indicándole que no consideraba su *virilidad* o valor *intrínseco* por lo que fuese capaz de hacer en el lecho, eso llegaría a su debido tiempo.

El hombre, por su parte, debería proceder de manera parecida con la esposa virgen, haciéndole ver que, si bien *desea* que experimente satisfacción, esto no es para él una *necesidad* imperativa. Como en todos los demás aspectos de la vida humana, es importante considerar las relaciones sexuales, especialmente el primer contacto entre una pareja, como una entrega personal o sentimental y no como una entrega meramente física.

Una asociación sexual apenas difiere en esencia de otros tipos de asociación. Si se desea que el nuevo socio comercial dé rendimiento y se convierta en un colaborador eficaz, hay que comprenderlo y aceptarlo como un ser humano, y no únicamente como un hombre de negocios. Si se desea lograr el máximo rendimiento de los miembros de un comité, una organización fraternal o un grupo deportivo, hay que verlos también como seres humanos y no como simples asociados. No hay duda, pues, de que si se desea sacar el máximo rendimiento de las relaciones sexuales, hay que ver a la pareja como una persona y no como una máquina de producir placer.

Al ver a la pareja como una persona que piensa y siente durante la cópula inicial, hay que comprender que probablemente se halla dominada por temores concretos: el temor de aparecer fea o deforme, de mostrarse inepta e incompetente, de tener poca habilidad sexual, etc. Hay que hacerle saber que no se espera encontrar una pareja impecable ni una técnica perfecta; que lo que importa no es el éxito momentáneo, sino la persona en sí; que tampoco importa el tiempo que ésta tarde en alcanzar la destreza sexual; que en cierto modo interesa más su propia satisfacción que la de uno mismo; que se tiene la seguridad de que más pronto o más tarde gozará lo indecible con las relaciones sexuales; que éstas durarán muchos años, y no sólo aquella noche.

A continuación, damos algunas indicaciones de carácter técnico sobre la primera cópula:

1. La primera noche que se tenga ocasión de realizar la cópula con la pareja no debe ser necesariamente la primera en efectuarla (Kling, 1957). Durante una o varias noches, los recién casados pueden limitarse a juegos amorosos y caricias, en los que ambos alcanzarán el orgasmo, sin llegar a la introducción del pene en la vagina.

Esto puede permitir que uno o ambos cónyuges se acostumbren a la idea del coito y la aborden sin demasiadas prisas; que se conozcan bien antes de realizarlo y que se convenzan de que la cópula no es lo más importante, sino sólo una de tantas posibilidades interesantes de goce mutuo. En especial cuando la pareja es muy joven, nerviosa, ignorante, cohibida o se encuentra muy asustada, puede ser preferible aplazar la penetración durante una o varias noches.

2. Aunque, como veremos más adelante, el coito durante la menstruación es posible en muchos casos, quizá sea preferible no complicar las primeras relaciones sexuales con el factor representado por la menstruación. Por consiguiente, hay que fijar la fecha de la boda o de la luna de miel de manera que durante las primeras noches los recién casados no tengan que enfrentarse con la menstruación de la esposa. Si ésta tuviese lugar (muy frecuente en las recién casadas), y especialmente si fuese muy copiosa durante la luna de miel, sería aconsejable que ambos cónyuges se limitasen a juegos y caricias, sin llegar al coito, pero sí al orgasmo, hasta que hubiese pasado la regla o ésta se hallase ya muy reducida.

3. La primera penetración puede hacerla el esposo con los dedos y no con el miembro viril. El hombre normal, especialmente cuando es novicio en las lides amorosas, con frecuencia no sabe manejar el pene ni regular adecuadamente sus movimientos; por consiguiente, es probable que no sepa introducirlo bien en la vagina de su compañera virgen. En este caso, es preferible que descubra gradualmente la vagina con los dedos, distendiendo, rasgando o apartando el himen mediante manipulación digital. De esta manera puede aplacar mejor los temores y dudas de su pareja... y con frecuencia los suyos propios.

4. Cuando finalmente se intenta la introducción del pene en la vagina, es preferible que el varón trate de efectuar la intromisión del miembro por la parte superior (o anterior) de la vagina, donde la abertura del himen suele ser mayor. La penetración y la distensión del himen pueden efectuarse mejor de esta manera, por regla general. No obstante, como apunta el doctor Hans Lehfeldt (comunicación al autor), la pared anterior de la

vagina también se encuentra cerca de las terminaciones nerviosas de la parte interior del clítoris y de la uretra femenina; por consiguiente, la introducción del pene en esta zona puede producir sensaciones de irritación o dolor en algunas vírgenes.

No hay que pensar que la desfloración sea siempre o corrientemente una operación muy dolorosa y que exija grandes precauciones para que resulte soportable. En la mayoría de los casos, incluso cuando se tiene relativamente poco cuidado, la primera cópula apenas es dolorosa, siendo raro que se produzcan grandes hemorragias u otros efectos traumáticos por desgarramientos. De todos modos, el esposo debe cerciorarse de que su compañera no pertenece a la minoría de mujeres susceptibles de presentar dificultades; y apelando a ciertas precauciones y cuidados por su parte, podrá ver si su pareja es excesivamente sensible durante el primer coito.

5. Aunque sea aconsejable mostrarse cariñoso, paciente y tranquilizador, entregándose a un prolongado juego amoroso antes del coito, el varón que sostenga las primeras relaciones sexuales con una mujer asustada o tímida, verá que en algunos casos es preferible el golpe atrevido, o la técnica del "acabemos cuanto antes".

Teniendo en cuenta que la mujer conoce sus propias sensaciones dolorosas mejor que su compañero, en algunos casos debería ser ella quien rasgase o distendiese su propio himen, introduciéndose con rapidez y de golpe el pene de su pareja, cuando note que se halla en contacto adecuado con el himen.

Cuando por la razón que sea la mujer no pueda o no quiera hacer esto, el varón puede dar un rápido empujón pelviano, que le permita atravesar el himen de una manera casi indolora, para efectuar una completa introducción. Cuando el himen sea muy grueso, falto de elasticidad o la entrada de la vagina sea angosta, este rápido empujón puede resultar demasiado doloroso y temerario, siendo entonces aconsejable acudir a una distensión gradual, que a veces puede durar días o semanas.

Si ambos cónyuges lo prefieren, o si la introducción resultase muy difícil, la propia esposa puede distender o rasgar el himen con sus dedos. Cauldwell (1958), citando unos datos procedentes del *Diario Médico Británico,* da los siguientes detalles al respecto: La mujer puede cortarse las uñas y lavarse meticulosamente las manos. Con ayuda de un lubricante, introducirá un dedo en la vagina, ejerciendo una presión continua y regular por toda la circunferencia del himen. Después de repetir esta operación varios días, introducirá dos dedos y después tres en la vagina, sin notar la menor molestia. Por lo general, efectuará mejor esta operación poniéndose en cuclillas, durante un baño caliente o después del mismo.

El varón, por su parte, también puede distender poco a poco el himen de su pareja, utilizando los dedos o el pene. Es aconsejable el empleo de un lubricante adecuado, por ejemplo saliva o gelatina quirúrgica (K-Y, por ejemplo) cuando efectúe esta distensión.

El esposo también puede distender o rasgar el himen de la esposa apelando al empleo de un ungüento analgésico, como la pasta o crema Nupercainal, que puede aplicarse al himen y a la abertura de la vagina varios minutos antes de intentar la introducción. Quitando después el ungüento antes del coito, a fin de no afectar el miembro viril.

6. Cuando se trate de una mujer muy nerviosa, o exista la posibilidad de que se produzcan graves lesiones al desgarrar el himen, o se hayan efectuado ya algunos intentos frustrados de desfloración, es aconsejable acudir a un médico para que éste practique una incisión en el himen, sometido a anestesia local.

En algunos casos, cuando la entrada de la vagina o la propia vagina sea muy angosta, puede ser necesario que el médico proporcione a la esposa una serie de cilindros graduados, que ésta puede ponerse hasta ensanchar convenientemente la entrada o el canal de la vagina. En otros casos extremos, especialmente cuando la idea de la desfloración quirúrgica sea desagradable para la mujer, la incisión del himen (himenectomía) debe realizarse con anestesia general. Con todo, en la gran mayoría de casos los esposos pueden efectuar por su cuenta la desfloración, sin que sea necesario acudir al cirujano. El primer coito, como señala al *Diario Médico Británico*, debe efectuarse de preferencia sin intervención quirúrgica, puesto que el hecho de requerirse un anestésico para la himenectomía hace creer a veces a la mujer que la desfloración y la cópula son dolorosas, y, por consiguiente, puede adquirir espasmos dolorosos de los músculos vaginales (vaginismo), al intentar el coito, siendo su causa de índole psicológica.

Si se acudiese a un especialista, la esposa debería visitarlo por lo general dos o tres semanas e incluso más antes del inicio de las relaciones sexuales; dando de este modo a los tejidos operados el tiempo necesario para cicatrizar. Además de aliviar el temor y el dolor, la distensión o incisión quirúrgica del himen también posee la ventaja de permitir la colocación de un diafragma anticonceptivo antes de la primera cópula, de manera que puedan emplearse, desde el principio, unas medidas adecuadas para el control de la natalidad y el coito pueda efectuarse sin tener que acudir al empleo de un preservativo. Un tapón cervical o un diafragma también puede emplearse algunas veces, aunque no siempre, pese a la existencia de un himen intacto.

7. Si la mujer se halla suficientemente excitada antes de que se efectúe el primer contacto, es posible que, arrastrada por su pasión, pierda la cabeza y no le importe la desfloración, aunque ésta le cause cierta molestia. Algunas mujeres llegan a excitarse hasta el punto, que ni siquiera se dan cuenta de la introducción del miembro,

hasta que la cópula ha terminado y el marido les ha arrebatado la virginidad.

8. En circunstancias normales, la desfloración va acompañada de una ligera hemorragia. Si entonces la mujer se tiende de espaldas con los muslos juntos, la hemorragia puede cesar a los pocos minutos. Si ésta parece ser excesiva y no cesa al poco rato —lo cual es muy raro, pero puede ocurrir a veces—, puede ser necesaria la intervención de un médico.

9. No hay que sacar conclusiones prematuras si la esposa pareciese no poseer himen durante la primera cópula o si la distensión de los vestigios de himen que posea no causase dificultad ni dolor. Muchas mujeres nacen sin himen o lo pierden a consecuencia de reconocimientos médicos, masturbación, escarceos amorosos, etc. Tomarse a la tremenda la ausencia de himen es una de las mejores maneras de demostrar a una joven que sólo nos interesa como un instrumento sexual. También indica que el esposo es un individuo muy suspicaz, dispuesto a criticar los menores aspectos de su conducta.

10. Tanto si el himen está intacto como si falta, el empleo de lubricantes sexuales durante las primeras cópulas está muy indicado. Debido a la tensión y el nerviosismo de la esposa, o a la falta de experiencia de ésta, o a su estrechez vaginal, la introducción del miembro puede resultar algo difícil y las secreciones precoitales y coitales femeninas, que normalmente facilitan la cópula, pueden ser escasas o faltar por completo. Por consiguiente, unos lubricantes adecuados, como la saliva o gelatina quirúrgica soluble en agua (gelatina K-Y), o también vaselina, pueden utilizarse. El empleo de estos lubricantes se describe con detalle en el capítulo IX.

11. La primera cópula no puede ser demasiado agradable para ninguno de ambos cónyuges, aunque existen casos en que produce un enorme goce. Por consiguiente, es mejor no hacerse demasiadas ilusiones la primera no-

che. Para algunas mujeres puede resultar dolorosa, y para algunos hombres puede terminar con una eyaculación prematura o un orgasmo que produzca relativamente poco placer. Hay que aceptar las cosas como son. La finalidad principal de la tan cacareada "noche de bodas" es de servir como preludio de las futuras cópulas, sin que necesariamente tenga que producir un goce rayano en el éxtasis.

12. La primera cópula debe efectuarse, por lo general, en la posición frontal, cara a cara, o sea con el varón cabalgando la hembra, la cual tendrá las piernas muy levantadas, pudiéndolas poner a veces sobre los hombros del varón, a fin de que la abertura vaginal esté lo más dilatada posible. Es aconsejable efectuar la introducción lentamente, para distender el himen en vez de rasgarlo. Cuando se encuentre resistencia, es aconsejable que el varón dé un empujón rápido y penetrante, al que la hembra corresponderá con otro empujón similar pero en sentido contrario.

Hasta que el esposo conozca bien a su compañera durante la cópula, y esté seguro de la anchura y profundidad de su vagina y hasta dónde puede introducir en ella su miembro, debe proceder con lentitud y cautela al efectuar la introducción. Con frecuencia es muy aconsejable la previa exploración de la vagina con los dedos, para ver cual es su anchura y longitud.

Cuando introduzca el pene en la vagina, debe limitarse al principio a una penetración de dos o tres centímetros, para continuar la introducción con el mayor cuidado. Al principio, no sólo la longitud sino el diámetro del miembro viril pueden resultar excesivos para la vagina de la esposa, y el marido tiene que esperar un tiempo prudencial para que aquélla se ajuste a las dimensiones de su órgano.

Si la esposa es una mujer de más edad, que ya posee una considerable experiencia sexual o ya ha tenido hijos, no hay que adoptar precauciones extraordinarias, pero incluso en tal caso es posible que, a pesar de toda su experiencia y partos reiterados, posea una vagina incapaz de acomodar fácilmente el pene del esposo, al principio de sus relaciones.

13. Una vez terminada la primera cópula, tiene gran importancia comprobar que la pareja se encuentra lo más tranquila posible, bajo el punto de vista psicológico. No hay que manifestar pesar ni contrariedad; aunque interiormente se experimenten por la pérdida de la virginidad, en este caso tan justificada, falta de placer en el coito o dolor causado por la desfloración. Hay que intentar, por todos los medios, demostrar al otro cónyuge que se experimenta el más profundo afecto por él; es más, que se le ama precisamente más que nunca porque ha sabido completar la difícil tarea de las primeras relaciones íntimas, que abre la puerta de futuras y mejores satisfacciones sexuales. El inicio y fusión de dos naturalezas en una.

7 | LA COPULA: BASES PSICOLOGICAS

Suponiendo que la primera cópula ya se ha efectuado y que la pareja sostiene relaciones sexuales regulares, veremos que existen varias actitudes que son importantes como base para alcanzar la máxima satisfacción. Vamos a pasar revista a algunos de los requisitos previos de unas relaciones sexuales que sean mutuamente satisfactorias.

Ausencia de fetiches sobre la cópula

La primera y principal filosofía cuya adopción aconsejamos a los cónyuges, si desean tener unas perfectas relaciones sexuales, consiste en el convencimiento de que la cópula en sí no tiene nada de sagrado y que únicamente es *una* de las muchas maneras mediante las cuales un hombre y una mujer pueden gozar y alcanzar el éxtasis amoroso. Pero si se concibe la cópula como el *único* o *indudablemente* el mejor modo de alcanzar la satisfacción, se convierte en un fetiche o en una aberración sexual, como explicaremos más adelante con todo detalle.

Los casados, es preciso afirmarlo, no *tienen la obligación* de sostener relaciones carnales, aunque algunas de nuestras leyes sobre el matrimonio así lo afirmen o lo den a entender. En cambio, tienen la obligación, contraída al formar la *sociedad* matrimonial, de facilitarse *alguna* forma de satisfacción sexual, que casi siempre desemboca en el orgasmo. O sea que, suponiendo que uno de los cónyuges desee alcanzar la cúspide de la excitación amorosa y suponiendo también que sus exigencias no sean irrazonables, el otro cónyuge debe hacer lo posible por satisfacer sus deseos. De lo contrario, la monogamia no tendría mucho sentido y se convertiría en una onerosa restricción impuesta a los deseos sexuales del cónyuge insatisfecho.

Sin embargo, la satisfacción de las necesidades de la pareja no significa *necesariamente* la propia satisfacción al mismo tiempo; ni significa que tenga que satisfacerse a la pareja mediante el *coito*. Así, la esposa está en su derecho de pedir al marido que la complazca sexualmente si está excitada; pero es estúpido y a menudo pernicioso que le exija una participación activa en su excitación. Si él no se encuentra excitado, puede hacerle alcanzar el orgasmo, sin que para ello él tenga que alcanzarlo también.

De manera similar, un marido está en su pleno derecho de pedir a su esposa que le ayude a alcanzar el orgasmo... pero no necesariamente mediante la cópula. Si por el momento ella se muestra indiferente o contraria al coito, sería violento y descortés exigírselo.

Del mismo modo, si ella presenta graves objeciones, temporales o permanentes, a las relaciones oral-genitales, no puede exigírsele que las ejecute. Pero de entre las diversas maneras mediante las cuales el marido puede alcanzar el orgasmo (si no es un ser desviado o anormal), puede esperar de manera razonable que su esposa le ayude a alcanzarlo por media de *una* de estas maneras: por ejemplo, dándole masaje al pene con las manos, método que (a menos que ella sea de un carácter anormalmente cohibido) le resultará relativamente indiferente y poco violento, pudiendo emplearlo cuando no se sienta excitada.

De lo contrario, si la esposa no satisface al marido de una manera u otra (y viceversa) se producirá un estado de frustración constante; causa general de malas relaciones conyugales y que puede terminar con devaneos y aventuras extramaritales.

Cuando la cópula no se ha convertido en un fetiche o en una necesidad, sino que se considera como *uno* de los actos sexuales que más pueden satisfacer, incluso los participantes cohibidos y de bajo potencial erótico suelen exicitarse de manera espontánea mientras satisfacen a su pareja de una forma extragenital. En tales circunstancias, es probable que el coito se haga más frecuente.

En otras circunstancias, en que el coito se concibe únicamente como el medio "propio" o "adecuado" de sostener relaciones sexuales, la falta de deseo por parte de uno de los cónyuges puede producir frustración, cólera y ansiedad en muchos casos; el sexo cada vez estará más cargado de emociones negativas; tanto el participante acuciado por el deseo como el que no lo siente en absoluto tenderán a evitar las relaciones sexuales, causantes de irritación, e incluso evitarán mencionarlas en la conversación; como consecuencia natural, en muy poco tiempo, la cópula activa puede reducirse casi a cero.

Hay que diferenciar la competencia sexual de la valía intrínseca

Una segunda regla psicológica relativa a la cópula es la de que nunca se debe considerar a ésta como prueba de masculinidad o feminidad y que la competencia sexual no debe confundirse con el valor intrínseco de un individuo. El hombre completamente masculino *no es* necesariamente, como se cree generalmente, aquél que puede resistir indefinidamente durante la cópula, o que se pone fácilmente en erección, o que posee la habilidad acrobática de adoptar muchas posiciones durante el coito.

Por el contrario, muchos hombres eminentemente masculinos son bastante deficientes durante la cópula, por la sencilla razón de que se excitan tan fácilmente que la eyaculación se produce en ellos muy pronto y nunca aprenden a copular a la perfección. Asimismo, muchos otros hombres, que son viriles en el mejor sentido de la palabra —es decir, son individuos fuertes, dotados de confianza en sí mismos y muy seguros de su personalidad— resultan físicamente deficientes e ineptos durante la cópula.

Pero téngase en cuenta que un hombre que, por el motivo que sea, no fuese la mejor de las parejas para el coito, no por ello puede dejar de ser una de las mejores parejas *sexuales*. Pues la cópula, como ya hemos señalado en la sección anterior de este capítulo, sólo es una manera de satisfacer a la mujer normal, y, con frecuencia, una de las más *inferiores*.

Las fuentes principales de la sensibilidad sexual en la mujer no suelen encontrarse a gran profundidad, dentro de la vagina, sino en el clítoris, los pequeños labios y el vestíbulo de la vagina; zonas bien provistas de terminaciones nerviosas, que el canal de la vagina no suele poseer.

Por lo tanto, un hombre puede ser un *amante* excelente sin que tenga que ser necesariamente un excelente *copulador*, puesto que le será fácil estimular las partes más sensibles de una mujer con los dedos, los labios, la lengua u otras partes de su anatomía, si su pene no es adecuado para esta tarea. A decir verdad, como digo con frecuencia en mi consultorio matrimonial y de psicoterapéutica, un hombre desprovisto de pene podría ser un amante excelente, del mismo modo como una mujer que no tuviese vagina podría ser una compañera sexual perfectamente satisfactoria para el hombre medio...; a condición claro está, de que ambos no se hallasen dominados por excesivos prejuicios a favor del coito. Y una mujer dotada de una vagina perfectamente normal puede ser relativamente inepta en la cópula, por la que quizá no sienta ningún interés; sin que por ello deje de ser una amante excelente, puesto que, como el hombre, dispone de las manos, los labios y otros órganos que pueden producir un placer exquisito de muy diversas maneras.

Insistimos: suponiendo que un hombre o una mujer estén muy por debajo de lo normal en lo que se refiere a dar y recibir goce por medio del coito, "como Dios manda", esto nada tiene que ver con su valía individual *como personas.* Abundan los que no saben jugar al baloncesto, al bridge o a la bolsa, pero esta incapacidad no convierte a nadie en un canalla, un estúpido o un patán. Se puede sobresalir en otras muchas actividades, y aunque así no sea, se puede ser una persona perfectamente amable, bondadosa y encantadora.

Por consiguiente, si uno de los cónyuges no sobresale en el coito y al otro cónyuge la cópula le produce un deleite inmenso, ello es una verdadera desgracia y, desde luego, la suerte no acompañó a aquel matrimonio. Mas esto no demuestra que el cónyuge antes citado sea una persona indigna y sin valor. Si el otro cónyuge deja de considerar sus limitaciones copulativas como un crimen, aún podrá disfrutar de unas relaciones excelentes, incluso sexuales, con su pareja.

La deificación del coito, o el hecho de presentar a uno de los cónyuges como un ser débil, incompetente o indigno porque no es un partidario entusiasta de este modo particular de relaciones sexuales humanas, más bien tenderá a sabotear el coito en lugar de fomentarlo. Porque cuando un hombre o una mujer empiezan a *preocuparse* por sus facultades copulatorias, éstas se resienten casi inmediatamente. Ello no se debe de manera necesaria a razones psicológicas inconscientes y profundas —por ejemplo, un odio subconsciente de la pareja— sino con más frecuencia a lo que yo denomino simple distracción psicológica (A. Ellis, 1957a, 1959a, 1960).

El ser humano pertenece a una especie animal que generalmente es incapaz de concentrar o enfocar su atención en dos cosas simultáneas. Aunque se lea un libro y se escuche música al propio tiempo, no se presta tanta atención al libro o a la música, como sucedería de realizarse cada uno de estos actos por separado, y lo que sucede en realidad es que la atención pasa de una a otra de ambas actividades.

Esto es especialmente cierto cuando se practican dos actividades similares a la vez, por ejemplo, la solución de dos problemas mentales. Si el individuo se concentra en la resolución de un problema matemático, encontrará que le es casi imposible hallar la solución simultánea de un problema comercial o amoroso. De manera similar, si el individuo enfoca la atención en la *manera* como resuelve un problema determinado, encontrará que es muy difícil enfocar al propio tiempo su atención en *lo que* está haciendo. Así, si uno se pregunta si lee bien un párrafo, o el tiempo que tarda en leerlo, o si recuerda lo que ha leído, verá que lee mucho más despacio y puede terminar leyendo todo el párrafo sin comprender lo que lee.

Lo mismo puede decirse de la cópula. Si uno se concentra en el modo como la practica, o el tiempo que es capaz de aguantar antes de que se produzca la eyaculación, o si ésta va a producirse, o en cualquier otra cosa de este género, no podrá evitar que disminuya su concentración en el verdadero problema del momento, que no es más, sencillamente, que el acto de la cópula y el goce que ésta produce. Cuanto más se preocupe uno por el *grado de perfección* alcanzado, menos podrá concentrar su atención en la propia cópula. Por consiguiente, no resulta sorprendente que se pierda la excitación o se alcance un orgasmo muy poco satisfactorio.

La preocupación, el temor o el pánico, creados por el propio convencimiento de que el fracaso en una actividad determinada es algo terrible, horrible y espantoso, harán que un orador pierda el hilo de su discurso, tartamudee o diga tonterías. ¿Por qué, pues, estos sentimientos no pueden afectar considerablemente también a la persona que participa en un acto sexual, haciendo que lo realice mucho peor que lo haría sin estos prejuicios?

Cuanto más se *exija* a la pareja, que se porte bien, durante la cópula; cuanto más se la considere débil, incompetente o indigna a causa de su mala actuación en el lecho, menos probable será que se porte satisfactoriamente. Y cuanto más se estimule a la pareja, haciéndole sentir que sería agradable, pero no absolutamente necesario, que el coito fuese enérgico o prolongado, tanto más él o ella pueden cumplir las más caras esperanzas de su pareja (Bibby, 1960).

Un porcentaje muy elevado de los casos en que uno de los participantes fracasa en el cumplimiento de sus "deberes conyugales", puede atribuirse a las exageradas pretensiones del otro cónyuge, a sus presiones conscientes e inconscientes, a su actitud de desaprobación y de crítica.

Cuando alguien nos obliga o nos presiona para que hagamos algo, en tal caso, aunque nos gustaría hacerlo para nuestra propia satisfacción, es probable que lo hagamos mal porque *a)* tenemos poca fe en nuestra propia capacidad, y *b)* porque queremos resistir a la presión que se nos hace y que consideramos injusta.

Unas palabras, pues, para el buen entendedor: No hay que exagerar la importancia que se concede a la habilidad de la pareja en el acto carnal, aunque se deseara que tuviese una gran competencia. Si no se nota sujeta a presiones indebidas, es probable que la pareja se muestre más dispuesta y haga lo posible por colaborar.

La tercera regla para conseguir unas relaciones sexuales satisfactorias es la siguiente: El éxito de la pareja tiene que interesarnos más por ella misma que por nosotros. Esta misma regla puede hacerse extensiva a las relaciones con toda clase de colaboradores íntimos.

Por más que se diga a los demás que se desea hacer algo por su propio bien, si los demás se convencen o creen que lo que uno quiere en realidad que hagan es por el bien de *uno*, adoptan con frecuencia una actitud despectiva y (aunque a menudo de manera inconsciente) deciden que aquello es lo *último* que hacen. Pero si se puede convencer a los demás, *porque es cierto*, de corazón que se desea su propio bien, y que se quiere que hagan algo determinado porque se abriga la creencia sincera de que aquello beneficiará a *ambos*, entonces se tienen grandes probabilidades de inducirlos a hacer lo que deseamos y que es por su bien.

Esto quiere decir que se debe desear el éxito de la pareja durante la cópula porque sentimos *amor* por ella, y este amor nos hace desear su bien. Al decir amor, no nos referimos necesariamente a un afecto romántico y obsesivo —que a menudo es una máscara de la acuciante necesidad subconsciente *de ser amado*— sino al deseo maduro de que otro individuo crezca y se desarrolle por su propio bien, aunque sus deseos no encajen precisamente con los nuestros.

Aunque esta clase de amor no sea absolutamente necesaria para el logro de unas satisfactorias relaciones maritales, constituye una gran ayuda...; especialmente cuando las relaciones entre el hombre y la mujer no son esporádicas, sino prolongadas.

De todos modos, como ya hemos indicado en el capítulo anterior al referirnos a la excitación sexual, una persona que se sienta amada y aprobada por su pareja, y que continuará siéndolo aunque no se porte de una manera extraordinaria en la cama, mostrará tendencia a sentir mayor confianza en sus dotes amatorias, no exagerará en demasía la importancia de sus posibles fracasos, y enfocará su atención de manera más conveniente en la unión carnal, desechando el horror que pudiera inspirarle su fracaso. En tales circunstancias, la cópula puede alcanzar el máximo de provecho y satisfacción mutua.

El orgasmo simultáneo no tiene la importancia que se le atribuye

Un cuarto requisito psicológico para alcanzar unas relaciones sexuales satisfactorias, es no dar una importancia exagerada al orgasmo simultáneo. Está muy bien, desde luego, que el marido y la mujer, durante el coito o en los juegos extragenitales, alcancen el mismo número de orgasmos y estos se produzcan simultáneamente. Muy pocos, empero, son capaces de alcanzar este objetivo, a causa de la variadísima gama de capacidad para el orgasmo que existe entre los diferentes individuos normales.

Así, es posible que un hombre o una mujer sólo puedan alcanzar el orgasmo una vez cada dos o tres semanas, mientras habrá hombres que pueden tener tres o cuatro orgasmos diarios, o mujeres que pueden alcanzar hasta veinte o treinta al día.

Los individuos corrientes suelen alcanzar el orgasmo a los pocos segundos de cohabitar o de manipulación activa; aunque hay algunos que sólo lo alcanzan al cabo de una hora de activa participación sexual.

Existen personas que, después del orgasmo, quedan totalmente indiferentes al sexo en un tiempo que oscila desde unos minutos hasta varias semanas después; mientras otras (especialmente del sexo femenino) pueden tener una serie de orgasmos, o apogeos múltiples, en una serie de espasmos que pueden continuar durante varios minutos seguidos.

En tales circunstancias, teniendo en cuenta que los individuos presentan tan grandes diferencias en sus deseos y facultades sexuales, es muy raro que unos esposos coincidan hasta tal punto, que siempre alcancen el orgasmo simultáneamente. Además, aunque en los primeros años de sus relaciones experimenten esta simultaneidad, es muy posible que más adelante esta situación cambie y el sincronismo en el orgasmo ya no se produzca al mismo tiempo.

También es preciso tener en cuenta que, aunque una pareja se esfuerce por alcanzar el orgasmo en el mismo instante y lo consiga, este éxito puede más bien ser una merma que un incentivo de su mutuo placer. Ambos participantes pueden concentrarse hasta tal punto en la tarea de apresurar o retrasar el orgasmo, que esto puede redundar en una disminución del goce.

Un objetivo más realista, consistirá en elcanzar un orgasmo *mutuo* en vez de *simultáneo*, o sea que cada participante tratará de satisfacer al otro de la manera que sea y en el momento que sea del acto sexual. Tampoco hay que buscar este objetivo de una manera excesivamente rigurosa, pues muchos participantes no desean alcanzar el orgasmo en un momento determinado, sino que se muestran muy deseosos (como es propio y deseable en un cónyuge enamorado) de ayudar al otro cónyuge a que alcance uno o más orgasmos.

Sea como fuere, el falso ideal representado por los dos cónyuges que deben alcanzar necesariamente el orgasmo al mismo tiempo suele dar por resultado distracción, frustración, decepción, disgusto consigo mismo, hostilidad y otros sentimientos y pensamientos desfavorables. El coito no hay que convertirlo en una competición con meta señalizada. Apenas es posible imaginar mayor saboteador que este concepto de "plenitud" conyugal; y cuanto antes este ideal se reduzca a sus justas proporciones y se relegue al reino de lo que pudiera ser preferible en vez de convertirlo en una exigencia imperativa, más probable será que las personas casadas puedan lograr la cópula satisfactoria tal y como ellas son capaces, sin limitaciones, ni exhibiciones que confunden el medio con la finalidad.

Una comunicación eficaz

Una quinta regla psicológica para alcanzar unas plenas y satisfactorias relaciones sexuales es la mencionada en el capítulo sobre los métodos psicológicos de excitación: las explicaciones y confesiones claras entre ambos cónyuges, que no deben avergonzarse en llamar al pan, pan y al vino, vino. Cuando se desee comenzar la cópula, ambos participantes deben hacerse una señal o decirse que ya están dispuestos. De manera similar, una vez terminado el coito, el participante que desee separarse primero debe advertir al otro a tal efecto.

Si uno de los participantes desea permanecer unido durante varios minutos después de la cópula, el otro debe acceder a mantener su posición entrelazada. Pero este mantenimiento del íntimo abrazo durante mucho rato puede ser molesto a la larga para uno de los participantes...; especialmente para el que se halle tendido debajo del otro. O bien otras posturas, que obligan a mantener los brazos o las piernas incómodamente doblados, pueden resultar desagradables para uno de los participantes, si estas posiciones se mantienen mucho rato.

Si por cualquier motivo uno de los participantes sintiera malestar físico antes, durante o después de la cópula, debe decirlo e inducir al otro a adoptar una posición más cómoda.

En ocasiones uno de los cónyuges desea sostener una conversación amorosa, durante o después del coito, y el otro debe esforzarse por seguirla. En este caso, no obstante, las exigencias excesivamente románticas o teñidas de fetichismo sexual de uno de los participantes pueden resultar molestas, y debe procurarse reprimirlas o sondearlas psicológicamente, si pareciesen constituir una imposición excesiva sobre las preferencias más razonables del otro cónyuge.

El coito como parte complementaria
de unas relaciones completas

Otra regla psicológica relativa a la cópula es la de que ésta no puede separarse del conjunto de la vida conyugal, sino que forma parte integrante de las relaciones totales de la pareja humana.

Alguna que otra vez he tenido ocasión de ver a maridos y esposas que no tenían nada en común, salvo la atracción sexual y que conseguían mantener unas excelentes relaciones íntimas, pese a que no existía amor entre ellos. No obstante, estos casos suelen ser más bien la excepción que confirma la regla. Por lo general, si no existe amor entre una pareja, o bien uno de los cónyuges o ambos eluden sus responsabilidades económicas, familiares, paternales o de cualquier otro tipo, su vida sexual puede resentirse gravemente.

En los casos en que uno o ambos cónyuges se muestren poco entusiastas en el terreno sexual a causa de las dificultades conyugales de orden general, las causas fundamentales de su incompatibilidad deben abordarse resueltamente, a menudo contando con la ayuda mediadora de un experto asesor matrimonial o psicólogo.

El marido desconcertado por la falta de reacción sexual de la esposa, debería comenzar por preguntarse si él acostumbra a satisfacerla debidamente; y la esposa que se siente insatisfecha sexualmente debería esforzarse por descubrir si ella o su marido tienen un problema sexual determinado o si la cuestión surge de una problemática más amplia. Solamente cuando se aborda sinceramente el problema de las relaciones totales de un matrimonio con el buen propósito de resolverlas, se puede ver a veces si existe un verdadero escollo de carácter *sexual*.

El lugar adecuado para la cópula

Aunque algunos individuos, en particular del sexo masculino, pueden disfrutar del coito en casi cualquier lugar, situación o circunstancia —en un lugar semipúblico, en una habitación fría o en un incómodo sofá—, otros son más sensibles y prefieren un ambiente adecuado para que la cópula les produzca el mayor goce posible. Aún en el caso de que se sea más bien indiferente al particular, vale la pena averiguar las preferencias y la sensibilidad de la pareja, para tratar de satisfacerla dentro de un límite razonable, a fin de que se sienta completamente tranquila y satisfecha al efectuar el comercio sexual (Beigel, 1953).

Suele ser mejor efectuar el coito en una habitación iluminada o en la penumbra, que en la oscuridad completa. En primer lugar, la visión de la desnudez puede resultar a menudo excitante para uno o ambos participantes, y ciertas posturas requieren no sólo la colaboración del tacto sino también de la vista para completar una unión feliz. Hay que observar, empero, que si uno de los cónyuges, aunque sea por motivos absurdos o neuróticos, presentase graves objeciones a sostener relaciones íntimas en una habitación bien iluminada, el otro debe aceptarlas de buen grado, al menos temporalmente, mientras se esfuerza poco a poco por reeducar a su pareja, hasta hacérselas abandonar, o renunciar a ellas en último extremo en bien mutuo.

En todos los casos en que uno de los participantes abrigue arraigados prejuicios a favor o en contra de determinadas prácticas sexuales, el otro participante debe esforzarse por mostrarse extraordinariamente comprensivo y evitar toda objeción, aunque las prácticas que gocen del favor o la antipatía de la pareja sean extravagantes. Si el cónyuge que parece ser más razonable intenta probar, aunque sólo sea una vez los procedimientos tildados de "extravagantes", puede terminar encontrando que no estaban tan mal como al principio parecía. O si resulta que no los encuentra satisfactorios, el cónyuge más "normal" tendrá entonces una base más objetiva para negarse a continuar participando en este género de actos "peculiares".

Si llegase a existir una marcada diferencia a este respecto y uno de los cónyuges se empeñase en realizar unas prácticas sexuales que resultasen completamente incompatibles y desagradables para el otro, es aconsejable que aquél no siga insistiendo y se conforme con otras prácticas que resulten menos desagradables para su pareja.

En los casos extremos de desacuerdo, hay que acudir prontamente a un profesional, pues es posible que uno o ambos cónyuges presenten un grave problema psicológico que, una vez resuelto, eliminaría la incompatibilidad sexual existente.

8 | LA COPULA: ASPECTOS FISICOS

Aunque los cimientos psicológicos de unas satisfactorias relaciones sexuales entre marido y mujer teñgan una base sólida, existen varios aspectos físicos del coito, muy importantes, que por lo general hay que tener en cuenta. A continuación vamos a ocuparnos de varios de estos problemas físicos.

Receptividad física

Como ya hemos observado anteriormente, la cópula debe iniciarse cuando ambos cónyuges se hallen suficientemente excitados y dispuestos a ella. En el capítulo anterior hemos comentado los signos sintomáticos y demostrativos de preparación.

La receptividad para la cópula está vinculada algunas veces con el estado físico del individuo en determinados momentos del día o del mes. Así, algunas mujeres experimentan deseos sexuales con carácter periódico y están mucho más dispuestas para el coito en determinados días —por ejemplo, los días que anteceden o que siguen a su período menstrual, e incluso durante el mismo—, que en otros momentos.

Algunos hombres también presentan ciclos periódicos de excitación durante el mes, que pueden estar relacionados con su producción de hormonas sexuales.

En muchos casos individuales, las variaciones cíclicas sólo pueden determinarse por la experiencia y la observación. Las relaciones íntimas deben ajustarse en lo posible a dichos ciclos.

Muchos maridos y esposas no muestran una periodicidad particular diaria o mensual, estando mucho más dispuestos en un momento determinado del día. Algunos prefieren la noche y otros la mañana, mientras otros tienen preferencia por la hora de la siesta. No hay motivos para no descubrir estas predilecciones personales y, al menos hasta cierto punto, adaptarse a ellas hasta donde lo permita el horario diario.

A causa de los convencionalismos sociales y necesidades cotidianas, muchas personas sostienen relaciones íntimas a última hora de la noche, poco antes de dormir. Esta hora, empero, presenta marcadas desventajas para muchas personas que al término de la jornada se sienten muy fatigadas y faltas de energía. Sería conveniente que muchas parejas eligiesen horas más apropiadas.

La cópula puede efectuarse a veces de manera más satisfactoria en un momento determinado —durante los fines de semana, por ejemplo, en que existen mejores condiciones para la intimidad— que en otros momentos. Es necesario e imperativo buscar lo que sea más cómodo y conveniente para ambos cónyuges.

La mecánica sexual

Hay que considerar con mucha atención la mecánica humana al sostener las relaciones sexuales. Un ser humano puede conducir un automóvil porque su cuerpo es capaz de ejecutar ciertos movimientos (inclinarse, empujar, sujetar, estirar, etc.) y porque las diversas partes del automóvil (volante, freno, llave de contacto etc.), han sido construidas de manera que puedan ser manipuladas por un ser humano. Basta con poner una persona dotada de una anatomía completamente diferente (un enano, por ejemplo) en un automóvil normal; o, por el contrario, una persona normal en un automóvil de construcción insólita (que tenga, por ejemplo, el volante colocado muy a la derecha de su lugar acostumbrado), para que inmediatamente surjan dificultades. O simplemente basta con poner a una persona normal en un automóvil corriente, ordenándole que conduzca con los pies en vez de hacerlo con las manos y... ¡a ver qué pasa!

Lo mismo puede decirse de la cópula. Para que ésta pueda practicarse, los participantes deben ser seres normales, y, suponiendo que su anatomía sea apropiada para este fin (lo cual suele ocurrir casi siempre, por fortuna), deberán utilizar su organismo físico para ejecutar los movimientos mecánicos apropiados. Esto significa, en primer lugar, que deben inclinarse ante el hecho de que, como los automóviles, las personas son diferentes.

A nadie se le ocurriría conducir un potente Buick del mismo modo como conduciría un diminuto Austin. En muchos casos, ni siquiera se intentará conducir a un Buick como se haría con otro coche de la misma marca. ¿Por qué, pues, hay que intentar sostener relaciones sexuales con una persona, de la misma manera como se hubiera hecho con otra persona de físico muy distinto? ¿Por qué es necesario entregarse a las mismas prácticas sexuales con una persona que con otra?

Una pareja, por ejemplo, puede consistir en dos constituciones nervudas, ágiles y de tipo atlético, capaces de ejecutar fácilmente toda clase de acrobacias sexuales, que les proporcionarán un vivo placer. Otra pareja puede estar constituida por dos personas obesas y sedentarias, que sólo pueden adoptar y disfrutar una o dos posturas para el coito...; o que incluso encuentren la cópula, en la posición que sea, demasiado erizada de dificultades, lo cual les obliga normalmente a recurrir a medios extragenitales de satisfacción. Mientras cada una de estas parejas haga lo que desea y le produzca goce, ¿por qué debe tratar de imitar la técnica sexual de otras?

La actitud sexual, en particular cuando el coito es de larga duración, no sólo requiere aptitud para el manejo del pene y la utilización de la vagina, sino unas facultades mecánicas de orden general. El hecho de que una postura determinada, por ejemplo la acostumbrada, en que el varón monta a la hembra en la posición cara a cara, sea fácil de *alcanzar*, en modo alguno significa que sea fácil de *mantener*.

El varón, por ejemplo, puede no tener dificultades para la introducción del pene, pero la espalda puede causarle grandes molestias, y la postura arqueada que debe sostener sobre su pareja durante quince minutos o incluso más tiempo, puede ser muy poco beneficiosa para su estado físico.

Por su parte, una mujer puede colocarse con facilidad en la posición apropiada para la cópula, tendida debajo de su marido; pero después, a causa de molestias rectales, sensibilidad en la región del pubis o cualquier otra dificultad de tipo no sexual, puede sentirse incómoda a los pocos minutos de encontrarse en esta posición.

Teniendo en cuenta estas circunstancias, la experimentación es necesaria para descubrir lo que resulta más cómodo y agradable, y no solamente lo que es más eficaz sexualmente. A veces, a pesar de la incomodidad física, los participantes pueden abandonar las posiciones que encuentren satisfactorias para el coito. Pero casi siempre preferirán mantener unas posiciones cómodas, aunque encuentren que las mismas ofrecen ciertas desventajas bajo el punto de vista sexual.

Hay que favorecer al cónyuge
que experimente mayores dificultades

Corrientemente, es aconsejable atender solícitamente las necesidades de orden general y sexual del cónyuge que experimente mayores dificultades en alcanzar satisfacción. Así, es posible que el esposo halle gran deleite en la postura acostumbrada cara a cara, o sea cabalgando a su compañera. Pero también es posible que halle tan placentera esta postura, que experimente el orgasmo con rapidez, dificultando con ello el logro de la máxima satisfacción para su esposa. En tales circunstancias, sería aconsejable que la pareja se acostumbrase a emplear cualquier otra posición para el coito, que tendiese a retardar el orgasmo masculino.

Del mismo modo, marido y mujer pueden comprobar que la cópula en ciertas posiciones —por ejemplo, penetrando la vagina por detrás y no por delante— pueden ser mecánicamente eficaces y agradables, pero tienden a provocar un coito indefinido y sin alcanzar el orgasmo en uno de los participantes. En tal caso, puede probarse otra posición que, en algunos aspectos, quizá sea menos agradable pero que permitirá a ambos cónyuges alcanzar el orgasmo con mayor rapidez.

Como con frecuencia uno de los participantes se excitará normalmente y alcanzará el orgasmo de una manera ni excesivamente rápida ni con excesivo retraso, así podrá disfrutar de un gran número de posturas y prácticas sexuales. Pero si el otro participante es muy rápido o muy lento en alcanzar el orgasmo, algunas posiciones y prácticas podrán ayudarle a vencer este inconveniente, y a ellas habrá que acudir por lo general, aunque no siempre.

Paciencia y relajación

La prisa echa a perder a veces las cosas en el terreno sexual, lo mismo que en muchos otros aspectos de la vida. Aunque el varón en particular pueda mostrar deseos apremiantes al hallarse plenamente excitado y pueda creer que su erección desaparecerá si no introduce el miembro inmediatamente, la verdad es que si se toma las cosas con calma y adopta sin prisas la posición más cómoda para el coito, disfrutará mucho más que si efectuase una cópula apresurada.

Este sentido de apremio puede ser excitante para alguno, más para aquellos que no requieren esta clase de excitaciones, puede conducir a tensiones musculares, posturas violentas o acciones rudas, todo lo cual resta goce a la cópula.

Cuando se ha efectuado la introducción del miembro viril en la vagina, la mayoría de varones muestran tendencia a concluir el asunto lo antes posible y alcanzar el orgasmo con rapidez. Suponen que esta es la manera más agradable de efectuar el coito y probablemente tengan razón, tratándose de un hedonismo de cortos alcances. No obstante, es probable que con un ritmo más lento experimentasen a menudo satisfacciones más duraderas. Y esto no es todo: prestando más atención a las necesidades de su compañera, que por lo general son más lentas en manifestarse, podrían hacerles alcanzar un grado más elevado de deseo y satisfacción que, a su vez, aumentaría su propio goce. Esto no quiere decir que unos movimientos más lentos y pausados durante el coito sean mejores para *todos* en *cualquier* condición, pues esto no es cierto. Pero tienen su lugar muy definido en el arsenal de las armas amorosas.

Variedad en el coito

La variedad puede ser la sal de la vida conyugal, aunque puede también no serlo. Hay personas que leen una y otra vez la misma novela o poema, sin que nunca llegue a cansarles; otras, en cambio, solo pueden releer cosas que han leído recientemente. Del mismo modo, muchas parejas encuentran que la cópula repetida casi exactamente una y otra vez les proporciona el máximo placer, mientras que otras encuentran que la repetición engendra aburrimiento y monotonía.

La regla de oro por lo que respecta a la variedad consiste en probarlo todo, para saber lo que agrada y lo que no agrada. La prueba tiene que hacerse sinceramente, es decir, tratando de gozar con un tipo determinado de coito, aunque sea unas cuantas veces. Tomemos, a guisa de ejemplo, el coito con introducción del miembro por la parte posterior. Por lo general, si el hombre se tiende detrás de la mujer e introduce su miembro en la vagina de esta, al principio encontrará la postura muy difícil y se efectúa la cópula tendido sobre ella, en la posición cara a cara. Hasta que aprenda a adaptar su cuerpo y movimientos al de su pareja, esta posición puede producirle menor goce que otras. Pero con frecuencia, si una pareja no se desalienta y sigue probándolo varias veces, terminará por efectuar el coito por detrás con toda perfección y eficacia, para llegar a la conclusión de que es una de las técnicas del coito que consumen menos energías y producen mayor goce.

La regla que hay que seguir, pues, es la siguiente: si al principio no se consigue realizar satisfactoriamente ningún tipo particular de coito, hay que probarlo al menos varias veces antes de abandonarlo en la presunción de que no es para nosotros. Si se ha probado a conciencia y se termina renunciando, tal renuncia está perfectamente justificada, pues no todas las posturas convienen a todos.

Pero si el participante se niega a probar determinadas posturas y renuncia a ellas sin haberse esforzado por descubrir su eficacia, esto casi bordea con lo patológico, como mostraremos en el capítulo de esta obra dedicado a las aberraciones sexuales.

Como también observaremos con mayor detalle al comentar las aberraciones, la regla general por lo que se refiere al coito es la siguiente: Ningún acto es anormal o pervertido al menos que adquiera carácter de exclusiva, se convierta en una obsesión, esté provocado por el temor o se haga imperativo.

El individuo que no se dé por satisfecho con el llamado coito normal cara a cara y se empeñe en probar todas las posturas que figuran en los libros, incluso posiciones tan extravagantes que por lo general nadie las practica, tal individuo no tiene que ser necesariamente un aberrante sexual. Sólo se convertirá en un ser anormal si se entrega a estas clases de cópula impulsado por un temor emocional o una obsesión; cuando desee practicar *exclusivamente* una sola postura y en ningún caso encuentre goce en otras clases de cópula.

Del mismo modo, el individuo que se niegue a probar otras posturas que no sean las más corrientes, y que bajo ninguna circunstancia quiera probar otras técnicas del coito, será un individuo tan obsesionado y fetichista, y, por ende, de sexualidad tan aberrante, como el que pertenece a la variedad antes aludida.

Las *preferencias* que experimentan los seres humanos por una variedad de métodos copulativos o por uno solo, son perfectamente sanas; pero la *apremiante* necesidad de variedad en la cópula o por un tipo determinado de ella es el resultado de una exageración neurótica (o psicótica) de un tipo de conducta sexual determinado y de exagerar innecesariamente sus efectos de manera catastrófica (A. Ellis, 1958a, 1958b).

Contacto con el clítoris durante el coito

Aunque la importancia que tiene la estimulación del clítoris se conoce desde hace siglos, su significado sólo ha sido comprendido recientemente en las naciones de habla inglesa por las primeras autoridades médicas en cuestiones sexuales (Clark, 1949; A. Ellis, 1953a, 1954b, 1958c; Hirsch, 1951, 1957; Kelly, 1953, 1957; Kinsey, Pomeroy, Martin y Gebhard, 1953). Mientras Kelly, Hirsch y otros recomiendan que durante la cópula, el hombre "cabalgue alto" sobre la vulva de la mujer, para que el cuerpo del pene se aplique contra el clítoris y la presión contra este órgano pueda mantenerse durante el coito, este método no es fácil de ejecutar y sostener durante la cópula activa. A decir verdad, muchas parejas encuentran imposible practicarlo. Además, est técnica requiere que los participantes asuman siempre la postura cara a cara, o sea el hombre tendido sobre la mujer, postura que puede no ser satisfactoria para muchas parejas.

Otras técnicas para alcanzar el máximo contacto con el clítoris durante el coito incluyen la del hombre balanceándose sobre la mujer a fin de que el cuerpo del pene mantenga un contacto máximo con el clítoris, mientras ejerce presión con el hueso del pubis sobre la zona del clítoris. Pero esto puede resultarle difícil de lograr, si al propio tiempo intenta realizar una cópula satisfactoria para él.

Más adecuada, como observa Greenblatt (1957), es la técnica consistente en oprimir el glande contra el clítoris antes de la cópula, para retirar completamente el miembro de vez en cuando, durante la misma, para aplicarlo de nuevo al clítoris. Esto también tiene sus limitaciones, pues muchas parejas no quieren interrumpir la cópula y el clítoris femenino suele requerir unas fricciones prolongadas e intensas para alcanzar el orgasmo.

Una de las mejores soluciones al problema de efectuar

el coito y al propio tiempo friccionar al clítoris de manera suficiente, es que el varón manipule el clítoris con los dedos o nudillos durante la introducción. Por lo general, practicará esta operación con mayor facilidad *no* en la postura llamada normal, puesto que en ella necesita las manos para sostenerse, sino con la mujer encima o la postura cara a cara, con ambos cónyuges sentados o uno de pie y otro sentado (descritas con detalle en el capítulo siguiente). La mejor postura para ello es quizá la del hombre tendido detrás de la mujer, ambos tumbados de costado, realizándose en este caso la introducción en la vagina por detrás, lo que permite rodear fácilmente el cuerpo de la mujer con el brazo para manipular el clítoris de la manera que se desee.

Tratándose de mujeres que tengan muy sensibles otras partes de sus órganos genitales (los pequeños labios, por ejemplo, el vestíbulo de la vagina o algunos puntos en el interior de ésta), valdrá también la pena que el varón trate de alcanzar estas partes y darles masaje con el pene o con cualquier otra parte de su anotomía. En estos casos, es muy aconsejable el cambio de impresiones previas y la experimentación.

Aunque el varón no suele requerir una manipulación especial del pene o sus partes genitales durante el coito, esto puede ser a veces deseable. En estos casos, las posturas para la cópula (como la introducción por detrás o la postura cara a cara, pero teniendo cuidado la mujer de cerrar las piernas después de efectuarse la introducción), pueden emplearse para acortar y estrechar el conducto vaginal, a fin de de ejercer una presión adicional sobre el pene. Asimismo, en algunas posturas, como la del hombre sobre la mujer, ésta puede acariciar el escroto del hombre o la base del pene mientras realizan la cópula, aumentando así su placer, si le gustan esta clase de caricias.

La introducción

El comienzo de la cópula puede ser a veces un problema, teniendo en cuenta que el orificio vaginal femenino, incluso mucho después de que la mujer haya perdido la virginidad, puede ser angosto, estar desplazado o conducir a una vagina angosta e incluso distorsionada (aunque esto es muy raro). Es posible también que la mujer, aunque se encuentre excitada y desee la cópula, presente escasa lubricación en las paredes vaginales.

Por consiguiente, como ya se ha dicho en el caso de la mujer virgen, uno de los mejores métodos para la penetración de la vagina consiste en colocar a la mujer en posición de decúbito supino, con las piernas bien levantadas, de preferencia sobre los hombros del varón, y las nalgas elevadas por medio de una almohada. El hombre, arrodillado frente a ella, podrá efectuar por lo general una fácil introducción del miembro. Estas posturas cara a cara, la sedente o mixta inclusive (descritas en el capítulo siguiente), son aconsejables cuando la introducción ofrece ciertas dificultades.

Teniendo en cuenta que el pene no tiene sentido de dirección y pudiéramos decir que "no sabe adónde va", la mujer no debe vacilar en guiarlo hasta la vagina con la mano. De lo contrario, puede estar dando golpes a ciegas hasta que por último encuentre la *diritta via*... e incluso así se conocen casos en que la introducción se ha efectuado por el ano, pese a que el varón se hallaba convencido de que su miembro penetraba en la vagina de su esposa.

Movimientos durante la cópula

Una vez efectuada la introducción, los empujones del varón y los movimientos correspondientes de la hembra pueden ser graduales o súbitos, superficiales o profundos, según los deseos de ambos participantes. Con frecuencia suele ser mejor emplear breves golpes y movimientos lentos al principio, para hacer después los golpes más largos y los movimientos más rápidos. Los empujones potentes y penetrantes suelen producir mayor excitación en ambos cónyuges, pero pueden resultar asimismo dolorosos para uno o para ambos participantes. Como observan Berg y Street (1953), cuando el pene masculino sea de dimensiones normales pero la vagina femenina sólo sea de longitud moderada, "no será prudente golpear la bóveda vaginal y el extremo de la matriz con el pene, como si éste fuese un ariete. Eso terminaría por producir dolor e irritación, dando por resultado únicamente despertar aversión en la esposa por el acto carnal." Los empujones potentes también pueden ser demasiado excitantes y provocar un orgasmo prematuro en el varón o la hembra.

Los hombres que alcanzan el orgasmo con rapidez puede encontrar ventajoso el empleo de un ritmo lento o incluso descansar completamente por un momento, poco después de haber efectuado la introducción del miembro o tras de una serie de movimientos. Las mujeres también pueden excitarse excesivamente o quedar agotadas por una cópula demasiado activa, y en tal caso es conveniente que se tomen también algún descanso.

Aprendiendo a mover la pelvis en vez del cuerpo entero, uno de los participantes o ambos pueden permanecer en una situación relativamente pasiva, en espera de que su pareja alcance el orgasmo. El participante más fácilmente excitable también puede efectuar menos movimientos, dejando que el menos excitable ejecute casi todos los pelvianos activos. Cuando el varón, por ejemplo (como suele suceder), sea fácilmente excitable y propenso a tener el orgasmo a los pocos empujones con su miembro, por lo general se verá que si la esposa asume la postura superior, encargándose de efectuar casi todos los movimientos, se conseguirá alcanzar una doble finalidad: ella logrará tener el orgasmo más pronto, mientras que el varón podrá regular el suyo a voluntad.

Por otro parte, cuando uno de los cónyuges o ambos presenten ciertas dificultades en alcanzar el orgasmo, puede ser deseable que la mujer se entregue a movimientos y empujones activos, además de los que pueda hacer el varón. Del mismo modo, una yuxtaposición especial de los órganos genitales, merced a la cual el varón o la hembra cabalgarán alto o bajo, según los casos, efectuarán empujones profundos o breves, movimientos circulares o laterales e incluso de balanceo durante el coito, y así sucesivamente, puede resultar ventajosa para que las partes más sensibles de los órganos genitales reciban una estimulación regular y constante.

Pero existen algunas parejas aficionadas a los empujones potentes y violentos y que disfrutan con una introducción feroz y rápida y unos enérgicos golpes en la pelvis. Sin embargo, otras parejas hallan su mayor goce en una cópula lenta, suave o prolongada.

Algunos esposos experimentan dolor físico durante un coito vigoroso, mientras que otros sienten hastío y desinterés si la cópula se efectúa con movimientos lentos y rítmicos. Como siempre, se requieren muchos tanteos y experimentos individuales para terminar alcanzado la máxima satisfacción.

La estimulación extragenital durante el coito

No hay ninguna razón para que cesen otras actividades anejas mientras se realiza la cópula. Muchas parejas sienten un elevado goce continuando sus besos y caricias mientras copulan y otras casi no pueden alcanzar el orgasmo si durante el coito no dan o reciben estímulos extragenitales.

Si uno de los cónyuges es el que suele realizar casi todas las caricias y besos durante la cópula, en tal caso será preferible que mantenga una actitud más bien pasiva —tendido de espaldas o de costado— a fin de tener las manos libres y emplearlas para acariciar a su pareja. Si ambos participantes se entregan a estas actividades, en tal caso es aconsejable la postura en que ambos se hallan tendidos de costado o sentados.

Los juegos extragenitales durante el coito no solamente pueden ser muy útiles para ayudar a uno o a ambos cónyuges a experimentar mayor placer o alcanzar el apogeo del goce amoroso, sino que a veces también pueden servir para alcanzar el efecto contrario. Así, un marido muy excitable y con tendencia a alcanzar el orgasmo a los pocos segundos de la introducción, puede encontrar que si concentra su atención en besar a su esposa o en juguetear con sus senos u otras partes del cuerpo, durante la cópula, verá que puede distraerse lo suficiente de las sensaciones puramente genitales, para retrasar el orgasmo y prolongar el ayuntamiento carnal.

Adecuada lubricación

Una adecuada lubricación de los órganos genitales constituye una parte importante de la cópula normal. Por lo general, los órganos sexuales no requieren una lubricación especial porque, cuando los participantes están suficientemente excitados, sus propias glándulas lubricantes son más que suficientes. A decir verdad, a veces funcionan demasiado bien, con el resultado de producir una viscosidad algo desagradable. En la mayoría de los casos, si se tiene que emplear regularmente una lubricación artificial, esto también puede significar que la esposa no ha sido suficientemente estimulada antes de la cópula y que se debe prestar mayor atención y tiempo a prepararla convenientemente.

Con todo, existen casos en que es deseable el empleo de lubricantes especiales. Así, en el caso de una vagina extraordinariamente pequeña y estrecha; o el de una mujer que sólo pueda estar bien lubricada después de una serie de cópulas; o provista de una deficiencia natural en sus glándulas lubricantes, que puede acentuarse con la edad. En tales casos, el lubricante más fácil de utilizar es la saliva de ambos participantes o de uno de ellos. Por lo general esto basta, aunque la saliva tiene tendencia a secarse con rapidez y a no ser tan eficaz después de varios minutos de cópula como lo era al principio de aplicarla.

El mejor lubricante artificial para estos casos es la gelatina quirúrgica, la K-Y por ejemplo, que no es grasienta, puede disolverse en agua, no es difícil de aplicar, es económica y puede utilizarse con condones o preservativos.

Otras clases de lubricantes, como la vaselina, las lociones para masaje, el coldcream, las cremas espermicidas y el jabón, pueden emplearse en casos de necesidad pero presentan marcadas desventajas y su empleo generalizado no se recomienda. Todos los lubricantes tienden a absorberse y secarse si la cópula se hace demasiado prolongada, y en ocasiones es necesario volver a aplicarlo en pleno coito.

Cuando se emplea un preservativo, se aconseja la lubricación (en particular con una gelatina o crema espermicida adecuada) en la parte exterior de la goma. Si la parte interior del preservativo también está ligeramente lubricada con saliva, agua o cualquier otra sustancia adecuada, puede contribuir a devolver parte de la sensibilidad del pene, que los condones suelen amortiguar, según la acusación corriente que se les hace. Pero al propio tiempo, la lubricación del interior del preservativo, si no se hace con el mayor cuidado, tiene la desventaja de volverlo a veces resbaladizo, con lo que podría salirse del pene durante el acto sexual o al retirarlo.

La lubricación es también con frecuencia esencial en los juegos extragenitales y no sólo durante la cópula. Cuando la esposa da masaje al miembro viril del marido o éste haga lo mismo con el clítoris de su esposa, puede ser deseable aplicar cierta lubricación, como saliva o gelatina quirúrgica, para que la fricción resulte agradable y no irritante.

Puede existir una falta de lubricación patológica, especialmente en los individuos ancianos y también algunas veces en los que sufren hipotiroidismo. Este defecto puede compensarse, por lo general, mediante el empleo de lubricantes artificiales. En tales casos es aconsejable a veces el examen médico, para procederse a su corrección.

Frecuencia de la cópula

La frecuencia de la cópula suele variar enormemente, de acuerdo con la constitución física y psicológica de los diferentes individuos. Aunque las reglas que puedan establecerse sobre la frecuencia del coito parecen hallarse limitadas al terreno de los aspectos puramente físicos del sexo, en realidad se hallan también comprendidas con frecuencia en su esfera psicológica, debido principalmente a las arraigadas supersticiones que acompañan todos los aspectos del amor. Tal como ocurre en el caso de las ideas corrientes sobre la masturbación, en que se nos ha inculcado la opinión de que el goce solitario no es una actividad reprobable, pero que practicado en exceso puede resultar perjudicial, del mismo modo, en el caso del coito, la mayoría cree que es una gran cosa pero que no debe hacerse con demasiada frecuencia.

Desde el punto de vista físico, esta objeción apenas se sostiene. Por lo que se refiere al varón, es casi imposible que un hombre normal realice una cópula "excesiva" o "debilitadora", porque sencillamente no podría mantener su miembro en erección si así fuese. La hembra, por el contrario, puede sostener relaciones sexuales con mucha mayor frecuencia, pero aunque llegue a estos "excesos", no es posible que le resulten muy perjudiciales bajo el punto de vista físico (a menos que llegue o extremos des-usados, como en el caso de algunas prostitutas que reciben a diez o más hombres en un solo día).

El principal daño físico que puede causar una cópula "excesiva" es probablemente la pérdida de sueño que los cónyuges puedan experimentar durante un período de ele-vada actividad sexual. La cópula en sí misma no consume excesivas energías en muchos casos. Pero si los cónyuges, ya faltos de sueño, pierden una hora muy necesaria de descanso con cierta regularidad, a causa de sus juegos amorosos y la cópula, pueden muy fácilmente terminar debilitándose. De lo cual se desprende la siguiente mora-leja: cuanto más frecuentes y prolongadas sean las rela-ciones sexuales, tanto más temprano hay que acostarse.

El otro principal daño físico que puede resultar de la frecuencia del coito es la irritación de los órganos geni-tales de uno o de ambos cónyuges. En particular cuando la cópula se efectúa sin suficiente lubricación, o los movi-mientos de introducción son demasiado enérgicos, o la vagina es demasiado estrecha o existe una lesión o de-formación patológica en los órganos genitales, estos pue-den irritarse y ulcerarse.

En tales casos hay que adoptar inmediatamente las medidas oportunas para poner remedio a la situación, no dudando en acudir al médico y en someterse a trata-miento; en ocasiones, el coito debe suspenderse tempo-ralmente o practicarse con menos frecuencia. En tales casos, los esposos pueden acudir casi siempre a las rela-ciones extragenitales como compensación por la falta de relaciones íntimas.

Como hemos observado en otro capítulo, a veces puede ser necesario disminuir la frecuencia de todas o de algunas relaciones sexuales, cuando uno o ambos cónyuges se encuentren agotados físicamente, heridos o enfermos. Pero incluso en muchos de estos casos, por lo general, sólo es necesario interrumpir algunas formas muy activas de coito y no todas las clases, géneros y formas de actividad sexual.

A pesar de las excepciones antedichas, la regla general sigue en pie: a saber, que los esposos deben efectuar la cópula siempre y cuando lo deseen. A veces pueden hallar mayor goce espaciándola, pero no siempre es así, particularmente en el caso de las mujeres, que a veces gozan más con la cópula en razón a su frecuencia.

La frecuencia también puede variar con la regla y otros factores. Algunas mujeres, por ejemplo, desean el coito con más frecuencia en las proximidades de su período menstrual, mostrándose más frías entre las reglas; aunque hay otras en las que ocurre lo contrario. Tanto los hombres como las mujeres, por lo general, desean mucho menos practicar el coito durante períodos de enfermedad, fatiga y tensión nerviosa, pero, como siempre, se observan notables excepciones.

El problema más corriente relativo a la frecuencia de la cópula suele surgir cuando uno de los participantes goza mucho más que el otro con el coito. Esto no puede resolverse por lo general obligando al participante que siente menor goce a practicar la cópula con más frecuencia.

Para el varón, no le resulta fácil obligarse a copular más a menudo de lo que desea, y aunque la hembra pueda copular mucho más de lo que desea en realidad, no es física ni psicológicamente conveniente que lo haga en grado considerable, pues sus órganos genitales participan necesariamente en el coito y a causa de ello se obligará a establecer unas relaciones de carácter íntimo en un momento en que no las desee. Tarde o temprano, esto puede terminar despertando en ella una hostilidad hacia su marido, por obligarla a efectuar la cópula con tanta frecuencia.

No obstante, y esto se aplica a ambos sexos, los cónyuges pueden satisfacer fácilmente sus mutuos deseos, apelando a medios casi genitales o no genitales. Así, la esposa que no sienta deseos de sostener relaciones íntimas puede satisfacer a su esposo con la mano, con la boca, con los muslos o con el ano, aunque de preferencia lo hará con la mano, pues ésta es la manera que más le permitirá permanecer al margen. Y el marido que se halle menos deseoso que su esposa de efectuar la cópula, puede satisfacerla con la mano o la boca.

No quiere esto decir que las actividades sexuales realizadas al margen del coito, sean igualmente satisfactorias que la verdadera cópula en todos los casos. No lo son. La vagina es un órgano que se adapta idealmente a recibir el miembro viril y a facilitar el orgasmo, y el pene posee ciertas cualidades únicas destinadas a la satisfacción de la mujer.

Lo ideal, por consiguiente, sería que cada cónyuge deseara la cópula exactamente al mismo tiempo que su pareja. Con todo, lo ideal no existe en las relaciones humanas, entre las que se incluyen las sexuales. Y, a falta del ideal, hay que conformarse a veces con lo que resulte más satisfactorio.

Si los hombres y las mujeres no tuviesen tantos prejuicios sobre la cópula y abordasen las cuestiones sexuales con espíritu realista, en su gran mayoría podrían obtener el número de orgasmos que deseasen en las relaciones matrimoniales.

La frecuencia de estas relaciones maritales, pues, es ante toda una cuestión de gusto personal y puede variar ampliamente de una pareja a otra, yendo desde unas cuantas docenas a varios centenares de cópulas al año.

Todo lo comprendido entre estos dos extremos es perfectamente normal en la mayoría de los casos... mientras la pareja en cuestión así lo crea.

Por lo general, la frecuencia de las relaciones sexuales suele declinar de una manera lenta pero regular con la edad del individuo. Según las cifras del informe Kinsey, las parejas cuya edad es inferior a los veinte años, por término medio, pueden efectuar el coito tres veces por semana; las parejas de treinta años, dos veces, y las parejas de cincuenta años, una vez por semana, aproximadamente. Un pequeño porcentaje de casados, empero, practican el coito cinco o más veces por semana hasta edad bastante avanzada; y otro pequeño porcentaje lo efectúa, incluso durante su juventud, únicamente una vez cada dos o tres semanas. Esto quiere decir que todas las parejas deben encontrar su propio ritmo y seguir sin avergonzarse sus propias inclinaciones.

Relaciones poscopulativas

Como en el caso de la propia cópula, no existen reglas fijas ni invariables acerca de la conducta a seguir después de la cópula. Muchos individuos, como ya hemos observado, prefieren permanecer unidos durante un rato después de la cópula, mientras que otros prefieren separarse al instante. La regla general a este respecto es: exponer francamente las cosas y obrar siempre con sensatez.

Muchos hombres y mujeres se sienten agotados o soñolientos después de la cópula y prefieren descansar o dormitar. Con todo, este cansancio se debe a veces en gran parte al hecho de que muchas personas practican el coito a hora avanzada de la noche, en que lo preferible sería que se entregasen al sueño. Las personas que lo practican por la mañana o en pleno día, manifiestan con frecuencia que se sienten descansadas y animosas al concluir, prefiriendo en este caso levantarse para entregarse a cualquier clase de actividad.

Incluso entre los que se entregan al coito a hora avanzada de la noche, algunos se encuentran frescos y descansados y prefieren levantarse y hablar, o comer algo, o hacer cualquier otra cosa durante un rato. Otros, en vez de mostrarse cansados, quieren repetir la cópula poco tiempo después de la primera. En este caso, también deben imponerse el espíritu de cooperación mutua y el buen sentido.

Según una antigua idea muy arraigada, el hombre experimenta tristeza después del coito: *post coitum omne animal triste*. Aunque esto probablemente es verdad en el caso de algunos individuos, y en particular en el de los que experimentan sentimientos de culpabilidad por las relaciones sexuales, es más probable que los individuos desprovistos de tales complejos experimenten una sensación de relajación, plenitud y paz. Es la *falta* de relaciones sexuales satisfactorias, en realidad, lo que puede originar sentimientos de irritación, disgusto y tristeza (Beigel, 1960).

9 | LA COPULA: PRINCIPALES POSTURAS

En teoría, es posible describir docenas de posturas para el coito, pero en realidad sólo existen unas cuantas posturas fundamentales y las demás son variaciones de estos temas básicos. Por otra parte, casi todas las parejas preferirán limitarse a una o dos posturas principales, al poco tiempo de iniciadas sus relaciones, para irlas variando de vez en cuando.

En especial cuando uno de los participantes tiene dificultad en excitarse suficientemente o en alcanzar el orgasmo, se verá por lo general que resulta ventajoso para dicho participante que su pareja asuma una o dos posiciones con regularidad, después de probar muchas otras.

También podrá observarse casi siempre que las principales posiciones que gozan del favor de una pareja determinada podrán alcanzarse con mayor facilidad, en muchos casos, si la pareja asume primero una posición muy distinta y después, mientras los participantes aún están entrelazados, adopta la postura deseada. Así, la introducción puede efectuarse en la posición cara a cara, con el varón o la hembra encima; y, después, teniéndose ambos participantes de costado, pueden adoptar una posición lateral.

Vamos a pasar revista a continuación a varias de las principales posiciones para la cópula, enumerando sus respectivas ventajas y desventajas.

Cara a cara, con el hombre encima

Con esta postura se logra fácilmente el contacto íntimo de los órganos genitales; en especial si la mujer abre las piernas, flexionando las rodillas o levantando los pies. A veces, puede poner los pies en los hombros del varón, para dejarlos allí durante toda la cópula o parte de ella. Si fuere necesario, podría tener también las nalgas levantadas colocando previamente una almohada debajo de ellas.

Es bastante importante que, en esta postura, el hombre no se tienda sobre la mujer, pues de este modo limitaría su libertad de movimientos y a menudo resultaría excesivamente pesado para ella. El hombre debe soportar el peso de su cuerpo sobre sus propias manos o codos.

A veces también es importante, especialmente en el caso de las mujeres que tienen dificultad en alcanzar el orgasmo, que el varón "cabalgue alto", se balancee o ejerza presión sobre el clítoris durante la cópula (aunque, como hemos observado en el capítulo anterior, esta técnica ofrece marcadas limitaciones en muchos casos).

Es también a veces deseable, después de efectuar la penetración, que la mujer cierre las piernas, arquee la espalda (poniendo a veces una almohada debajo de ella), y estreche la abertura y las paredes de la vagina, consiguiendo así una mayor fricción del pene contra la vulva y la vagina. Esta postura puede también ser excelente si el varón posee un miembro de reducidas dimensiones y requiere una fricción adicional para su propio placer. Asimismo, la presión ejercida en esta postura sobre la base del pene puede ayudarle a mantener su erección, si le resulta difícil alcanzar y sostener una erección total.

Entre las variaciones de la posición frontal, cara a cara, con el hombre encima se incluyen: a) la esposa mantiene las piernas abiertas y estiradas; b) las mantiene entre las rodillas de su marido; c) coloca una pierna entre las de éste; d) eleva los muslos hacia su propio pecho; e) levanta una pierna manteniendo la otra estirada; f) rodea el cuerpo del marido con una o ambas piernas; y g) lo sujeta con ambas piernas en torno a la cintura.

Vamos a enumerar varias de las principales ventajas que presenta la postura cara a cara, con el hombre encima:

1. Suele facilitar la introducción, cuando la mujer abre y levanta los muslos.

2. Permite que el varón "marque el paso", retrasando o apresurando su propio orgasmo.

3. Proporciona una gran intimidad entre ambos participantes, que pueden besarse y acariciarse al mismo tiempo.

4. El varón puede continuar a veces la cópula, incluso después de haber alcanzado el orgasmo.

5. Es una postura para la fecundación, pues después de la cópula la mujer puede mantener las rodillas levantadas y evitar que el semen salga de la vagina.

6. Es muy conveniente para las parejas que gozan con los vigorosos empujones pelvianos del varón.

7. Si la mujer flexiona las rodillas o coloca los pies en los hombros del varón, hará más estrecha la vagina, intensificando su propia satisfacción y la de su compañero, si presenta cierta relajación en los músculos vaginales.

Entre las principales desventajas de esta postura podemos citar:

1. Tiende a restringir los movimientos y empujones de la mujer.

2. Provoca a veces una penetración demasiado profunda, que resulta dolorosa para la mujer.

3. Al varón no le resulta fácil efectuar la fricción manual del clítoris en esta posición.

4. Resulta con frecuencia demasiado estimulante para el varón y provoca su eyaculación prematura.

5. Cuando se emplea la flexión extrema, esta postura

puede resultar demasiado acrobática para algunas parejas, en particular para los matrimonios maduros y obesos; en estos casos, la posición cara a cara reduce la intimidad.

6. Si uno de ambos cónyuges es obeso, puede resultar muy molesto tener que soportar el peso de su compañero.

7. Puede resultar incómoda y poco aconsejable para las mujeres que están en los últimos meses del embarazo.

Cara a cara, con la mujer encima

En esta posición, llamada también "silla de montar", el hombre se halla tendido de espaldas y la mujer se agacha sobre él, guiando el pene con la mano e introduciéndoselo en la vagina; o bien se sienta sobre el pene erguido del varón, apoyando la espalda en las rodillas flexionadas y los muslos alzados de su compañero. Los cónyuges también pueden efectuar la introducción en otra postura, por ejemplo con el hombre encima, para invertir suavemente después la postura sobre el lecho, hasta que la mujer quede en la parte superior.

Una vez efectuada la introducción, la mujer puede continuar agachada, o sentarse a horcajadas, o estirar las piernas y tenderse entre las de su esposo o al lado de éstas. El hombre puede permanecer tendido, o incorporarse sobre manos y codos, o levantar las rodillas al lado o detrás de su esposa.

1. La mujer suele disponer así de su máxima libertad de acción, pudiendo mover los riñones de manera que el clítoris, y otras partes sensibles de la vulva, entren en contacto directo con los órganos genitales masculinos. Además, si la mujer es ágil, puede aprender a practicar movimientos circulares, o poderosos y rítmicos movimientos pelvianos de atrás adelante y de adelante atrás, que pueden resultar muy satisfactorios para ella y para su compañero.

2. Teniendo en cuenta que el varón puede permanecer relativamente quieto, sin efectuar demasiados movimientos, podrá retrasar más tiempo el orgasmo, lo cual es conveniente en muchos casos.

3. La mujer dotada de una vagina corta o de órganos muy sensibles podrá regular la profundidad de penetración, evitando sufrir dolores o lesiones.

4. Por el contrario, si la mujer prefiere una profunda penetración o el contacto del pene con la matriz, esta posición permite una penetración profunda.

5. El varón que se canse con facilidad o que sea poco atlético podrá mantener esta postura, más bien pasiva, durante mucho tiempo, hasta que su compañera alcance el orgasmo.

6. Cuando la mujer tiene una vagina muy larga y el varón un miembro de pequeñas dimensiones, esta postura, al facilitar la máxima penetración, puede ser la más satisfactoria.

7. Algunas mujeres se excitan con sus propios meneos pelvianos, que pueden efectuarse satisfactoriamente con la mujer cabalgando al varón.

8. En esta posición, el hombre tiene las manos libres para acariciar satisfactoriamente a su pareja y manipular su clítoris libremente en caso necesario. Aunque resulta totalmente imposible abrazar a la mujer cuando ésta se sienta a horcajadas sobre el hombre, ambos participantes pueden verse plenamente y la observación de sus respectivos movimientos y expresiones puede producirles un placer y una excitación extraordinarios.

9. Como señala Van de Velde (1926): "No hay duda de que el coito a horcajadas proporciona realmente la máxima excitación y la mayor reacción, haciendo alcanzar el apogeo del placer sexual al hombre y la mujer."

10. En los casos en que uno o ambos cónyuges son obesos, en particular el varón, esta postura es muy práctica y cómoda para muchos individuos.

Algunas de las desventajas de la postura cara a cara con la mujer encima son las siguientes:

1. La libertad de movimientos del varón resulta coartada, lo mismo que su capacidad para efectuar empujones pelvianos; por consiguiente, puede desaparecer su erección.

2. No todas las mujeres son suficientemente ágiles o acrobáticas para dominar esta técnica, y se sienten incómodas al intentarlo. El mismo carácter acrobático de esta posición puede restar placer a esta clase de mujeres.

3. La introducción puede resultar demasiado profunda y desagradable para una mujer dotada de una vagina corta.

4. Si la mujer posee una matriz sensible o vulnerable, la introducción puede ser demasiado profunda.

5. El miembro viril puede salirse fuera de la vagina durante la cópula.

6. Van de Velde cree que, teniendo en cuenta que esta postura ofrece muchas posibilidades de alcanzar una elevada tensión sexual, movilidad, estímulo y excitación, resulta demasiado fatigosa y los individuos de cierta edad sólo deben emplearla de vez en cuando; los jóvenes y vigorosos, en cambio, no tienen por qué evitarla.

7. Es una mala postura para la fecundación, pues el semen masculino mostrará tendencia a escurrirse fuera de la vagina durante la cópula y después de ésta.

8. Cuando una mujer está encinta, esta postura puede resultar incómoda para ella.

Cara a cara y de costado

En esta postura, los participantes se hallan tendidos de costado, uno frente al otro. Ambos pueden tener la pierna inferior sobre la cama, mientras la mujer pasa la pierna superior sobre las de su compañero; o bien

144

puede descansar la pierna inferior sobre la correspondiente del hombre, quien pasará la pierna superior entre las de la mujer, quedando de este modo entrelazados.

Como señala Hirsch (1951), las posturas "de costado" no son exactamente lo que su nombre parece dar a entender, pues el hombre suele estar casi totalmente tendido de espaldas y la mujer, que se apoya en él, descansa en parte sobre su pecho; o bien es la esposa quien puede estar casi tendida de espaldas, apoyándose en una almohada. Las posiciones de costado se alcanzan a veces después de comenzar en otra postura, para rodar después sobre el costado y quedar más o menos cara a cara.

He aquí las ventajas que presenta la posición cara a cara, con ambos cónyuges tendidos de costado:

1. Es muy descansada para ambos participantes y en muchos casos los fatiga menos.

2. En la postura entrelazada, se logra en ocasiones el máximo contacto entre los órganos genitales del varón y el clítoris femenino.

3. Esta postura, a causa de lo descansada que resulta, es particularmente útil cuando uno o ambos cónyuges están fatigados, enfermos o incapacitados, o bien son débiles o viejos.

4. Entre personas obesas y cuando uno de los participantes sea mucho más alto que el otro, las posiciones de costado resultan muy útiles; pues ambos participantes pueden adaptarse a sus respectivas diferencias individuales, sin que ninguno de ellos ejerzca demasiado presión sobre el otro.

5. En esta postura, los cónyuges pueden quedarse dormidos después del coito, sin deshacer su íntimo enlace.

6. Un varón fácilmente excitable podrá regular sus movimientos y retrasar el orgasmo en esta posición.

7. Ambos cónyuges gozan de una relativa libertad de movimientos y pueden alcanzar fácilmente un ritmo regular en la cópula.

8. La retirada y la nueva introducción del pene pueden efectuarse con frecuencia sin que tenga que variar mucho la posición de ambos cónyuges.

9. En esta postura, la mujer puede cerciorarse de que la penetración no sea demasiado profunda, si tiene la vagina corta o sensible.

10. La cópula en esta posición causa pocas molestias a una mujer en los últimos meses de su gestación.

Entre las desventajas que presenta la postura cara a cara, con los participantes tendidos de costado, figuran las siguientes:

1. No resulta fácil para muchos individuos efectuar la introducción en esta postura.

2. No es cómoda para algunas personas. Puede ejercerse una presión o una limitación de movimientos excesiva sobre la pierna de la mujer; la libertad de movimientos del varón también puede quedar limitada.

3. No es suficientemente excitante en los casos en que ambos participantes requieran profundos empujones pelvianos.

4. La introducción del pene resulta poco profunda para los gustos de muchos individuos.

5. En esta posición entrelazada, los movimientos del coito pueden resultar difíciles y obligar a los participantes a efectuar dolorosas presiones o tensiones musculares en diversas partes de su cuerpo.

Entrada por detrás, con la mujer vuelta
de espaldas al hombre

En las posturas que facilitan la introducción por detrás (o posterior), se plantean varias posibilidades principales:

a) el hombre puede tenderse de costado a espaldas de la mujer (también tendida de costado), con el pene algo por debajo de las nalgas de la mujer; la cual tendrá el cuerpo ligeramente encorvado hacia dentro, con las piernas dobladas por las caderas, o sea encogidas. El hombre efectúa la introducción del miembro en la vagina, entre las piernas de su compañera, y su escroto oprimirá los muslos de ésta. Después de la introducción, ella puede juntar los muslos, proporcionando una fricción adicional al pene y evitando que éste resbale y salga de la vagina.

b) la mujer puede arrodillarse sobre manos y rodillas, con la cabeza y el pecho descansando casi sobre la cama o el sofá, y el hombre arrodillado a su espalda. El efectuará también la introducción entre las piernas de la mujer, oprimiendo el escroto contra la parte superior de los muslos de ésta.

c) la mujer puede tenderse de bruces, con la pelvis elevada y el hombre tendido sobre ella. Esta postura es incómoda y no resulta muy útil para la mayoría de las parejas.

d) el hombre puede sentarse al borde de la cama o de una silla, mientras la mujer, vuelta de espaldas a él, se sienta sobre su pene y su bajo vientre. El hombre abre ligeramente los muslos y se inclina hacia atrás, mientras la mujer abre los muslos al máximo y se inclina hacia delante.

Entre las ventajas que presentan las posturas citadas se incluyen las siguientes:

1. El varón puede palpar la región glútea de la mujer con las piernas, las manos, el escroto y el pubis, lo cual puede resultar estimulante para ambos.

2. El varón puede rodear fácilmente a su compañera con las manos durante la cópula, para juguetear con los senos o el clítoris.

3. La introducción por detrás con ambos participantes tendidos de costado puede ser muy descansada, en especial para el varón, requiriendo incluso menos ejercicio que la posición cara a cara, de costado, o la postura con la mujer encima.

147

4. La introducción por detrás con ambos participantes tendidos de costado permite que el varón introduzca su miembro a la profundidad que él y su esposa deseen.

5. Cuando uno de los participantes o ambos se encuentren fatigados, sean débiles, entrados en años o convalecientes, esta posición es fácil y descansada.

6. La penetración posterior con ambos participantes arrodillados permite una actividad muy vigorosa, en especial por parte del varón, en el caso de que esto se considere deseable.

7. En estas posiciones posteriores la vagina queda acortada, lo cual puede resultar ventajoso si la mujer posee una vagina ancha y relajada o su compañero un pene relativamente pequeño, y se desea una mayor fricción entre los órganos genitales.

8. Cuando el meato urinario, el clítoris u otras partes de la vulva están inflamadas o son hipersensibles, la penetración posterior no afecta a estos puntos sensitivos.

9. La penetración posterior suele ser excelente para la fecundación, en particular cuando el hombre se arrodilla detrás de la mujer, pues en este caso la matriz recibe un abundante riego de semen. Si el varón se halla tendido de costado detrás de la mujer, en cambio, la introducción puede no ser lo bastante profunda para contribuir a la concepción; y el líquido seminal, en estas posturas posteriores, puede rezumar con rapidez fuera de la vagina.

10. La introducción posterior es muy cómoda para muchas parejas, cuando la esposa se encuentra en los últimos meses del embarazo, en particular si ambos cónyuges se tienden de costado.

11. La introducción por detrás, con ambos cónyuges arrodillados, resulta psicológicamente excitante para algunos individuos, que consideran este ayuntamiento carnal, al estilo de los perros, como algo más nuevo e insólito que la cópula frente a frente.

Enumeraremos a continuación las desventajas de la introducción posterior:

1. La introducción no siempre es fácil, especialmente con ambos cónyuges tendidos de costado, cuando el varón posee un miembro de aventajadas proporciones o la hembra un pequeño orificio vaginal.

2. Teniendo en cuenta que la vagina queda acortada en la introducción posterior, el miembro viril tiende a salirse de ella, en particular cuando el varón ha experimentado el orgasmo.

3. No se establece contacto entre el pene y el clítoris durante la cópula. No obstante, aquél ejerce presión en la pared superior de la vagina, debajo del clítoris, región sensible en algunas mujeres. Si bien cabe señalar que ayudándose con los dedos y con habilidad pueden hacerse titilaciones en el clítoris, al mismo tiempo que se introduce rítmicamente el pene por detrás.

4. Teniendo en cuenta que la vagina se acorta y la introducción puede ser profunda, los órganos genitales femeninos pueden resultar dañados en algunos casos; si la introducción se efectua con demasiado vigor y sin excesivas precauciones.

5. La falta de intimidad es un inconveniente para algunos participantes, que por ello prefieren las posiciones cara a cara.

6. La cópula por detrás resulta en ocasiones difícil para los individuos gruesos o los hombres dotados de un miembro viril de pequeñas dimensiones.

La cópula en posición sedente

Existen varias posturas sedentes principales para efectuar el coito, algunas de las cuales vamos a describir:

a) el hombre se sienta en una silla o al borde del lecho, con la mujer frente a él, sentada a horcajadas sobre sus piernas. Con las piernas algo separadas y mientras la mujer le rodea la cintura con las suyas, el varón puede atraerla y alejarla, alzando y bajando la pelvis femenina, a fin de efectuar movimientos copulatorios.

b) si la silla o la cama empleada por los cónyuges es lo bastante alta, el hombre puede sentarse en ella mientras la mujer, colocándose frente a él con las piernas separadas, permanece de pie. Entonces él puede sujetarla por las caderas, atrayéndola y separándola sucesivamente entre sus piernas abiertas.

c) el hombre puede agacharse entre los muslos de la mujer, con ésta tendida de espaldas frente a él, mientras ella le rodea las caderas con las piernas. En esta postura puede efectuar entonces empujones pelvianos o atraer y separar sucesivamente la pelvis de la mujer. Esta también puede agazaparse entre los muslos del hombre, mientras éste permanece tendido de espaldas con las piernas abiertas, para mover entonces la pelvis de manera circular, meneándose con el pene bien sujeto (Haire, 1951; Malinowski, 1929; Robinson, 1936).

d) el hombre puede sentarse en el lecho o en una silla, mientras la mujer se inclina dándole la espalda. De esta manera, efectuando la introducción por detrás, puede atraer y separar la pelvis femenina sobre el miembro viril.

Entre las ventajas que presentan las posturas sedentes podemos citar:

1. En la posición sedente cara a cara, ambos participantes gozan de la máxima libertad de movimientos con las manos.

2. En la postura sedente cara a cara puede efectuarse un íntimo contacto corporal, pese a conservarse una considerable libertad de movimientos.

3. Si la mujer se inclina hacia atrás en la posición sedente cara a cara, podrá alcanzar un buen estímulo en el clítoris durante la cópula. A decir verdad, esta postura

permite a veces alcanzar un mejor contacto con el clítoris que en cualquier otra posición.

4. La postura sedente cara a cara suele ser muy descansada y relativamente poco fatigosa para ambos participantes, en particular el hombre.

5. El varón puede retrasar a veces su orgasmo con mayor facilidad, especialmente si atrae hacia sí y separa a la hembra, lo cual no sucedería si efectuase enérgicos movimientos copulativos.

6. Los que gozan con la penetración profunda pueden alcanzarla fácilmente, estableciendo contacto entre el pene y la matriz. Los que deseen una penetración menor, pueden regular fácilmente la introducción del pene.

7. Por lo que respecta a la fecundación, la introducción profunda que se puede lograr con las posturas sedentes cara a cara puede facilitarla en grado sumo.

8. Durante los últimos meses del embarazo, las posiciones sedentes pueden resultar descansadas y seguras para la mujer.

Entre las desventajas de las posiciones sedentes hay que citar:

1. Los movimientos copulativos acaso no sean lo bastante vigorosos para que uno o ambos cónyuges alcancen la debida satisfacción.

2. La profunda penetración que tales posturas suelen facilitar, puede acarrear daños o lesiones a los órganos genitales femeninos.

3. Las posiciones sedentes o de pie resultan con frecuencia fatigosas, especialmente para el varón.

4. La fecundación no resulta a veces facilitada, porque el semen puede escurrirse con facilidad fuera de la vagina después de haberse efectuado la eyaculación, si se mantiene la posición sedente.

Posturas de pie

Si la mujer tiene unas piernas suficientemente largas o las del hombre son suficientemente cortas, ambos participantes pueden colocarse de pie y frente a frente para efectuar la cópula. O bien la mujer puede tenderse con las piernas colgando al borde de una mesa o la cama, mientras el hombre se coloca entre ellas, de pie. O bien el hombre puede permanecer de pie mientras la mujer, rodeándole el cuello con los brazos, le sujeta las caderas con los muslos.

He aquí algunas de las ventajas que presentan estas posiciones de pie o mixtas:

1. Pueden resultar variadas y excitantes a veces, al apartarse de la rutina acostumbrada.

2. Suelen dejar las manos de uno o de ambos participantes libres para efectuar caricias.

3. Pueden combinarse con el baile, una ducha y otras actividades de pie.

Las desventajas principales que presentan las posiciones de pie o mixtas son las siguientes:

1. La introducción puede resultar muy difícil, en particular cuando ambos participantes están de pie y frente a frente.

2. La cópula puede resultar engorrosa e incómoda al poco rato.

3. No resulta fácil para ninguno de los participantes regular el orgasmo en la mayoría de las posiciones verticales.

4. La cantidad de movimientos pelvianos ejecutados puede resultar insuficiente, estando uno o ambos cónyuges de pie.

5. Si es la mujer la que está de pie, resultará relativamente difícil que quede embarazada.

6. Si la mujer se encuentra en los últimos meses del

embarazo, las posiciones verticales, en particular con ambos participantes de pie y cara a cara, se hacen muy difíciles, por no decir imposibles.

7. El abuso de esta posición puede crear una debilidad extrema de las piernas.

10 | LA INCAPACIDAD SEXUAL Y LAS CAUSAS

La indiferencia o la inaptitud ante las relaciones sexuales suelen recibir el nombre de *impotencia* cuando quien las experimenta es el varón, y de *frigidez* cuando su víctima es la hembra. Intentaremos no utilizar estos términos, pues no describen con suficiente precisión las diferentes formas de incapacidad que afligen a ambos sexos. En cambio, hablaremos de incapacidad o dificultad sexual en el hombre y la mujer.

La incapacidad sexual existe cuando un individuo no experimenta apetito sexual o lo experimenta en grado mínimo y siente muy escaso placer cuando ha sido estimulado; apenas sabe comenzar o mantener el coito, no puede alcanzar el orgasmo y experimenta escasa o ninguna satisfacción al alcanzar el apogeo erótico (A. Ellis, 1952a, 1960).

Los jóvenes normales de ambos sexos desean efectuar la cópula varias veces al mes por término medio, gozan considerablemente con los juegos eróticos preliminares y el coito; se hallan dispuestos para la cópula después de veinte o treinta minutos de escarceos preliminares, el coito les produce placer hasta el momento de alcanzar el orgasmo, alcanzan la cumbre del goce bajo cualquier forma de actividad sexual un número suficiente de veces, y gozan claramente en el orgasmo.

Los individuos de media edad o entrados en años, naturalmente, se excitan mucho menos, y demuestran menor capacidad sexual. Incluso las personas jóvenes no siempre tienen deseos ni facultades que les permitan efectuar una cópula satisfactoria. Pero cuando una persona joven y físicamente sana demuestra *constantemente* poco interés o apatía ante el sexo, junto con una falta de competencia o satisfacción, hay motivos más que fundados para sospechar que existe una limitación sexual, o una incapacidad en ese terreno.

Existen muchas causas de incapacidad sexual. Entre ellas cabe destacar: las causas orgánicas, afectivas y psicológicas. Comentaremos a continuación algunas de las principales.

Causas orgánicas de la incapacidad sexual

Aunque la insensibilidad y la ineptitud sexuales no suelen tener una base orgánica, *a veces* sí la tienen. Entre las causas físicas de estas deficiencias cabe citar: una falta de hormonas sexuales; defectos innatos o lesiones de los órganos sexuales; infección o inflamación del pene o la vagina, la próstata, los conductos seminales, los ovarios, la matriz u otros órganos genitales secundarios; una grave desnutrición; lesiones o defectos del sistema nervioso central; trastornos circulatorios; irritación o estados patológicos de alguna parte del cuerpo situada en la proximidad de los órganos genitales; achaques y enfermedades orgánicas de tipo general, como diabetes, mixedema, trastornos cardíacos, anemia o leucemia; estados de fatiga y de baja vitalidad; excesiva afición al alcohol (etilismo) o a las drogas; y los procesos normales, por desvitalización, del envejecimiento (Abraham, 1950; Dengrove, 1959; Hirsch, 1951, 1957; Huhner, 1946; Valker y Strauss, 1932).

Para ser más concreto, Loras (1957) menciona cierto

155

número de infecciones, inflamaciones y lesiones físicas que pueden infestar los órganos genitales femeninos, provocando unas dolorosas relaciones sexuales (vaginismo) y, por ende, la incapacidad sexual. En esta lista se incluyen: la inflamación de las glándulas de Bartholin, grietas en los grandes labios, infección en el clítoris, desgarros en la vagina, inflamación de la uretra, inflamación de la vejiga urinaria, verrugas genitales, vestigios dolorosos de un himen desgarrado, quistes vaginales y pólipos, inflamación de la vulva (vulvitis), lesiones en la matriz o cáncer de matriz.

Kleegman (1959) y Cauldwell (1959) afirman que el vaginismo (espasmo vaginal) y la dispareunia (cópula dolorosa) pueden provenir fácilmente de lesiones físicas, infecciones o inflamaciones de la vagina. Kleegman, después de ejercer como ginecólogo durante varias décadas, cree que 'el 85 por 100 de las mujeres aquejadas de dispareunia'tienen pequeñas lesiones vaginales o vulvales que han pasado desapercibidas y que podrían corregirse mediante un tratamiento médico y quirúrgico adecuado.

Al propio tiempo, cada vez es más abrumadora la evidencia, a medida que los descubrimientos médicos adquieren mayor precisión, de que algunos achaques y dolencias físicas de carácter general pueden desembocar en la incapacidad sexual.

Así, A. Rubin (1958) ha demostrado de manera convincente, que entre varones diabéticos de treinta a treinta y cuatro años en adelante, las pruebas acumuladas de impotencia eran de dos a cinco veces mayores que entre la población de varones aparentemente normales estudiada por Kinsey y sus colaboradores. La aparición de la impotencia por agrupaciones quinquenales aumentó gradualmente del 25 por 100 en el grupo de varones comprendidos entre los treinta y los treinta y cuatro años hasta casi el 75 por 100 entre los varones de setenta a setenta y cuatro años.

Hay motivos suficientes para creer que quizá el 90 por 100 de la incapacidad sexual masculina y del 70 a 80 por 100 de la femenina tenga un origen psicológico; de todos modos no hay que olvidar que los factores físicos pueden representar un papel importante en algunos casos y que sería temerario suponer una causa psicológica para dicha incapacidad, sin investigar antes a fondo la posibilidad de causas orgánicas.

La incapacidad sexual, contrariamente a la creencia generalizada, pocas veces está causada por unos órganos genitales de tamaño insuficiente. Un hombre dotado de un miembro viril de pequeñas dimensiones podrá satisfacer perfectamente a su esposa y gozar al propio tiempo; en especial cuando él y su pareja empleen ciertas posiciones para el coito (como la introducción posterior o delantera, manteniendo la mujer las piernas juntas, según se describe en el capítulo anterior), en las que la vagina se acorta o se estrecha. Una mujer que posea una vagina de pequeñas dimensiones, en vez de ser poco apta para el comercio sexual, puede sentir y dar más placer que una mujer dotada de una vagina más grande, porque el contacto entre sus órganos y el miembro viril tiende a ser más íntimo y la fricción produce más goce.

Cuando el hombre posee un pene desmesurado o la mujer una vagina extraordinariamente dilatada, hay que hacer con frecuencia ajustes especiales, recurriendo en los casos extremos a técnicas extragenitales, para alcanzar la plena satisfacción. No obstante, las dimensiones de los órganos genitales raramente son causa de incapacidad sexual o de incompatibilidad entre ambos cónyuges, salvo por razones psicológicas.

Así, un hombre puede sentirse inferior por la pequeñez de su miembro pero, espoleado por estos sentimientos, puede llegar incluso a convencerse de que no tiene aptitud sexual. O bien una mujer puede pensar que tiene la vagina demasiado grande o demasiado pequeña, o que

157

el miembro viril de su esposo es desmesurado o ridículamente pequeño, y a causa de estas actitudes pueriles o irracionales, puede experimentar muy poca o ninguna satisfacción sexual en su matrimonio.

También existe el caso de individuos que muestran una exagerada preocupación por sus características físicas. Hay muchas mujeres preocupadas por el tamaño de sus senos y muchos hombres que piensan constantemente en su estatura o en su peso. Esta excesiva preocupación por su físico (o por el de su pareja), pueden motivar fácilmente una inutilidad sexual (o contribuir a que sus parejas se sientan inútiles); pero en este caso volvemos a enfrentarnos con causas psicológicas de la incapacidad sexual, más bien que verdaderamente físicas u orgánicas.

Causas afectivas de la incapacidad sexual

La indiferencia y la incapacidad sexuales pueden presentarse a causa de desavenencias sexuales, amorosas o conyugales entre la persona afectada de la incapacidad y su pareja, y recíprocamente. Entre estas incapacidades podemos mencionar la falta de amor y afecto entre los cónyuges; una hostilidad o una desavenencia conscientes o inconscientes; el empleo de malas técnicas sexuales; las inhibiciones o incapacidades de uno de los cónyuges: vejez, mal aliento, shock sentimental, fijación sexual hacia otra persona, etc. (Lanval, 1950b, 1951; Salzman, 1954; Van Emde Boas, 1950).

La falta de amor y consideración es casi siempre la causa fundamental. En el caso de una mujer casada de treinta y dos años, que vino a verme recientemente a mi consultorio matrimonial, quejándose de que había perdido prácticamente todo apetito sexual, aunque durante los primeros años del matrimonio efectuaba con ardor la cópula varias veces por semana, pronto fue evidente para mí que se sentía muy amargada por la falta de amor y consideración de su esposo. En vez de hacer las cosas que ella hubiera querido, ayudándola a cuidar de los niños o de la casa, e incluso hablar con ella de sus asuntos y otras cosas, se pasaba las noches ordenando su importante colección de sellos, sin demostrar interés por nada más.

Después de muchos meses de sufrir en silencio la conducta desconsiderada de su esposo, mi visitante cesó de experimentar apetito sexual, empezó a concebir fantasías eróticas sobre casi todos los hombres (y astros de la pantalla) que veía, sin hacer el menor esfuerzo por obtener satisfacción o por darla cuando su marido buscaba relaciones íntimas (lo cual sucedía con frecuencia, aunque parezca sorprendente).

Cuando me entrevisté con el marido filatélico, le dije sin ambages que no podía esperar que su esposa se excitase sexualmente en su presencia si la única ocasión que tenía de hablar con él era cuando ambos estaban en la cama. Al principio se mostró escandalizado y sorprendido, pues se imaginaba ser un marido perfecto, de los que se quedan en casa todas las noches, no buscan la compañía de otras mujeres y atienden a todas las necesidades económicas del hogar.

Cuando yo se lo hice ver, terminó por comprender que aquellos rasgos maritales, desde luego encomiables, no bastaban para dar completa satisfacción general o sexual a su esposa, y desde entonces comenzó a prestarle mucha mayor atención, atendiendo sus deseos de compañía. Casi inmediatamente, su vida sexual mejoró de manera extraordinaria.

En otro caso de mi consultorio psicoterapéutico, en que visitaba en esta ocasión al marido, éste se me quejaba, sesión tras sesión, de que su mujer era desaseada en todo, incluso en su propia apariencia, y que él no podía sentir excitación sexual en presencia de una mujer que se negaba a bañarse, a perfumarse, a ponerse adecuadas ropas de noche y hacer otras cosas que la hubieran hecho apetecible a sus ojos.

Continué sondeando al marido y terminé por averiguar que éste quería que su esposa se portase exactamente igual que una amante que él tuvo antes de casarse y que (a cambio de la bonita suma que él le pagaba para mantenerla) se dedicaba única y exclusivamente a satisfacer sus deseos sexuales.

Cuando su esposa, que tenía que cuidar de tres niños de corta edad y de una gran mansión, empezó a mostrarse menos cariñosa con él (comparada con su ex-amante), el marido la colmó de acres censuras y le echó en cara que sólo pensaba en sus hijos. En esta atmósfera de críticas y reproches frecuentes ella perdió el incentivo que la impulsaba a mostrarse físicamente atractiva y a otorgarle sus favores; y las cosas, como sucede invariablemente en tales casos, no tardaron en ir de mal en peor, con el resultado de que ella, probablemente de manera inconsciente, se proponía ya *no* satisfacerlo, abandonándose paulatinamente.

Mi tarea con este marido consistió en convencerlo de lo irracional de su actitud, que él se negaba a ver porque su esposa se portaba de manera igualmente irracional, o incluso más, si cabe.

—¿Cómo puedo ser amable con ella, como usted me aconseja —me dijo—, si ella hace evidentemente todo lo que puede por abandonarse en su aseo personal, a fin de mostrarse poco atractiva? Dice que quiere sostener relaciones sexuales conmigo, pero ni siquiera se ducha todos los días, y resulta muy desagradable acostarse con una mujer que apesta. ¡Creo que no se ha bañado ni duchado desde hace una semana!

—Es posible —repliqué—, pero lo importante no es el hecho de que ella no quiere complacerlo sexualmente, sino saber por qué lo hace. Y usted mismo ha reconocido que la censura y critica constantemente.

—¿Por qué no había de hacerlo? ¿Cree usted que es posible hacer alguna otra cosa con una mujer así?

—Desde luego, casi todos los hombres reaccionarían como usted, pero esto no nos importa. Lo único que puedo decirle, es que se verían metidos en las mismas dificultades que usted.

—¿Quiere usted decir que todos los hombres que critican a su esposa despiertan su hostilidad sexual, tarde o temprano?

—No todos, pues algunas esposas sienten un amor tan apasionado, que aunque su marido las colme de censuras, ello no afectará su resistencia sexual. Pero estas mujeres son raras. La mayoría, como la suya, ofrecerán una resistencia directa o indirecta, al hallarse sometidas a críticas y censuras constantes.

—¿Pero cómo puedo dejar de censurarla, si ella continúa comportándose de esta manera inadmisible?

—Sería más sensato que se preguntase: "¿Cómo puedo hacerlo?" en vez de preguntarse "¿Cómo puedo cesar de hacerlo?" Pues ya ve usted que haciéndolo sólo consigue aumentar sus diferencias con su esposa; mientras que si dejase de hacerlo, probablemente esas diferencias no tardarían en desaparecer.

—Pero me resulta más fácil censurarla.

—Desde luego, siempre es más fácil criticar al prójimo, cuando creemos que el prójimo es acreedor a nuestras críticas. Si usted tiene una *filosofía* particular de la crítica...

—Pero yo no tengo tal filosofía, ¿no es verdad?

—Claro que la tiene. Cada vez que su esposa hace algo que usted considera equivocado— y tenga usted en cuenta que empezó a criticarla mucho antes de que se convirtiese en una mujer sucia y desaseada, usted se dice inmediatamente: "¿Cómo es posible que haga tal cosa? ¡No debería hacerla: no tiene derecho a hacerla!"

—¿Pero no es verdad que no debería hacerla?

—¿Y por qué no? ¿Por qué los seres humanos no deben como hacen siempre, de manera imperfecta, y, como dijo Nietzsche, de una manera humana, demasiado humana?

—Así, usted pretende que yo actúe de manera sobrehumana, perdonándolo todo, ¿no es cierto?

—Hasta cierto punto, sí. Pero no porque usted deba perdonar a su esposa, mostrándose amable y comprensivo con ella, ya que en un sentido absoluto o ético no hay motivos para que lo haga. No obstante, como yo sólo quiero convencerlo, en un sentido relativo o pragmático, a fin de mejorar sus relaciones con su esposa e incrementar su propia satisfacción sexual, existen varias razones de peso que hacen que sea *preferible* o *deseable* que usted se porte de un modo diferente con ella; del mismo modo como sería de desear que ella se portase de otra manera con usted.

—Párece insinuar que, aunque a mi esposa y a mí nos asista el derecho moral de fastidiarnos mutuamente y no haya ninguna razón absoluta para que no lo hagamos, sólo conseguiremos perjudicarnos portándonos de ese modo y seguir criticándonos u ofreciéndonos resistencia. Por consiguiente, lo que usted parece dar a entender —¿no es eso?— es que yo debo cesar de censurarla y ella debe cesar de mostrarse desaseada...

—No sólo deberían dejar de hacerlo, sino que sería preferible que ambos lo hiciesen...

—Ya estamos de nuevo metidos en todos esos propósitos condicionales. Así, dice usted que deberíamos... no, que sería preferible que yo dejase de censurarla y que ella tuviese más cuidado con su aseo personal y su higiene.

—Exacto. Y si usted dejase de decirse esa frase estúpida de: "ella debería ser diferente de como es" (a fin, lo repito, de mejorar satisfactoriamente las relaciones conyugales, tan necesitadas ahora), para decir-

162

se en cambio: "me gustaría que fuese diferente, así es que vamos a ver qué puedo hacer yo para ayudarla a cambiar"; entonces, lo más probable es que cambiase. Pero mientras usted siga diciéndose que debería ser diferente (con lo cual quiere decir, en realidad, que su esposa es una terca si no cambia), ella sólo oirá insultos por su parte, y, de manera consciente o inconsciente, como contrapartida, se negará a cambiar a causa de sus críticas, abandonándose deliberadamente aún más, para continuar siendo como es, o peor si cabe.

—¿Así, lo único sensato e inteligente que puedo hacer es dejar de decirme que es una terca sucia, haciendo todo lo posible para no criticarla y ayudarla a cambiar, ¿no es eso?

—Sí, señor. Si por una temporada usted la acepta sin rechistar de la manera como es, con toda su suciedad y abandono, y deja de censurar sus menores acciones, entonces, por último, ella quizá tenga algún incentivo para cambiar. Con sus constantes críticas, no hace más que proporcionárselo para no cambiar.

—¿Cómo es posible?

—Pues muy sencillo: haciéndole ver que su manera de ser le saca a usted de sus casillas, lo que usted hace es premiar su conducta. Teniendo en cuenta que usted la ha colmado de censuras y críticas —incluso antes de que se abandonase sexualmente, recuérdelo—, como desea vengarse de lo que considera sus críticas injustas e injustificadas, es natural que desee disgustarlo.

—¿Así, opina que disgustarme es una especie de castigo por lo que ella considera críticas injustificadas? ¿Y se alegra de que sufra este castigo, que me merezco por censurarla sin razón? ¿Es esto lo que sucede?

—Sí, algo así. Cada vez que ella hace algo que usted considera equivocado, usted monta en cólera y se disgusta. Por consiguiente, su conducta constituye un incentivo para que su esposa continúe comportándose como se porta...: a fin de disgustarlo, como castigo por sus críticas injustificadas.

—¡Vaya, un verdadero círculo vicioso!

—Desde luego. Ahora dígame: ¿cuándo piensa cambiar de conducta, para salir de este círculo vicioso?

—¿Me pregunta antes que cuándo dejaré de criticarla?

—Sí, eso quiero decir, sin tener en cuenta como se porte o por "equivocadas" que usted considere sus acciones. Reconozco que en esto usted puede tener razón a veces. Pero, ¿quiere decirme si con sus críticas ha conseguido hacer que se enmendase?

—En absoluto.

—Ahí lo tiene usted. Esto nos demuestra que sus críticas no han servido para alcanzar la finalidad propuesta, que era la de corregir la conducta de su esposa. La actitud de sermonear o de censurar a otra persona, echándole en cara sus defectos, casi nunca sirve para ayudarla a enmendarse o a superar sus propias deficiencias. En cambio, si se hace ver a la misma persona sus deficiencias y defectos de una manera sencilla, objetiva, sin un tono de superioridad, convenciéndola de que estamos completamente de su parte, en tal caso es posible ayudarla... y usted, en el caso que nos ocupa, podrá ayudar a su esposa a superar su falta de atractivo erótico.

—¿Si dejo de criticarla por su indiferencia sexual y su falta de aseo, será posible que ella mejore en ambos aspectos?

—Sí, si usted deja de criticarla y se convierte en un buen modelo para ella, haciendo sin quejarse las cosas propias de un marido (por ejemplo: siendo un buen padre con sus hijos). En tal caso, todo hace creer que las relaciones con su esposa y la conducta de ésta mejorarán considerablemente.

Con esta terapéutica que pudiéramos llamar racional, continué demostrando al marido cuán faltos de lógica eran los pensamientos y frases que se repetía sin cesar y que fijaban la pauta de su conducta, y de qué modo su propia filosofía, basada en la actitud de superioridad moral y la negativa a perdonar, minaba inevitablemente sus relaciones conyugales y sexuales (A. Ellis, 1958a, 1958c).

Cuando le convencí de que cesase de censurar a su esposa y que se esforzase por ayudarle a mejorarse, en vez de criticarla y echarle en cara sus defectos para que los abandonase, ella empezó a tener mucho mayor cuidado y aseo en su persona, y sus relaciones sexuales experimentaron una notable mejoría.

Casi todas las malas relaciones conyugales se deben también al hecho de que uno de los cónyuges tiene ideas exageradamente elavadas sobre la conducta ajena, y se siente agraviado y colérico cuando su compañero o compañera no es capaz de ponerse a la altura de estas ideas tan sublimes.

En vez de decir: "Me *gustaría* o *preferiría* que mi esposa hiciese esto o aquello; vamos a ver, pues, cómo puedo ayudarla a realizarlo", el esposo exigente suele decir: "Es absolutamente necesario que mi esposa actúe de tal manera o de tal otra; debe ser capaz de hacerlo." Y entonces surgen las primeras desavenencias. Nadie quiere ser autómata de otro, por grande que sea la diferencia entre ambos.

El deseo de alcanzar unos objetivos de perfección superiores a lo normal, y a los que queremos adaptarnos nosotros o hacer que se adapten los que nos rodean, son la causa de casi toda la inseguridad afectiva y la hostilidad que existen en el mundo; que son, por lo demás, completamente innecesarias; prácticamente todas las dificultades de orden conyugal o marital provienen de estas filosofías exigentes, en el fondo egoísta, e incapaces de perdonar.

Causas psicológicas de la incapacidad sexual

Además de los problemas afectivos que puedan surgir entre ambos cónyuges, existen muchas otras razones y motivaciones psicológicas que explican la incapacidad sexual de muchos individuos. Casi todas estas razones psicológicas se deben a temores irracionales o muy exagerados. Así, un hombre o una mujer pueden volverse indiferentes al sexo o incompetentes a causa de un temor puritano ante el propio sexo, acompañado de profundos sentimientos de vergüenza y culpa; temor de merecer la desaprobación o la repudia de la persona del sexo opuesto; temor al embarazo o a las responsabilidades de la paternidad o la maternidad; temor al dolor físico; temor a la castración y al incesto; temor al fracaso; y temor a las enfermedades venéreas (Bergler, 1951; Deutsch, 1944; Katz, 1956; Knight, 1943; Kroger y Freed, 1951).

Además de estos temores, que pueden afectar gravemente el comportamiento sexual, hay que tener en cuenta muchos otros factores psicológicos. Así, un individuo puede ser incapaz de alcanzar un orgasmo satisfactorio, o puede no desearlo, por hallarse atraído de manera especial por una determinada actividad sexual (por ejemplo, relaciones con menores de edad), o porque sea homosexual, extraordinariamente narcisista, masoquista, sádico, fetichista o muestre tendencias psicóticas.

Como señala Rougelot (1958), un cónyuge puede hallarse obsesionado, absorbido o angustiado por muchos problemas de orden práctico; por ejemplo, la vida en común con otras personas en espacio reducido, la falta de intimidad sexual, el exceso de trabajo y problemas económicos, sociales o relacionados con la educación de los hijos.

Caprio (1953) indica que algunos individuos, en particular del sexo femenino, pueden protestar interiormente contra su papel sexual, y, al hallarse insatisfechos con

166

este papel, pueden actuar de manera dominante, cínica y brutal con todos los miembros del sexo opuesto, entre los que se incluyen sus propios cónyuges; protestando al mismo tiempo de manera subsconciente contra su propia sexualidad y esforzándose por destruirla. Mowrer (1947) abunda en este parecer e incluso va más allá:

"En un sentido personal, aún resulta más devastadora la confusión que muchas mujeres sienten acerca de la propia sexualidad. Abrigo la sospecha de que gran parte de la frigidez y otras formas de inadaptación sexual que podemos estudiar clínicamente en muchas mujeres modernas, no provienen de la educación puritana o excesivamente rígida que recibieron en su infancia, sino del concepto actual que tienen de ellas mismas como personas. Por lo general tienen una opinión muy baja de la feminidad y se hallan tan imbuidas de ideales masculinos de triunfo en la vida y de éxito frente a la competencia, que su capacidad sexual se resiente y sufre grave menoscabo.

"Para algunas mujeres que he visto en la clínica, las labores domésticas, el cuidado de los niños y la sexualidad forman un todo indistinto, igualmente repulsivo y degradante. Esta amalgama se ha creado de manera consciente o subconsciente. Desean la sexualidad, pero aspiran a una especie de sexualidad masculina, en que apenas hay lugar para la auténtica feminidad."

El principal motivo piscológico de la incapacidad sexual no suele ser necesariamente una causa muy complicada o profundamente oculta en el subconsciente, que haya que descubrir durante centenares de horas de intenso psicoanálisis, sino, se trata sencillamente, del propio temor a la incapacidad sexual. Teniendo en cuenta que los individuos de nuestra sociedad, tanto hombres como mujeres, creen erróneamente que deben ser unos atletas sexuales y alcanzar muchos y copiosos orgasmos en una sola noche; teniendo también en cuenta que temen fracasar en este menester, se hallan incesantemente preocupados por sus proezas sexuales... y terminan por fracasar de verdad.

Aunque he visto a centenares de individuos completamente indiferentes o incompetentes en el terreno sexual y en algunos casos les he consagrado docenas de sesiones psicoterapéuticas para buscar las causas fundamentales de su incapacidad sexual, sólo en un porcentaje muy pequeño he descubierto que la principal razón no era el temor del individuo a fracasar sexualmente. El individuo fracasa una o dos veces, cosa que no tiene nada de particular, pero entonces experimenta una preocupación excesiva por este fracaso y, precisamente a causa de esta preocupación, los fracasos se repiten indefinidamente (A. Ellis, 1959b, 1960).

El doctor LeMon Clark (1959b) ha expuesto de forma excelente este problema, en relación con la incapacidad masculina: "Si un hombre supone que es impotente, si esta idea se convierte para él en una obsesión, y si aborda una experiencia sexual dispuesto a demostrar que no es impotente, lo más probable es que fracase.

"Pero si en cambio aborda una experiencia sexual como algo placentero en sí mismo, si es capaz de abordarla sin proponerse alcanzar ningún objetivo determinado, si concentra su atención en la satisfacción que le produce el íntimo contacto con una compañera amada y amante, y deja de preocuparse por la forma que debe adoptar la expresión de su afecto, en muchos casos alcanzará una satisfacción normal, apenas sin dificultades."

La principal causa psicológica de la incapacidad sexual, dicho de otro modo, puede llamarse perfectamente *distracción* o falta de la atención debida. Como ya indicamos en los capítulos II y III, el apetito sexual y la satisfacción del mismo están instigados no sólo por estímulos físicos que provocan la excitación, sino por señales alentadoras y excitantes procedentes del cerebro.

Si existiese una interrupción orgánica de estas señales (como en los casos de paraplejía, en que la médula espinal está seccionada), o interrupciones psicológicas (por ejemplo, cuando el individuo se halla distraído por temores puritanos ante el sexo, sentimientos de hostilidad hacia su pareja, pensamientos al margen de lo sexual, o ansiedad por la manera como se portará sexualmente), el resultado inevitable será la incapacidad sexual.

Por desgracia, nuestra sociedad nos ofrece muchos medios de distraer nuestra atención del sexo. Nos dice que el sexo en sí no es una actividad buena ni digna de encomio y nos impulsa a rodearlo con toda clase de restricciones. Nos educa con ideas excesivamente moralizadoras acerca de la conducta que debería seguirse en las relaciones sociales y conyugales, predisponiéndonos con ello a mostrarnos hostiles y excesivamente severos con las personas del sexo opuesto. Nos proporciona muy poca instrucción acerca de la manera de enfocar la atención hacia ideas y objetos sexualmente excitantes, y ayuda (en particular a las personas del sexo femenino) a concentrarse en toda clase de cosas poco excitantes sexualmente cuando sostienen relaciones íntimas. Pone ante nosotros unos ideales exageradamente perfectos de triunfo y éxito en la vida, que nos hacen sentir profundamente incompetentes, acomplejados y faltos de valor si fracasamos en algo determinado, por ejemplo en el coito.

En tales circunstancias, se echa fácilmente de ver por qué tantos individuos, en vez de concentrarse en su propio goce sexual y enfocar su atención en lo excitantes y agradables que resultan sus relaciones sexuales, se hallan distraídos y con la mente repleta de toda clase de pensamientos no sexuales y anti-sexuales, con el consiguiente menoscabo de sus facultades eróticas.

Y para empeorar aún más las cosas, cuando el individuo de nuestra sociedad, anhelante de triunfar en la vida, observa que se porta muy medianamente en el terreno sexual, entonces se siente dominado por una exagerada preocupación por el fracaso y enfoca su atención con más fuerza en el seudo problema de su pretendida inhabilidad, en lugar de plantearse el problema en sus verdaderos términos: "¡Qué agradable puede ser el sexo! ¡Vamos a ver qué puedo hacer para disfrutar aún más!"

Este enfoque cerebral ineficaz, orientado hacia el éxito, contribuye poderosamente al verdadero fracaso en muchos aspectos de la vida. Según observa el doctor George R. Bach, esta actitud suele prevalecer particularmente entre los estudiantes, que se presentan al examen preguntándose: "Dios mío, ¿me acordaré bastante de lo que he estudiado para aprobar?", y que, en virtud de esta misma preocupación excesiva, fracasan muy a menudo. De manera similar, la excesiva angustia ante el posible fracaso sexual termina por crear de verdad la tan temida incompetencia.

En otras palabras: la incapacidad sexual suele estar motivada (aunque no en su totalidad) por el hecho de que muchos individuos poco hábiles (en particular mujeres) no emplean la técnica sexual adecuada y por consiguiente no obtienen suficiente estímulo erótico de sus zonas genitales más sensibles; e incluso cuando ejecutan los movimientos físicos adecuados, no enfocan debidamente su atención en los pensamientos, las actitudes y los sentimientos convenientes en aquel momento.

En último análisis, cabe añadir que casi todas las personas indiferentes e insatisfechas sexualmente no han aprendido a pensar como es debido. No hacen más que repetirse (como hacen todas las personas que sufren un trastorno afectivo) frases ilógicas e irracionales, un auténtico balbuceo psíquico; y son estas frases incoherentes, más que otras influencias orgánicas o ambientales, las principales responsables de su incapacidad y limitación en el terreno sexual.

11 | MEDIOS DE VENCER LA INCAPACIDAD SEXUAL

Teniendo en cuenta que existen varios tipos principales de incapacidad sexual, expondremos el tratamiento de esta afección en las tres secciones o apartados siguientes: *a)* medios para despertar el apetito sexual en casos difíciles; *b)* medios para alcanzar el orgasmo en circunstancias difíciles; y *c)* medios para retardar el orgasmo.

Medios para despertar el apetito sexual en casos difíciles

En la mayoría de los casos, el apetito sexual se despierta fácil y espontáneamente, de acuerdo con los principios de la estimulación expuestos en los capítulos quinto y sexto de esta obra. Si resultase problemático excitar a la pareja, el lector debe releer estos principios y esforzarse por aplicarlos sistemáticamente y con insistencia.

Si aún subsistiesen dificultades para la excitación, ello podría indicar que se trata de un individuo deficiente bajo el punto de vista físico (por ejemplo, dotado de un sistema nervioso lento en reaccionar o un desequilibrio endocrino); o bien se trata de un individuo físicamente cansado o debilitado, ha experimentado orgasmos demasiado frecuentes, no recibe los estímulos apropiados o posee diversos handicaps psicológicos contra la excitación.

Si uno o ambos cónyuges no se excitasen con facilidad, las siguientes medidas pueden resultar eficaces:

1. El individuo que experimente dificultades para excitarse debe someterse a un completo reconocimiento médico para determinar si existen causas físicas que expliquen su condición. Siguiendo los consejos del médico, debe adoptar un régimen adecuado, dormir un número de horas suficiente, efectuar ejercicios físicos iniciar un tratamiento vitamínico, etc. En ocasiones puede resultar útil un tratamiento a base de hormonas, por ejemplo el empleo de andrógenos (Benjamin, 1958; Kupperman, 1959-1960). Las operaciones menores, el masaje de próstata, el tratamiento de los desórdenes orgánicos y otras formas de intervención médica pueden aportar también un rápido alivio en el 5 al 10 por 100 de casos en que un individuo tiene una conducta sexual deficiente (Mozes, 1959c).

2. El cónyuge que no se excite con facilidad debe efectuar las relaciones sexuales en el momento que le resulte más adecuado: por ejemplo, cuando esté descansado, libre de problemas y tensiones, sin prisas, lejos de circunstancias que pudieran distraerlo, etcétera.

3. El cónyuge que se encarga de excitar al otro debe abordar a su compañero en un momento en que entre ambos existan excelentes relaciones y haya el mínimo de tensión y hostilidad mutua. Algunas veces, el cónyuge difícil de excitar requiere una discusión sadomasoquista con su pareja para azuzar su deseo; y si esta preferencia por el sadomascquismo fuese débil, habría que fomentarla. En la mayoría de casos, empero, el apetito sexual se despierta más fácilmente gracias a la amabilidad, las consideraciones y el afecto de la pareja...; en particular cuando estas atenciones persisten, a pesar de la relativa frigidez del cónyuge.

4. Hay que tener especial cuidado en localizar y estimular adecuadamente las zonas erógenas particulares del individuo difícil de excitar. A veces, a causa de una defi-

ciente sensibilidad táctil o un sistema nervioso que reacciona con poca facilidad, esta clase de personas requieren caricias muy prolongadas o vigorosas presiones, palmadas, masajes, apretones, pellizcos o mordiscos en sus zonas erógenas.

Así, Lester Dearborn (comunicación al autor) indica que algunas mujeres se excitan extraordinariamente al recibir fuertes palmadas en las nalgas, aunque las mujeres normales no deseen ni requieran esta forma de estímulo, por lo general. Si bien el cónyuge que se excita con mayor facilidad acaso no requiera caricias persistentes o vigorosas, no hay motivo alguno para que no las aplique a su pareja, menos excitable (Mehta, 1938).

5. Para muchos individuos difíciles de excitar —aunque en modo alguno para todos—, los besos y caricias que no tengan un carácter directamente genital son una pérdida de tiempo y pueden incluso resultar irritantes y contrarios a la excitación. Dichos individuos requieren con frecuencia una firme, intensa y prolongada estimulación de las zonas más sensibles de sus órganos genitales, y, por lo tanto, esto es lo que hay que hacer con ellos. Téngase en cuenta que, en el caso de los hombres cuya erección desaparece fácilmente, si la mujer cierra los muslos después de la introducción, la presión de la vulva puede mantener al pene en erección, en especial si es de pequeñas dimensiones (Lewin y Gilmore, 1951).

6. Los cónyuges difíciles de excitar requieren a menudo mayor variedad sexual que las parejas fácilmente excitables. Pueden llegar a inmunizarse temporalmente ante una especie de estímulo y por lo tanto deben poder escoger entre otras posibles actividades sexuales.

7. Cuando uno de los cónyuges no se excite de momento durante las relaciones sexuales, puede ser aconsejable una momentánea separación, para que ambos cónyuges descansen y después vuelvan a entregarse a los juegos eróticos, transcurrido un tiempo prudencial. A ve-

ces, por supuesto, habrá que abandonar por completo todo contacto erótico durante la noche entera, para continuar al día o a las noches siguientes. Otras veces, bastará media hora o algo más de descanso y relajación, para que uno de los participantes sienta despertarse su apetito sexual, aunque al principio no sintiese la menor excitación.

8. En algunos casos en que existan pequeños obstáculos de orden psicológico o deficiencias físicas, la prescripción de hormonas sexuales, nitrato de estricnina, la absorción de ligeras dosis de alcohol u otros medicamentos, pueden contribuir a la excitación sexual. Kelly (1953) comunica que la aplicación de una pomada mentolada de alcanfor al clítoris o la aplicación en abundancia de lociones en la vulva pueden aumentar el deseo en muchas mujeres.

9. El estímulo psicológico es importantísimo en la mayoría de casos de individuos relativamente indiferentes. El individuo apático puede contribuir a este esfuerzo enfocando deliberadamente su atención en las ideas que le resulten sexualmente incitantes, y su compañero puede ayudarle moralmente o de otro modo: por ejemplo, diciéndole palabras cariñosas, hablando de situaciones sexualmente incitantes, mostrando un claro interés por su pareja, recordando en voz alta otros momentos estimulantes, mostrando confianza en la excitabilidad de su pareja, proporcionándole fotografías o escritos excitantes, etcétera.

Cuanto más espíritu creativo, cuantas mayores ganas de experimentar, mayor franqueza y valor muestre el cónyuge relativamente excitable, tanto más podrá provocar la excitación de su pareja más fría. Esta debe tener el valor de entregarse plenamente y sin reservas a la búsqueda de la excitación y la satisfacción.

10. Cuando ambos cónyuges sean suficientemente cultos y posean conocimientos psicológicos, a veces pueden abordar los obstáculos concretos que puedan existir, con-

siderando francamente la posibilidad de su existencia y examinándolos objetivamente. Por ejemplo, si uno de los cónyuges cree que el otro no se excita a causa de un antagonismo informulado o subconsciente que exista entre ambos, puede abordar con franqueza esta posibilidad, analizando con su pareja las posibilidades que tenga de ser cierta.

11. Teniendo en cuenta que muchísimos individuos están más acostumbrados a excitarse por medio de la masturbación que a hacerlo en presencia de una persona del otro sexo, a veces puede ser conveniente que el cónyuge difícil de excitar se masturbe en presencia del otro, a fin de provocar su propia excitación. Cuando la masturbación haya producido una excitación suficiente, ya pueden tener lugar relaciones más íntimas entre ambos participantes. Es necesario, desde luego, que la esposa o el esposo del cónyuge masturbador sea indulgente y objetivo a este respecto, sin sentirse herido ni degradado porque su pareja no pueda alcanzar la excitación de una manera más fácil y con intervención de ambos.

12. Cuando ninguna de las técnicas antedichas dé resultado y uno de los cónyuges, o ambos, aún sigan teniendo dificultades en alcanzar la excitación sexual, suele ser aconsejable que uno o ambos (de preferencia ambos) visiten a un asesor matrimonial competente, un psicólogo, un psiquíatra o cualquier otro especialista. Muchas veces bastan unas cuantas sesiones con uno de estos expertos profesionales para determinar si *existe* un motivo especial que explique esta falta de excitabilidad; y, caso de existir, buscar la solución más idónea para eliminarlo.

En mi consultorio he visto con muchísima frecuencia a individuos completamente convencidos de que eran personas de una escasa sexualidad y que no podrían excitarse con ninguna clase de pareja; y a veces me ha sido posible, en el término de una a cinco entrevistas, demostrar a dichos individuos cómo podían vencer sus dificultades; o al menos hacerlos ver que con reiteradas discusiones psicológicas, en su caso, conduciría probablemente a la superación de las pretendidas dificultades.

En el caso de una esposa de veintisiete años que acudió a mi consultorio, requería generalmente de cuarenta y cinco minutos a una hora de juegos eróticos activos para hallarse dispuesta a la cópula. Con frecuencia ella terminaba tan disgustada y cansada después de estos fatigosos preliminares, que renunciaba a continuarlos, limitándose a satisfacer a su marido sin disfrutar de la cópula ni alcanzar el orgasmo. Durante la primera sesión de su examen, ya me fue posible determinar que su principal problema era precisamente el gran temor que sentía de no excitarse a tiempo, y que, por consiguiente, no podría ser nunca una esposa satisfactoria para su marido, por el que sentía un gran amor y al que deseaba complacer sobremanera.

Cuando conseguí, apelando a medios muy activos y directos de psicoterapia racional, demostrar a esta mujer que se hallaba dominada por una filosofía del propio sacrificio verdaderamente exagerada, y que sólo se consideraba digna de estima cuando complacía a otra persona; cuando conseguí que pusiese en duda la validez de esta filosofía y empezase a preocuparse de sus propias satisfacciones, sexuales y de otro tipo, empezó a enfocar su atención por primera vez en su vida en sus propias sensaciones sexuales; dejando de pensar en el supuesto error que representaba no ser una esposa perfecta. Antes de un mes, ya había efectuado grandes progresos y podía excitarse en pocos minutos, alcanzando el orgasmo en dos de cada tres cópulas.

Uno de mis clientes masculinos sólo conseguía una completa erección cuando se acostaba con prostitutas, pero se mostraba casi totalmente impotente con su novia, y daba largas a la boda porque temía no llegar a ser nunca un marido satisfactorio.

Con anterioridad se sometió durante un año al tratamiento que le aconsejó un psiquiatra, quien le dijo que su problema sexual estaba causado por el complejo de Edipo que sentía hacia su madre. En realidad, él no quería mancillar sexualmente a una joven (pura) a causa de las ideas de culpabilidad que aquellos incesutosos sentimientos le despertaban. A pesar de esta interpretación, aparentemente exacta, su incapacidad de excitarse en presencia de su novia continuaba.

Después de dos sesiones con este paciente, adopté una táctica completamente distinta y traté de hacerle ver que su verdadero problema no consistía en un vestigio del antiguo amor incestuoso por su madre, sino en su temor de fracasar en el presente.

Teniendo en cuenta que pagaba a las prostitutas para que le otorgasen sus favores, sin sentir ninguna clase de responsabilidad hacia ellas, podía concentrarse plenamente en su propia satisfacción, excitándose y gozando con facilidad. Pero con su novia, con la que no le unía una relación mercenaria, experimentaba el morboso temor de no cumplir lo que consideraba sus deberes sexuales hacia ella: es decir, hacerle alcanzar el colmo del placer después de una prolongada cópula. A causa de su temor, sus relaciones con la joven se hallaban dominadas por un espíritu de angustia y, como es natural, era incapaz de fijar su atención en su propia satisfacción o excitación sexuales.

Al cabo de nueve sesiones terapéuticas conseguí demostrar a este paciente que a) no era necesario que fuese sexualmente potente para hacer alcanzar el orgasmo a su novia; b) el fracaso en la actividad sexual (o en cualquier otra) no constituía un crimen; y c) no era un hombre débil, poco masculino, afeminado o indigno, aunque nunca consiguiese alcanzar y sostener una erección satisfactoria ni provocar el orgasmo de su novia mediante la introducción del miembro viril en la vagina.

Cuando empezó a comprender estas verdades y a considerarse un ser humano perfectamente bueno y normal, aunque no fuese sexualmente apto, aquel individuo ya no tuvo apenas dificultades en fijar su atención en lo deseable que era su novia (en vez de preocuparse por la necesidad de proporcionarle satisfacción sexual), y pronto dejó de tener problemas.

Resulta bastante irónico que, así que consiguió excitarse plenamente, descubriese que tardaba de quince a treinta minutos de cópula activa para alcanzar el orgasmo. Esto, a su vez, resultó con frecuencia poco satisfactorio para su novia (con la que poco después contrajo matrimonio), porque ésta podía alcanzar varios orgasmos en aquel período, lo cual la obligaba en ocasiones a satisfacerlo por medios extragenitales. A pesar de que acudió a mí con un problema de incapacidad para la erección, estuvo a punto de terminar con un problema de erección excesiva y de dificultad en alcanzar el orgasmo.

De todos modos, la mayoría de problemas causados por la frialdad de uno de los cónyuges pueden resolverse acudiendo a los métodos descritos en este capítulo y en los quinto y sexto. En los pocos casos en que ninguno de estos métodos produzca resultado, hay que buscar la ayuda de un especialista.

Métodos para alcanzar el orgasmo
en circunstancias difíciles

Tal como sucede en el caso en que hay dificultad en conseguir la excitación sexual, la incapacidad de alcanzar el orgasmo una vez se ha producido la excitación es a menudo el resultado de *a)* incapacidad en lograr un estímulo físico adecuado, y *b)* incapacidad en tener los pensamientos convenientes y en adoptar una actitud racional hacia el sexo.

Cuando uno de los cónyuges o ambos tengan dificultad

en alcanzar el orgasmo, pueden seguir los procedimientos que acabamos de exponer para lograr la plena excitación sexual, pues con frecuencia también son útiles para alcanzar el orgasmo.

Facilitamos asimismo algunas indicaciones útiles para conseguir el orgasmo.

1. En muchos casos en que el individuo puede alcanzar en teoría el orgasmo, pero experimenta grandes dificultades en la práctica, se comprobará que posee un punto de sensibilidad sexual localizado, como la parte inferior del pene en el varón y el clítoris en la hembra, y que hace falta una presión firme, seguida y rítmica en este lugar. Además, esta presión debe ser a veces suave y cariñosa, aunque en algunos casos deba ser fuerte y ruda.

Esta clase de estímulo es difícil de ejercer, como no sea con los dedos, ya que las demás partes del cuerpo no pueden mantener unas presiones rítmicas y seguidas. Por consiguiente, los dedos resultan ser con frecuencia el mejor órgano de satisfacción sexual en los casos más difíciles.

2. La manipulación regular y seguida de los puntos sensibles del cónyuge que tenga dificultad en alcanzar el orgasmo resulta a veces fatigosa para el otro cónyuge, pues suele requerir unos movimientos monótonos, poco excitantes y no demasiado satisfactorios físicamente.

Con todo, esta monotonía puede aliviarse si el otro cónyuge piensa en algo estimulante, imagina algún suceso no sexual que sea interesante y absorbente, tararea una canción o un canto rítmico, o bien utiliza sus impulsos creadores para hallar otras satisfacciones, mientras se dedica a satisfacer a su pareja.

3. Con los cónyuges difíciles de satisfacer, suele ser a veces deseable o necesaria una técnica progresiva en la manipulación. Cuando el esposo, por ejemplo, dé masaje al clítoris de su compañera, puede observar que el placer de ésta va en aumento al cabo de un rato de manipulación: su respiración se hace más afanosa, arquea la es-

palda, oprimiendo los órganos sexuales contra su dedo, temblorosos y vibrantes en ocasiones. Puede interrumpir entonces el masaje del clítoris, dejando que su esposa recupere momentáneamente su sosiego, para reanudar acto seguido la rápida manipulación.

De esta manera puede hacer alcanzar el colmo de la excitación a su pareja, para dejar que ésta disminuya varias veces. Finalmente, cuando la mujer ya se halle excepcionalmente excitada, el varón puede provocarle el orgasmo con el dedo (o, si se halla suficientemente excitada, incluso por la introducción del pene). Las mujeres pueden utilizar a veces una técnica similar para la manipulación del pene, a fin de hacer alcanzar el orgasmo al varón.

4. Es de una extraordinaria importancia que el compañero o compañera del cónyuge difícil de satisfacer no experimente un creciente resentimiento hacia su pareja por las dificultades que ofrece, ni manifieste aburrimiento o irritación por el trabajo que representa satisfacer sus deseos.

En primer lugar, semejante hostilidad o irritación anularía la satisfacción de la pareja entregada a esta tarea, que terminaría por aborrecer las relaciones sexuales.

En segundo lugar, impediría que el cónyuge menos excitable gozase de la tranquilidad espiritual necesaria, lo cual le impediría alcanzar el orgasmo (A. Ellis, 1957a).

La mejor manera de evitar que surja esta clase de antagonismo consiste en que el cónyuge más excitable se percate plenamente de que a su pareja no le ocurre nada malo y que es perfectamente *normal* que muchos seres humanos experimenten dificultad en alcanzar el orgasmo, y que si su pareja resulta pertenecer a esa clase de personas, la *culpa* no es suya y de ningún modo esto constituye un *crimen*.

Hay que observar especialmente a este respecto que existen muy pocas pruebas de que las hembras de otras especies animales alcancen el orgasmo; en cambio hay algunas pruebas de que la hembra de la especie humana no alcanza normalmente el orgasmo y con frecuencia lo ignora por completo (Elkan, 1948; Terman, 1951). Shuttleworth (1959) plantea claramente la cuestión:

"Para los varones es naturalmente fácil alcanzar el orgasmo, del mismo modo como para algunas hembras es naturalmente difícil conseguirlo. El orgasmo es la tercera etapa en el desarrollo de la madurez sexual. El orgasmo recompensa y refuerza la anterior conducta sexual. Los machos obtienen mayor número de estas recompensas. Tanto la biología como la experiencia les proporcionan un mayor impulso sexual.

"Este aserto se halla abonado por dos clases de pruebas. La aportación masculina al proceso de la reproducción requiere el orgasmo, a fin de que se consiga la eyaculación del licor seminal, que así se proyecta fuera del cuerpo. En la fisiología femenina no hay nada que requiera el orgasmo para la reproducción. Esta diferencia es válida para los dos sexos de todas las especies de mamíferos. Durante cien millones de años, los machos incapaces de eyacular durante la cópula no dejaron descendencia. Hay que dejar bien sentado que para todos los varones, antes o durante la adolescencia, es fácil y natural alcanzar el orgasmo.

"No deja de ser significativo que únicamente la hembra humana alcance el orgasmo con cierta regularidad. Sólo existen algunas observaciones desperdigadas, casuales e inciertas, indicadoras de que las hembras de algunos otros mamíferos puedan experimentar en raras ocasiones algo parecido al orgasmo. Existe un profundo foso que separa a las hembras de los mamíferos superiores de la hembra humana, por lo que a esto respecta. Ello parece indicar que la capacidad para el orgasmo, en la hembra humana, apareció en época bastante reciente de la historia evolutiva.

181

"Las primeras hembras humanas que se hallaron dotadas de esta cualidad adquirieron sin duda una ventaja, bajo el punto de vista de la evolución. Ha transcurrido un millón de años y es posible que aún existan hoy algunas mujeres incapaces por naturaleza de alcanzar el orgasmo."

En tales circunstancias, se puede afirmar que el hombre casado con una esposa que experimente casi siempre el orgasmo con facilidad y de manera completa es verdaderamente afortunado. El marido corriente puede tener cierta dificultad en provocar el orgasmo en su esposa: pero si acepta de buen grado esta dificultad (del mismo modo como debemos inclinarnos ante el hecho de que las mujeres tienen menstruación regularmente durante gran parte de la vida conyugal), surgirán pocos problemas.

De manera similar, si la mujer se inclina ante el hecho de que el hombre tiende a tener mayores dificultades en alcanzar el orgasmo a medida que envejece, y que a veces tendrá que esforzarse mucho para provocar el orgasmo en su marido, la hostilidad conyugal quedará reducida al mínimo y las relaciones sexuales y de índole general serán mucho mejores.

5. Si bien la mayoría de individuos que alcanzan el orgasmo con dificultad requieren una manipulación regular y suave de alguna parte del cuerpo, otros individuos necesitan una técnica diferente. Algunos requieren caricias intermitentes e irregulares; otros necesitan ligerísimas presiones; y otros prefieren un masaje enérgico. Los hay también que necesitan exactamente la misma técnica cada vez, mientras que otros requieren considerables variaciones. Si bien algunos sólo necesitan caricias físicas, otros las requieren acompañadas de palabras cariñosas. Sean cuales fueren las preferencias de la pareja al respecto, hay que hacer lo posible (mediante la experimentación y abordando francamente los problemas)

para descubrirlas y atenderlas de manera considerada y afectuosa.

6. En algunos casos, la única técnica que conducirá al orgasmo de ambos cónyuges será una cópula vigorosa. Durante la misma, los movimientos pelvianos de ambos esposos se sincronizarán rítmicamente con los contactos del pene y la vagina, y ayudarán a concentrar la atención del individuo en el contacto.

Algunas mujeres necesitan una introducción a fondo a fin de estimular la matriz, situada cerca de la parte posterior de la vagina; o bien desean empujones vigorosos para que la región púbica y la parte posterior del miembro viril les golpeen en la vulva con fuerza suficiente. Algunos varones también prefieren una penetración profunda para que el glande establezca contacto con el cuello del útero, o matriz, o porque ellos también se excitan con los contactos en la región púbica, mientras la raíz del pene y el hueso púbico golpean los órganos genitales femeninos.

Cuando el varón requiera una introducción profunda o vigorosa, pero esto no le sea posible a causa de las escasas dimensiones de la vagina, o porque su compañera experimente dolor u otros inconvenientes, los vigorosos empujones del miembro viril sobre la parte exterior de la vulva, sobre el vientre de la mujer, entre sus nalgas, entre sus senos, bajo el sobaco o en otras diversas partes del cuerpo, resultarán a menudo satisfactorios.

Contrariamente, cuando la mujer requiere una introducción profunda y vigorosa y el varón, por la razón que fuere, no pudiese satisfacerla con el pene, puede apelar entonces a los dedos o la mano. Puede introducir los dedos en la vagina a gran profundidad, alcanzando y calculando puntos sensibles que con frecuencia el pene no puede alcanzar. Si la mujer requiere un contacto enérgico con la vulva o el clítoris, a veces pueden resultar excelentes para este fin la rodilla del varón, el codo, el puño, la palma de la mano u otras partes del cuerpo.

7. En muchos casos es altamente deseable un múltible contacto físico, pues a menudo parecen sumarse las sensaciones cuando se estimulan dos o más regiones del cuerpo. El varón puede necesitar besar o acariciar los senos o las nalgas de su esposa, mientras ésta le manipula el pene o establece contacto oral-genital con él. La mujer puede requerir, por su parte, que el varón le dé masaje en el clítoris mientras ambos efectúan la cópula o mientras su marido le introduce simultáneamente los dedos en el ano. Existen múltiples posibilidades y hay que probarlas todas, en los casos en que uno de los cónyuges tenga dificultad en alcanzar el orgasmo.

8. Ni que decir tiene, en nuestra época moderna, que algunos de los métodos más excitantes sexualmente y mejores para producir el orgasmo, estuvieron vedados en nuestra sociedad durante muchos siglos, pero que actualmente gozan de la aceptación general. El contacto oral-genital, la introducción anal, las actividades ligeramente sadomasoquistas, y otras prácticas tildadas de perversiones sexuales, son hoy día esenciales para la máxima satisfacción y excitación de millones de contemporáneos nuestros.

Por consiguiente, aquellas personas unidas en matrimonio con un esposo o una esposa difícil de excitar o satisfacer, no deben mostrar reparos en acudir al empleo de todas las técnicas posibles; incluso muchas de aquellas que antes se consideraban erróneamente perversiones sexuales, pero que actualmente se aceptan por lo general como parte normal e integrante de la conducta sexual del hombre.

9. En particular en aquellos casos en que un cónyuge o ambos tengan dificultad en alcanzra el orgasmo, los esfuerzos que se hagan por tratar de alcanzar el orgasmo simultáneamente más bien impedirán su propia satisfac-

ción que les ayudarán a lograrla. Tales esfuerzos suelen dar por resultado un desplazamiento concreto de su atención que, por parte del cónyuge difícil de satisfacer, debería hallarse exclusivamente concentrada en la tarea de lograr su propio orgasmo.

El objetivo, a veces obsesivo, consistente en alcanzar un orgasmo simultáneo, introduce en el coito un factor adicional y secundario, el incentivo de la consecución del éxito. En especial entre individuos propensos a preocuparse y dominados por sentimientos de inseguridad e incapacidad, constituye con frecuencia un grave obstáculo, por el temor de hacer un mal papel.

El cónyuge difícil de satisfacer ya tiene bastantes problemas para alcanzar el orgasmo sin tener que añadirle un problema adicional: el de alcanzar el orgasmo exactamente al mismo tiempo que su pareja. Del mismo modo como dos cónyuges obesos no pueden utilizar algunas de las posturas que unos cónyuges más delgados no tendrán dificultad en emplear; las parejas formadas por un participante rápido y un participante lento no deben tratar de alcanzar el orgasmo simultáneamente.

10. En algunos casos, el participante que tenga dificultad en alcanzar el orgasmo puede encontrar ayuda en una distinta posición para el coito adoptada por su pareja. Estas distintas posturas pueden resultar más excitantes, dando una mayor fricción a las partes sensibles del cónyuge más lento y presentando además otras ventajas. Las posiciones en las cuales la vagina queda acortada o se estrecha y en que los órganos genitales de la pareja pueden estimularse durante el coito (como algunas de las posturas que se describen en el capítulo noveno), pueden resultar particularmente útiles al respecto.

11. Algunas veces puede ser oportuno o necesario que el cónyuge que tenga dificultad en alcanzar el orgasmo, se manipule sus propios órganos genitales mientras sostiene relaciones sexuales.

Algunos individuos requieren toques o ritmos especiales en ciertas partes sensibles para alcanzar el orgasmo; y en muchos casos es casi imposible que otra persona emplee esta clase de contacto con ellos. En tal caso, hay que permitir que manipulen los propios órganos genitales mientras efectúen relaciones heterosexuales o cuando hayan alcanzado un punto en que esta clase de estímulo propio sea deseable.

Los individuos que tengan que satisfacerse de este modo para alcanzar el orgasmo no son necesariamente anormales o pervertidos, sino que suelen ser personas muy normales.

12. En algunos casos, el cambio de una posición a otra sin interrumpir la cópula, la detención momentánea para reanudarla luego, o cualquier otro modo de interrumpir la actividad sexual puede ayudar a los individuos lentos a alcanzar el orgasmo, cuando el coito normal no surta el efecto deseado.

13. Como ya hemos observado en el capítulo quinto, al referirnos a las técnicas psicológicas de excitación sexual, muchos individuos experimentan dificultad para alcanzar el orgasmo porque son incapaces de fijar adecuadamente la atención en imágenes sexualmente excitantes; dejándose distraer, en cambio, por objetos o ideas no excitantes. Estos individuos deberían esforzrase por descubrir lo que resulta más estimulante para ellos, y deberían ejercitarse en enfocar la atención sobre objetos extraordinariamente excitantes cuando sostuviesen relaciones sexuales.

Existe un estado, en el varón, conocido por el nombre de eyaculación anestésica, en el que el individuo alcanza el orgasmo pero éste le produce muy poca sensación placentera e incluso ninguna (Cauldwell, 1959) en algunos casos.

Existe también un estado, llamado impotencia eyaculatoria, en que el varón puede mantener la erección durante mucho tiempo, pero es incapaz de lograr el orgasmo (Kaplan y Abrams, 1958). Ambos estados pueden ser resultantes de los sentimientos de hostilidad experimentados por el varón hacia su pareja y su deseo, consciente o subconsciente, de durar el mayor tiempo posible.

Pueden estar complicados asimismo otros varios factores afectivos, y a veces puede ser necesaria una psicoterapéutica intensiva para llegar a la raíz del problema. En algunos casos puede tratarse de una sencilla distracción, y entonces hay que obligar al varón a concentrarse en objetos o ideas adecuadamente estimulantes.

Entre las mujeres, una causa frecuente de orgasmo retardado o ausencia completa del mismo puede ser la incapacidad individual de definir el orgasmo adecuadamente, creyendo que se trata de algo tan extraordinario (acompañado de tañido de campanas y de centelleo de luces), que no presta suficiente atención a las propias sensaciones placenteras ni se sabe disfrutarlas adecuadamente. La revista *Sexo y Censura* recibió una carta muy reveladora sobre el particular, después de reimprimir mi artículo *¿Es un mito el orgasmo vaginal?* (A. Ellis, 1953a). Esta carta, escrita por una lectora de Texas, rezaba como sigue:

"Señor Director de *Sexo y Censura*.

"Muy señor mío: Acabo de leer el último número de la revista de su digna dirección y, aunque dicho número fue muy de mi agrado en general, me impresionó especialmente el artículo *¿Es un mito el orgasmo vaginal?*, de Albert Ellis, doctor en Filosofía.

"En mi opinión, todas las mujeres serias que busquen la satisfacción sexual, por todos los medios posibles, deberían leer este artículo. Es revelador, pedagógico e instructivo.

"Durante tres años de vida conyugal, no conseguí alcanzar lo que yo consideraba el orgasmo. En realidad, no sabía lo que era un orgasmo. Para mí, el orgasmo se componía de algo misterioso, de algo que las demás mujeres disfrutaban constantemente, a menos que fuesen frígidas. Como nunca experimenté lo que yo consideraba un orgasmo, supuse naturalmente que era frígida.

"Gozaba con las relaciones sexuales, de las que nunca tenía bastante, pero me sentía defraudada. Me parecía que la naturaleza me había gastado una broma pesada. Esto es lo que la ignorancia hace a las personas, obligándolas a sacar conclusiones falsas y prematuras. Esto puede destruir una personalidad, como casi destruyó la mía.

"Pero aquel maravilloso artículo me enseñó que no todas las mujeres experimentan el orgasmo de la misma manera, o con las mismas manifestaciones visibles que exhiben otras mujeres. Algo más ilustrada en la actualidad (¡he leído y releído el artículo!), he llegado a saber lo que es el orgasmo para *mí*, y a saber *cuándo* lo experimento. El goce que me producen las relaciones sexuales me causa varios orgasmos, a pesar de que yo no me creía capaz de experimentarlo. ¡Y pensar que me disponía a visitar a un psiquiatra!

"Gracias, doctor Ellis. Gracias, señor director de *Sexo y Censura*. ¡Mi esposo también le da las gracias!"

Esta carta y otras pruebas de la misma clase indican que el orgasmo retrasado o inexistente puede ser en realidad una cuestión de definición. Si una mujer se imagina, de manera poco realista, que su orgasmo será de una manera determinada y resulta algo muy diferente, esa mujer puede creer que no lo experimenta. En casos como éstos, una intensa y extensa educación sexual puede resultar muy útil.

14. Si la pareja tuviese dificultad en alcanzar el orgasmo, habría que demostrarle particularmente que no necesitamos ni requerimos que lo alcance en cada ocasión. Cuanto menos se exagere la importancia de que la pareja

experimente siempre el orgasmo, más a sus anchas se sentirá ésta y más probable será que lo experimente.

15. Cuando las acostumbradas técnicas físicas y psicológicas conducentes a provocar el orgasmo en la pareja no surtan efecto a veces puede ser aconsejable acudir a medios mecánicas para alcanzar esa finalidad. Así, cuando una mujer resulte difícil de satisfacer porque requiere una presión prolongada o enérgica en una región sensible, el clítoris por ejemplo, su compañero puede emplear a veces con buenos resultados diversas ayudas mecánicas, por ejemplo, una goma de borrar o un vibrador eléctrico, que le permitirán aplicar la clase y grado de presión que ella requiere.

El doctor LeMon Clark (1949) ha comunicado que el empleo de aparatos mecánicos, como el vibrador eléctrico, particularmente en el caso de una mujer que no haya experimentado nunca el orgasmo, contribuye a crear un canal o ruta de excitación nerviosa que, una vez abierto, puede servir para facilitar nuevos orgasmos. Aunque pueda ser bastante difícil provocar los orgasmos iniciales de esta manera, una vez alcanzado el primero, los siguientes pueden resultar más fáciles.

En el caso de una mujer que pueda alcanzar el orgasmo durante la cópula, aunque con cierta dificultad, a veces será deseable que el hombre se ponga un preservativo al que se hayan sujetado plumas u otros objetos, o rodearse el pene con un anillo de esponja o espuma de goma, para provocar un contacto más íntimo y fuerte entre su órgano generativo y las paredes vaginales de su compañera. Los preservativos especialmente preparados para este uso son difíciles de encontrar en los Estados Unidos, pero no cuesta demasiado fabricar ingenios de este género, si se consideran deseables.

No es fácil pensar en el empleo de aparatos apropiados para la mujer que desee ayudar a su marido a alcanzar el orgasmo, cuando éste tenga dificultad en lograrlo. Nada se opone, empero, a que ella también utilice a veces vibradores eléctricos, collares, esponja con un agujero en el centro, y otros materiales que pueden ser útiles en casos determinados. No hay razón para que nadie se muestre remilgado ante el empleo de medios conducentes a satisfacer el apetito sexual; cuando nadie pone reparos al empleo de cucharas, cuchillos, tenedores, palillos, pajas, etc., para facilitar la ingestión de alimentos y bebidas.

16. Como ya hemos observado en este mismo capítulo y también en el sexto, algunas personas necesitan la propia cópula, con preliminares prolongados o sin ellos, para alcanzar un estado de plena excitación.

Kegel (1952-1956) ha subrayado particularmente el papel que desempeñan los músculos vaginales (el músculo pubococcígeo en particular) para excitar a una mujer y ayudarla a alcanzar el orgasmo. Afirma con insistencia que en muchos casos en que la mujer no puede experimentar el orgasmo, tiene los músculos vaginales laxos y es preciso reforzarlos mediante ejercicios especiales; y ha inventado un aparato especial, el perineómetro, destinado a facilitar el ejercicio vaginal (Riedman, 1957).

El doctor LeMon Clark (1958b) también ha comprobado, en el curso de su práctica como ginecólogo y sexólogo, que "cuando conseguí que las mujeres llegasen a dominar el músculo esfínter de la vagina, para contraerlo voluntariamente durante la cópula, afirmaron que la cópula era mucho más satisfactoria".

También se ha podido comprobar, y es un hecho que figura desde hace años en la literatura sexológica (Bloch, 1908, H. Ellis, 1936; Forel, 1922), que cuando la mujer aprende a utilizar adecuadamente sus músculos vaginales, contrayéndolos y controlándolos durante el coito, puede ejercer presiones extraordinariamente satisfactorias sobre el miembro viril; aumentando considerablemente el goce de su compañero y haciéndole alcanzar el orgasmo con mayor facilidad y rapidez.

190

De todos modos, aunque algunos entusiastas del ejercicio de los músculos vaginales se pasen a veces de la raya —pues la mayoría de las mujeres, a pesar de todo, tienen el principal centro sensible y su mayor capacidad para el orgasmo en el clítoris y regiones vecinas y no en la región vaginal— hay muy poco que perder y a veces más bien algo que ganar por el intento de ejercer control sobre el músculo pubococcígeo e intentar reforzarlo.

El dominio de los músculos vaginales puede conseguirse mediante ejercicios hechos con el perineómetro del doctor Kegel, que puede llevarse puesto fácilmente en casa; la mujer también puede conseguirlo esforzándose por interrumpir la micción o la defecación. Durante la cópula, la mujer puede asimismo utilizar los músculos del esfínter para oprimir con ellos el pene de su compañero, lo que le permitirá aprender a contraer las paredes de la vagina en torno al cuerpo del pene.

Como de costumbre, es preciso observar que si todos los métodos expuestos de provocar el orgasmo en la pareja se hubiesen probado y ninguno hubiese dado resultado; de manera que la pareja continuase sin alcanzar nunca el orgasmo o experimentándolo en contadas ocasiones, quizá valdría la pena que se sometiese a un reconocimiento médico muy riguroso (que puede hacerse extensivo al otro cónyuge), pues acaso exista un grave problema físico o psicológico. Está demostrado por un gran número de historias clínicas publicadas, que incluso los casos más difíciles pueden curarse a menudo sometiéndose a un tratamiento médico o psicológico.

Uno de mis propios casos, por ejemplo, se refiere a una esposa y madre de treinta y cuatro años que nunca pudo alcanzar el orgasmo con su marido, aunque en muchas ocasiones se ponía enormemente excitada y estaba a punto de alcanzarlo. Pensando que quizá la causa radicase en la mala técnica sexual del esposo, había tenido varias aventuras extramaritales. Pero aunque escogió a amantes muy experimentados, tampoco consiguió esperimentar el orgasmo con ellos.

Me resultó fácil averiguar que mi paciente consideraba una prostituta a su madre, pues la sorprendió a menudo con diversos amantes cuando ella era una niña, y comprobé también que esto la decidió a no disfrutar de las relaciones sexuales del mismo modo ilegítimo y al parecer "reprobable" que fue propio de su madre. Pero el hecho de descubrir a mi paciente el origen de su frigidez, no sirvió en absoluto para ayudarla a vencerlo. Seguía a punto de alcanzar el orgasmo con su marido pero, incluso después de una hora de diversas formas de masaje genital, tenía que renunciar a su logro.

Lo que resultó ser mucho más eficaz fue demostrar a mi paciente que ella no sólo odiaba a su madre sino que —y esto era mucho más importante— se odiaba a sí misma porque: a) provenía de una familia tachada de "mala"; b) se consideraba mala a causa de la hostilidad que sentía por su madre; c) siempre había rehuido las obligaciones más pesadas de la vida, como el cuidado de los niños y los quehaceres domésticos; y d) siempre había estado convencida de ser "una degenerada".

Cuando demostré a esta paciente que toda su filosofía de la vida o su tabla fundamental de valores consistía en considerarse indigna, y cuando la invité y persuadí a poner en tela de juicio y rebatir esas suposiciones estúpidas e irracionales, empezó a disfrutar de muchas maneras, por primera vez en su vida, y a gozar con el acto sexual.

Le había enseñado —como a casi todos mis pacientes sexualmente incapaces— a concentrar adecuadamente su atención en estímulos excitantes mientras sostenía relaciones sexuales, y no le resultó difícil prestar esta clase de atención cuando dio por sentado el supuesto básico de que era una mujer digna y que tenía tanto derecho como otro ser humano cualquiera a alcanzar el placer.

En el transcurso de una de nuestras últimas entrevistas, esta mujer me dijo:

—¡Es tan distinto todo, ahora, de como era antes! Me voy a la cama con mi marido y compruebo que él no ha variado en absoluto. A veces está de buen talante y desea satisfacerme de todas las maneras posibles, pero otras veces se muestra huraño y arisco y sólo piensa en satisfacerse a sí mismo, si es que llega a pensar en algo. Pero aunque su humor sea tan variable, yo no me inmuto, concentrándome, como usted me ha enseñado a hacer, en mi propia excitación y en mis propias sensaciones.

A veces tengo que esforzarme por concentrar la atención en lo que tengo entre manos, antes de que consiga el efecto apetecido. Pero casi siempre utilizo las imágenes sexuales de un resultado seguro y comprobado. Antes solía pensar, en tales ocasiones, en lo bueno y amante que a veces era mi marido y de qué modo su amor me hacía sentir digna. Ahora, en cambio, suelo pensar en las veces que he quedado satisfecha, aunque él no se haya mostrado tan bondadoso y amante conmigo... Pienso en las veces que he conseguido excitarme y proporcionarme placer casi yo sola. Y cada vez que pienso que soy sexualmente incompetente y que quizá no merezco que nadie se esfuerce tanto por hacerme alcanzar el orgasmo —pensamiento que ahora sólo se me ocurre muy de tarde en tarde—, me apresuro a desecharlo y a preguntarme: ¿Por qué soy tan baja e indigna? ¿Por qué no merezco todo el placer que pueda proporcionarme la vida, el placer sexual inclusive?

E inmediatamente comprendo que merezco este placer y que lo merezco aunque mi marido no se muestre bondadoso ni amante conmigo... a decir verdad, seguiría mereciéndolo aunque mi persona no importase a nadie del mundo. Este es el mayor sentimiento de todos, en mi opinión: el pensamiento de que tengo derecho al placer y de que soy una mujer digna, dejando aparte si me quieren o no me quieren. ¡En estos días, basta con este pensamiento para provocarme casi el orgasmo.

Incluso los casos más reacios y arraigados de dificultad o incapacidad para alcanzar el orgasmo, son susceptibles muchas veces de sucumbir a los métodos psicoterapéuticos, cuando tanto el paciente como el terapeuta se muestren perseverantes en el tratamiento (Pillay, 1948, 1950). En su mayor parte, empero, estos problemas pueden resolverse mediante la aplicación de los métodos a que hemos aludido... métodos que atacan de raíz, psicológica y físicamente, esta dificultad sexual, más común de lo que se supone.

Técnicas para retrasar el orgasmo

A veces puede ser deseable, aunque no sea siempre absolutamente necesario, que los cónyuges aprendan a retrasar el orgasmo. Un marido, por ejemplo, puede eyacular con tal rapidez a poco de haber entrado en erección, que ello le impedirá practicamente efectuar la cópula con su esposa, experimentando además mucho menos placer a causa de esta eyaculación prematura. O bien la esposa puede alcanzar el orgasmo con tal prontitud, que su esposo nunca tiene tiempo de eyacular en el transcurso de la cópula. En algunos casos, ella puede continuar el coito y experimentar un segundo orgasmo; pero en otros casos ya no está deseosa de continuar después de alcanzar el primer orgasmo (que a veces puede ser el único y definitivo).

Esto no quiere decir que el orgasmo prematuro por parte de uno de los consortes sea necesariamente patológico. Con frecuencia no lo es. Téngase en cuenta que muchos jóvenes de ambos sexos de nuestra sociedad se hallan tan bien dotados biológicamente, pero sostienen relaciones sexuales con tan poca frecuencia, que es normal y natural que se exciten excepcionalmente durante los escarceos preliminares y alcancen el orgasmo con rapidez. Como han apuntado Kinsey y sus colaboradores (1948, 1953), tales individuos pueden ser únicamente personas dotadas de una gran sexualidad.

También es preciso observar que, en especial para el varón, la novedad ejerce una considerable influencia en la eyaculación prematura. Cuando un hombre se acostumbra a efectuar la cópula con su amiga o su esposa, puede ser capaz de copular durante largo rato sin alcanzar el orgasmo, que en ocasiones incluso se producirá con dificultad. Pero si este mismo hombre sostiene relaciones por primera vez con una nueva pareja, es posible que alcance el orgasmo a poco de haberse efectuado la introducción, o incluso antes de que el pene haya penetrado en la vagina de su compañera.

De manera similar, he tenido ocasión de hablar con mujeres que alcanzaban el orgasmo a causa de la insólita excitación y la novedad que rodeaban a su primera cópula con un hombre determinado; pero que después sólo muy raramente pudieron repetirlo; no lográndolo a veces jamás durante el resto de su vida, aunque se tratase del mismo hombre.

El orgasmo rápido no suele tener gran importancia, a menos que los dos consortes se la den. Si uno de ambos participantes *cree* que un hombre o una mujer es sexualmente deficiente si alcanza el orgasmo al instante, entonces el que lo alcance con rapidez empezará a sentirse preocupado y, a causa de esta preocupación, esta tendencia se mantendrá.

Tanto en el caso de la cópula como en el de la masturbación, el orgasmo rápido no es más, en sí mismo, que un aspecto inofensivo y muy pocas veces patológico de la sexualidad. Pero si se sustenta la errónea creencia de que

195

la masturbación es perjudicial, esta creencia termina generalmente por producir nerviosismo, sentimientos de culpabilidad y desazón espiritual; y otro tanto puede decirse sobre la creencia equivocada de que el orgasmo rápido es perjudicial o poco masculino.

Como ya hemos repetido en otras ocasiones, un orgasmo rápido no tiene que ser necesariamente perjudicial para las satisfactorias relaciones sexuales, porque el coito no es más que *una* forma de satisfacción sexual y aunque unos consortes no pudiesen alcanzar nunca el orgasmo durante la cópula, podrían sostener placenteras relaciones sexuales y alcanzar el orgasmo por otros medios. Por consiguiente, en muy raras ocasiones se hace absolutamente necesario que uno de los cónyuges elimine su tendencia al orgasmo prematuro, a fin de satisfacer al otro cónyuge.

Por el contrario, a veces es deseable que el marido o la mujer alcancen un orgasmo rápido. Por ejemplo, el coito resulta doloroso e irritante para algunas mujeres, si se prolonga demasiado; y algunos hombres sólo pueden disfrutar del coito durante un tiempo muy breve, disgustándose o irritándose si continúa más tiempo de lo previsto. Esta clase de individuos deben alcanzar el orgasmo con prontitud, si desean tener la máxima satisfacción; y a menudo aprenden deliberadamente a hacerlo. Téngase en cuenta que si estos individuos prolongan voluntariamente el acto sexual, suponiendo que sean capaces de hacerlo, el mismo puede resultarles más perjudicial que beneficioso.

Admitiendo, pues, que el orgasmo rápido no siempre resulte poco satisfactorio y que en algunos casos incluso es preferible, sigue en pie el hecho de que en otros casos, uno o ambos cónyuges deberán aprender a retrasar el orgasmo. En tales circunstancias, las técnicas que pueden emplearse con provecho son las siguientes:

1. Uno de los mejores medios para retrasar el orgasmo rápido consiste en incrementar las relaciones sexuales.

Particularmente en el caso del varón, el individuo que se viene con rapidez la primera vez puede venirse con mucha menor rapidez la segunda o tercera vez, durante la misma noche. Las personas de ambos sexos, además, que sólo alcanzan el orgasmo una vez por semana o incluso menos, comprobarán que se excitan muchísimo y alcanzan el orgasmo con gran rapidez en las ocasiones en que practican el acto sexual.

Por otra parte, los individuos que nunca o muy raramente sostienen relaciones heterosexuales tienden a exagerar su importancia y a sobreexcitarse cuando practican el coito. La familiaridad en este terreno, tiende a fomentar la misma indiferencia relativa que se experimenta en muchas otras actividades. Cuanto más frecuentes sean las relaciones sexuales y cuanto más rutinarias se hagan éstas, más difícil puede ser alcanzar el orgasmo...; en especial cuando las relaciones se sostienen siempre con la misma pareja. Por consiguiente, los individuos que alcanzan el orgasmo con rapidez suelen retrasarlo considerablemente en razón a la mayor frecuencia de sus contactos sexuales.

2. El orgasmo prematuro en el hombre o la mujer tiende a agravarse cuando el interesado se preocupa por su incapacidad en prolongar el coito. Esto suele ser cierto por lo que se refiere a casi todos los actos motrices del ser humano: cuanto mayor preocupación produzcan, menos se conseguirá realizarlos satisfactoriamente.

Como he demostrado en diversas publicaciones sobre temas de psicoterapia racional (A. Ellis, 1957a, 1958a, 1958b, 1958d, 1959a, 1959c), los seres humanos son prácticamente los responsables de sus propios trastornos afectivos, al repetirse ciertos pensamientos o frases faltos de lógica, ya sea de manera consciente o inconsciente.

En el caso del orgasmo prematuro, el individuo suele decirse: "¡Quizá no conseguiré aguantar mucho tiempo durante la cópula, lo cual será terrible!" Luego, después de varias experiencias iniciales de lo que él considera un fracaso, se dirá: "¡Oh, qué terrible es fracasar así! ¿Qué pensará mi pareja de mí! ¡Qué estúpido e incompetente soy! Estoy seguro de que ella no está satisfecha y de que me desprecia y me odia. ¡Oh, esto es espantoso!"

La repetición incesante de frases como las antedichas hará que este individuo continúe eyaculando prematuramente, en la mayoría de los casos. Se halla tan preocupado por su comportamiento actual y anterior, que no tiene tiempo ni energías para concentrarse en la única cuestión verdaderamente válida: "¿Cómo puedo concentrar mi atención en el goce sexual, para mejorar así mi actuación futura?"

El individuo que alcanza el orgasmo con demasiada rapidez debería dejar de repetirse frases desalentadoras, para decirse en cambio algo así, poco más o menos: "Muy bien, tengo tendencia a desahogarme con rapidez. ¿Y qué? Si mi compañera me quiere y me comprende de verdad y tiene ciertos conocimientos sobre el sexo, sabrá que esto es muy corriente y no le concederá importancia. Además, yo siempre puedo satisfacerla de otros modos; así, ¿qué importa que mi eyaculación sea prematura?

"Admitiendo que fuese deseable aprender a contener el orgasmo, estoy seguro de que podré conseguirlo si dejo de golpearme la cabeza y me dispongo a hacer lo necesario para dominar esta tendencia. Lo peor que puede ocurrir es que no lo consiga; pero aunque así sea, como he dicho, puedo satisfacer a mi pareja de otras maneras. Así es que dejadme tranquilo y permitidme gozar todo lo posible, que ya iré resolviendo este pequeño problema."

Si adopta una actitud como la expuesta, el individuo que eyacula prematuramente terminará resolviendo el problema con toda probabilidad, cuando se haya documentado suficientemente sobre la materia.

Pero si continúa reprochándose que esta eyaculación prematura es algo espantoso, terrible y lamentable y que él es un individuo digno de compasión a causa de esta incapacidad, lo más seguro es que vaya de mal en peor, sin que quepa echar la culpa de ello a nadie, excepto a sí mismo.

3. Teniendo en cuenta que el individuo que eyacula prematuramente suele enfocar su atención en su propio acto prematuro, que él exagera en proporciones catastróficas, experimentará un alivio considerable aprendiendo a concentrarse en algo exterior a su propia persona. El cerebro humano funciona de manera muy parecida a una rapidísima calculadora electrónica, que puede concentrarse en un problema, pero no en dos a la vez; y como apuntan Berg y Street: "Nadie puede concentrarse plenamente en dos cosas al mismo tiempo."

Así, pues, si el varón que muestra tendencia a una pronta eyaculación se obliga a concentrarse en las reacciones de su esposa, en el modo de complacerla, de hacerle alcanzar la cumbre de la excitación sexual, lo más probable es que mate dos pájaros de un tiro: en primer lugar, la ayudará a alcanzar el orgasmo con mayor rapidez; y en segundo lugar, apartará su atención de sí mismo; permitiendo que su miembro viril funcione normalmente, sin provocar una prematura eyaculación a causa de sus propios pensamientos angustiosos.

Por lo tanto, cuanto más absorto se halle el varón en las reacciones de su compañera, cuanto más se concentre en hacer todo lo posible por complacerla y satisfacerla, menos probable será que se sienta excesivamente preocupado por su tendencia a eyacular prematuramente. Como ya hemos observado anteriormente, si durante la cópula se concentra en acariciar a su esposa y esforzarse por hacerle alcanzar la máxima excitación a veces comprobará que estas caricias, en vez de provocar en él una mayor excitación, más bien lo distraen y le permiten aguantar más durante el coito.

Lo principal, sin embargo, no son estos actos de diversión sino la finalidad con que los practica y los pensamientos con que los acompaña. El mismo acto motriz, por ejemplo la caricia de los senos de la esposa, puede servir *a)* para estimular aún más al varón y ayudarle a alcanzar el orgasmo; o *b)* para dividir su atención sexual, retrasando así su orgasmo.

La técnica psicológica de la diversión o la anti-concentración no se limita a la concentración del individuo en su pareja como medio de retrasar el orgasmo; cualquier otro pensamiento puede servir para contrarrestar esta tendencia. Teniendo en cuenta, como hemos demostrado, que los seres humanos alcanzan principalmente el orgasmo al concentrarse en imágenes y pensamientos sexualmente excitantes, pueden en gran parte invertir este proceso, concentrando su atención en ideas y fantasías que no sean sexualmente excitantes.

Así, si el varón desea retrasar el orgasmo durante la cópula, en vez de concentrarse en pensamientos sexuales, como lo bella que es su esposa o el placer que le produce la cópula, debe esforzarse por pensar en cuestiones no sexuales: por ejemplo, los problemas de su propio trabajo, la conveniencia de adquirir un nuevo automóvil, la educación de sus hijos, la solución de determinado problema matemático, etcétera.

Puede evocar también imágenes claramente no sexuales: una casa, un paisaje, un anciano o cualquier otra cosa que considere no excitante. De esta manera, los esposos pueden retrasar el orgasmo durante un tiempo considerable, mientras efectúan la cópula activa.

En algunos casos, puede ser aconsejable que el individuo en cuestión efectúe alguna actividad diversiva de determinada, mientras ejecuta la cópula. Así, por ejemplo, puede fumar, juguetear con un lápiz, hacer garabatos, o manipular una tira de goma mientras practica el coito —en particular si se halla en posición supina— mientras su pareja, montada sobre él, trabaja activamente. Muchos consortes, como era de esperar, presentan graves objeciones a esta manera de distraerse, pues consideran que convierte a las relaciones sexuales en algo demasiado impersonal y poco romántico. Pero cuando se trate de cónyuges muy realistas, dicha técnica puede presentar ciertas ventajas para retrasar el orgasmo.

4. Cuando un ser humano alcanza cierto grado de excitación sexual, le resulta casi imposible controlar voluntariamente las contracciones eyaculatorias. Sin embargo, poco antes de alcanzar este grado de excitación pueden aplicarse a menudo ciertas eficaces medidas de control propio. Los mismos músculos que sirven para regular la defecación y la micción (el esfínter anal y los músculos perineales) están relacionados con los músculos que influyen de manera decisiva en el orgasmo y la eyaculación. Así, pues, si el individuo practica la tensión o la relajación de sus músculos anales o pelvianos, cuando el orgasmo es inminente, comprobará con frecuencia que puede contenerlo. Cuanto más se practique la tensión y la distensión voluntaria de los músculos anales y perineales, más probable será que se logre un control del orgasmo, que a veces puede ser extraordinario.

De manera similar, un control respiratorio puede también ser útil para contener momentáneamente el orgasmo. Lo más útil al respecto parece ser a) una profunda inspiración en el momento en que va a producirse el orgasmo; y b) una profunda inspiración y, tras una pausa conteniendo el aire, su expiración despacio y suavemente. Esta clase de respiración no sólo ejerce un efecto calmante y apaciguador en todo el organismo, sino que también sirve para distraer al individuo de los intensos estímulos sexuales y por consiguiente para retrasar el orgasmo.

5. Si el coito se efectúa lentamente, con empujones breves y numerosas pausas entre ellos, a menudo es posible aplazar el orgasmo, a veces de manera casi indefinida.

Cuando uno de los participantes sienta que está a punto de alcanzar el orgasmo, deberá aminorar sus movimientos o detenerlos por completo durante un rato; después, cuando se sienta más calmado, podrá reanudar su actividad.

En los casos en que marido y mujer deseen alcanzar el orgasmo simultáneamente, el marido puede dejar el pene casi inmóvil en el interior de la vagina, mientras sigue oprimiendo su base, con un movimiento lateral, de arriba abajo o circular, contra la vulva de su esposa, y en especial, contra el clítoris de la misma, mientras ella permanece muy quieta. De este modo él puede esperar a que ella sienta que se aproxima su orgasmo, y entonces él podrá alcanzarlo también, reanudando activamente sus movimientos copulativos.

Si el varón moviese el pene en círculo en vez de introducirlo y retirarlo normalmente, también podrá variar sus sensaciones, con el resultado de que éstas no serán demasiado placenteras y le provocarán el orgasmo. Del mismo modo, ejerciendo presión contra la pared vaginal con la parte *superior* del pene, en vez de ejercer presión con la parte inferior sobre la pared vaginal del lado correspondiente, que es lo acostumbrado, el varón podrá reducir sus sensaciones y aguantar más durante el coito.

No sólo el varón, desde luego, debe permanecer inmóvil si desea interrumpir su propio estado de excitación, sino que la mujer también debe permanecer relativamente inactiva en sus movimientos, al propio tiempo; o de lo contrario le haría experimentar sensaciones que provocarían su rápida eyaculación. En algunos casos, puede ser deseable que el varón retire totalmente el miembro viril de la vagina, para reanudar las caricias en el clítoris con la boca o los dedos, ayudando así a la hembra a alcanzar tal estado de excitación, que experimente el orgasmo con prontitud y facilidad al introducirle de nuevo el pene. O bien ambos participantes pueden permanecer abrazados, descansando durante un rato, hasta que su mutua excitación haya disminuido lo suficiente para permitirles reanudar el coito o cualquier otra clase de relaciones sexuales, sin experimentar el orgasmo de inmediato.

6. En algunas posturas existe menos contacto físico entre los órganos genitales y el individuo puede regular mejor sus movimientos. Así, como hemos indicado en el capítulo precedente, cuando el varón se encuentra tendido de espaldas con la mujer montada a horcajadas sobre él, en la posición cara a cara, verá que puede aguantar mucho más el orgasmo que cuando es él quien monta a la mujer.

Cualquier posición que permita que el participante más lento ejecute casi todos los movimientos activos mientras el más rápido en reaccionar permanece en una relativa pasividad, será buena para retrasar el orgasmo del segundo.

7. En algunos casos será aconsejable que el individuo propenso al orgasmo rápido emplee una pomada anestésica, como el Nupercainal, aplicándola al pene, al clítoris o a otras regiones sensibles, susceptibles de desencadenar el orgasmo.

El doctor G. Lombard Kelly (1953, 1957) ha realizado muchos experimentos sobre el particular, consiguiendo excelentes resultados. Ha descubierto que una pequeña cantidad de pomada anestésica, aplicada a los órganos genitales de quince a treinta minutos (y a veces una hora) antes de la cópula, puede retrasar considerablemente el orgasmo, provocando una mayor satisfacción sexual. A veces, en casos de extremada sensibilidad, la pomada puede aplicarse media hora antes de la cópula, para repetir la aplicación diez minutos antes de la misma. No se aconseja el empleo de estos analgésicos cuando existan dificultades en producirse la erección, pues en tal caso incluso podrían aumentarla; pero cuando la erección sea normal y sólo exista una eyaculación prematura, su empleo puede resultar muy satisfactorio.

Los lubricantes también tienden a amortiguar la sensibilidad del pene, permitiendo un coito más prolongado si se emplean en abundancia. Los preservativos, dos o tres a la vez en ocasiones, también pueden servir para amortiguar la sensación; pues por lo general ya suelen disminuirla, no sólo en el varón, sino también en la hembra, ayudando así a retrasar el orgasmo.

8. Si un individuo se excitase demasiado a causa del olor sexual de su pareja, posibilidad rara pero que hay que admitir, podría reducir al mínimo el efecto de este olor haciendo que su pareja se bañase antes de la cópula; o bien puede mascar un chiclé muy aromático o cualquier otra sustancia que enerve el olor excitantes.

Lo que suele ser más probable es que uno de los participantes, especialmente el varón, se excite sobremanera a la vista de la desnudez de su compañera o de su incitante ropa de noche. En estos casos, la esposa puede ponerse ropas menos incitantes o la pareja puede realizar la cópula a oscuras, para reducir al mínimo los efectos incitantes de los estímulos visuales. Cuando uno de los cónyuges se sienta particularmente excitado por un atributo cualquiera del otro consorte, hay que tener a veces mucho cuidado en reducir la influencia de este atractivo particular (que a veces tiene carácter fetichista).

9. En algunos casos, es posible retrasar el orgasmo efectuando extensos preliminares antes del coito, pues algunas personas llegan a quedar medio agotadas en el curso de estos prolongados escarceos preliminares, con el resultado de que son más difíciles de excitar. No obstante, esta técnica es peligrosa, ya que el tiro puede salir por la culata con mucha facilidad, provocando una enorme excitación y por lo tanto el orgasmo casi inmediatamente después de iniciado el coito.

Quizá sería más prudente que el participante más rápido en alcanzar el orgasmo intentase efectuar el acto carnal con su pareja cuando se sintiese físicamente cansado o no muy dispuesto para ello. Cuando se llega a tales extremos, sin embargo, también puede conseguirse un efecto contrario, pues la finalidad que se busca al retrasar el orgasmo no es aniquilar el placer sexual sino aumentarlo, de ser esto posible; y si dos personas sostienen relaciones íntimas cuando no las desean demasiado o están fatigadas, es posible que esto haga más lentas sus reacciones, pero es que también les provocará una ausencia de goce y no se habrá conseguido nada.

10. Hirsch (1951, 1957) recomienda a los varones propensos a experimentar un orgasmo prematuro, que se den masaje diario en el pene durante diez o quince minutos, con pomada anestésica o sin ella, incluyendo en el masaje la zona situada bajo el escroto, a fin de insensibilizarla al estímulo. La acción de apretar momentáneamente el pene con la mano, de vez en cuando, también contribuye a hacerlo más insensible, según este autor. Hasta el momento aún no hay suficientes pruebas indicadoras de que estas técnicas insensibilizadoras surtan buenos resultados en algunos individuos.

11. Kelly (1957) señala que una "presión externa sobre las venas por las que circula la sangre procedente de los tejidos eréctiles del pene, mantendrá naturalmente al órgano en tensión. Un pene erecto puede hacerse aún un poco más duro y grueso, especialmente en la cabeza, ejerciendo una fuerte presión en las venas dorsales del miembro. Esta presión puede aplicarse con una tira de goma, con el pulgar o la yema del índice". También se ha comprobado que otro punto donde una presión fuerte y continuada puede convertir una erección parcial en una erección completa es el centro del perineo. Por consiguiente, Kelly aconseja a los hombres cuya erección desaparezca con facilidad, que efectúen la cópula sentados, con su pareja a horcajadas sobre sus piernas, lo cual les

permitirá, mientras tanto ejercer presión en el perineo. Recomienda que esto se haga con ayuda de un soporte o braguero especial para el perineo, y confía en poder ofrecer pronto al mercado un aparato que cumpla estos requisitos.

Kelly es también un entusiasta del aparato inventado por Loewenstein (1947), destinado al aprendizaje del coito. El varón se colocará este aparato en el pene cuando le resulte difícil mantener una erección prolongada y gracias al mismo podrá efectuar la cópula, aunque el miembro esté fláccido. Se han inventado muchos aparatos semejantes, pero la mayoría de ellos son inútiles e incluso perjudiciales. El de Loewenstein es uno de los mejor concebidos y sirve para la finalidad propuesta. Quizá la mayor ventaja que presentan estos aparatos sea psicológica más que física, pues algunos varones, cuando descubren que pueden sostener relaciones sexuales con el aparato, adquieren confianza en sí mismos y más adelante ya son capaces de mantener el miembro en erección, sin apelar a medios mecánicos.

12. Kelly (1957) y Mozes (1959c) indican también que algunos remedios médicos, quirúrgicos y físicos dan a veces buenos resultados en casos de eyaculación prematura. Así, la circuncisión puede ser beneficiosa para el hombre que eyacule prematuramente; en el caso de que tenga el prepucio demasiado largo y el glande excesivamente sensible. El alcohol ingerido en cantidades moderadas puede ejercer un efecto calmante sobre individuos nerviosos y ayudarles a relajar los músculos. Los cambios de régimen alimenticio y la terapéutica hormonal pueden ser valiosos para algunos individuos; lo mismo que el descanso y el apaciguamiento en el caso de personas excesivamente fatigadas, tensas o en deficientes condiciones físicas.

El uso temporal de barbitúricos de acción inmediata (nembutal y seconal, por ejemplo) puede tener el efecto de un sedante, si se toman media hora antes del coito.

Estas medidas médicas y físicas, empero, sólo deben aplicarse en los casos graves de eyaculación prematura, que requieran cuidados especiales.

13. El individuo puede emplear a veces una erección no sexual para el propósito del coito, manteniendo la cópula activa por más tiempo que de costumbre, gracias a esta clase de erección. Muchos varones tienen erecciones matinales, por ejemplo, y no suelen experimentar en aquellos momentos un apetito sexual particular. Pero si entonces se afectúa la cópula, podrán sostenerla durante mucho más tiempo que de costumbre.

Muchos hombres también pueden continuar la cópula después de haber alcanzado el orgasmo y cuando la erección comienza a disminuir. En este caso, pueden provocar un orgasmo en la mujer, adquiriendo al propio tiempo mayor confianza en sus dotes sexuales, y, por ende, pudiendo mantener por más tiempo la erección normal.

14. Como de costumbre, terminaremos esta sección con la advertencia de que, cuando se hayan adoptado todas las medidas posibles para retrasar el orgasmo de uno o de ambos participantes, a fin de aumentar su satisfacción sexual, sin que ninguna de dichas medidas haya surtido el efecto apetecido, habrá que procurarse ayuda médica y psicológica para determinar las causas del orgasmo prematuro y las medidas que se deben adoptar para remediar esta deficiencia.

El médico puede a veces prescribir una dieta adecuada, vitaminas, hormonas, descanso, tranquilidad, intervención quirúrgica y otras medidas que pudieren resultar útiles. Pero, en la gran mayoría de los casos, se verá que la eyaculación prematura en el hombre y el orgasmo anormalmente rápido en la mujer es un problema psicológico, que sólo puede resolverse mediante consejos adecuados o la psicoterapia.

Otro tanto puede decirse, aunque en menor grado, de los casos en que el varón puede alcanzar la erección y el orgasmo; pero sin mantener aquella el tiempo suficiente para efectuar una cópula satisfactoria. Esta anormalidad consiste a menudo en una combinación de un apetito sexual insuficientemente enfocado (o sea que, si bien el varón experimenta suficiente deseo c mo para alcanzar la erección, es incapaz de mantenerlo, cι ι lo que el miembro recupera su flaccidez) y de eyaculación prematura (pues muchos hombres afectos de este desorden funcional eyaculan cuando el pene está blando, haciéndolo con frecuencia antes o poco después de introducirlo en la vagina).

Los hombres incapaces de mantener adecuadamente la erección, suelen presentar deficiencias hormonales, particularmente cuando se trata de individuos entrados en años; pero casi todos los jóvenes incluidos en esta categoría poseen problemas psicológicos y deben aprender a enfocar adecuadamente su atención en estímulos incitantes, a fin de lograr y mantener la erección. Al propio tiempo deben aprender a controlarse en un punto o grado determinado, sin excederse, pues esto podría provocarles el orgasmo antes de que el miembro alcanzase la rigidez debida.

En el tratamiento de individuos afectados por eyaculación prematura o incapacidad para mantener la erección, he podido comprobar que los métodos clásicos del psicoanálisis, que practiqué personalmente durante varios años, en muy contadas ocasiones son eficaces; mientras que la técnica de la psicoterapia racional, que aplico desde hace cinco años, suele resultar eficaz. Cuando el médico se limita a demostrar a un individuo, como se hace en el psicoanálisis, que su incapacidad sexual proviene de complejos adquiridos en su niñez, como los sentimientos de culpabilidad masculinos provocados por un amor incestuoso hacia su propia madre, o el afán que pueda sentir una mujer por el pene masculino, raramente le permitirá superar dicha incapacidad, incluso en_el caso de que estas interpretaciones sean correctas (Cleckley, 1957).

La causa de esto hay que buscarla en el hecho de que, en nuestra sociedad actual, tan distinta de la Viena de los tiempos de Freud, los individuos suelen tener problemas sexuales más bien como resultado de lo que Piers y Singer (1953) han llamado vergüenza, para distinguirla de la culpabilidad. Mientras el individuo culpable se siente malo o pecador al entregarse a pensamientos o actos sexuales (por ejemplo, una fantasía incestuosa) y cree que Dios puede castigarlo por su iniquidad, la persona avergonzada se considera inepta, inadecuada o incompetente para pensar o realizar algo (el fracaso durante el coito, por ejemplo) y cree que sus semejantes no lo apreciarán y lo criticarán a causa de su torpeza y limitación.

Teniendo en cuenta que Sigmund Freud (junto con Havelock Ellis, Iwan Bloch, Magnus Hirschfeld, Norman Haire y otros precursores de comienzos de siglo) combatió el concepto de pecado sexual, en la actualidad los individuos suelen sentir más bien vergüenza (incapacidad) que culpabilidad (pecado) por su conducta sexual.

Los psicoanalistas clásicos, asimismo, como casi todas las demás formas tradicionales de la psicoterapia —la terapéutica afectiva de Rank (F. Karpf, 1953; Rank, 1950), la técnica de la individuación de Jung (Jung 1954), el método analítico de Horney (Horney, 1937), el análisis de las relaciones interpersonales de Sullivan (Sullivan, 1947, 1954), y el método no directivo o centrado en el cliente de Rogers (Rogers, 1951)— se proponen principalmente conseguir que el individuo enfermo vea como adquirió sus actitudes irracionales y derrotistas, para ayudarlo, mediante unas relaciones francas y confiadas con el terapeuta, a adquirir unas opiniones menos malas de sí mismo (Fenichel, 1945; Freud, 1925-1950; Glover, 1955; Jones, 1955-1957; Munroe, 1955).

A diferencia de los métodos psicoterapéuticos más directivos —por ejemplo los de Adler (1927; Ansbacher y Ansbacher, 1956); Phillips (1956), y Thorne (1950)— los métodos de interpretación histórica, análisis de las relaciones de transferencia, y el reflejo no-directivo y acrítico de los sentimientos del paciente, no constituyen un ataque directo a las arraigadas filosofías que pueda sustentar el individuo sobre la culpabilidad o la vergüenza; y por consiguiente suelen ser ineficaces en el tratamiento de pacientes que presenten graves problemas sexuales o de otra índole (Eusenck, 1953).

El sistema de psicoterapia que yo denomino psicoterapia racional (A. Ellis, 1957, 1958a, 1958d, 1959c) ha sido ideado especialmente no sólo para hacer ver a los individuos la causa original de su trastorno, sino para demostrarles de qué modo *alimentan* dicho trastorno sosteniendo las mismas ideas absurdas o ilógicas que les condujeron a sentir y actuar de manera aberrante.

La terapéutica racional difiere de casi todas las demás formas de terapéutica en que: *a)* no sólo revela los *hechos* y la psicodinámica de la conducta del paciente sino, y lo que es más importante, la filosofía que los motiva o las ideas desencadenantes, que conducen a estos hechos históricos o parten de ellos; *b)* efectúa un *ataque* concertado contra las creencias irracionales que se revelan en el curso del proceso terapéutico; *c)* insiste más en revelar las *actitudes* inconscientes e irracionales ocultas bajo los impulsos o sentimientos inconscientes del individuo, que en el descubrimiento de estos impulsos y sentimientos; *d)* el terapeuta enseña literalmente al paciente a observar su propio pensamiento ilógico (subconsciente), a cambiar sus frases internas y pensar con lógica; y *e)* el paciente suele verse alentado, animado o ayudado para entregarse a una *actividad* reeducadora de carácter afectivo.

A guisa de ejemplo del modo como puede emplearse la terapéutica racional para ayudar a los individuos a resolver sus problemas sexuales, presentaremos el caso de un joven de veinticinco años que me visitó porque perdía la erección tan pronto como iniciaba la cópula con su esposa o bien eyaculaba pocos segundos después de la introducción del miembro viril.

En este caso, no tardé en descubrir que el paciente poseía un complejo de Edipo completamente clásico —que suele ser raro entre los pacientes actuales, pero que a veces se presenta— y que siempre había experimentado sentimientos de culpabilidad al sostener relaciones sexuales con mujeres, porque su madre, que aún era joven y atractiva, le había metido en la cabeza que la única finalidad del coito era la procreación y que las personas "más dignas" buscaban satisfacciones "mejores" y "más elevadas".

A consecuencia de ello, mi paciente sólo efectuó dos o tres intentos frustrados de cópula antes del matrimonio y se casó con una doctora muy poco agraciada, que tenía unos cuantos años más que él, que era muy intelectual y (según las ideas suyas y de su madre) era una persona "mucho más digna de estima". Cumplió bien sus deberes conyugales hasta que su esposa quedó encinta de su primero y hasta entonces único hijo; y desde aquel momento, aunque el niño ya tenía dos años a la sazón, nunca había conseguido portarse satisfactoriamente en el lecho conyugal.

Era evidente ver por qué mi paciente temía demostrar su potencia viril y no fue difícil conseguir que aceptase la interpretación de que su impotencia se hallaba originada en las ideas que le inculcó su madre y en su propia creencia consciente de que no estaba bien buscar el placer sexual por el placer mismo. Mas por desgracia, el hecho de que aceptase estas interpretaciones no significó que desapareciese su incompetencia sexual.

Le demostré entonces que si bien el origen *primero* de su anormalidad podía tener relación con su madre y las ideas antisexuales que ésta le había inculcado, la causa *secundaria* (de momento la más importante) era preciso buscarla en sus sentimientos de vergüenza, de incapaci-

211

dad y de fracaso. Es decir, la sociedad en que había vivido (y, en su caso particular, su padre más que su madre) le había hecho creer a pies juntillas que lo peor que podía ocurrirle en esta vida, y que en muchos casos sería incluso peor que el placer sexual, era convertirse en un ser débil y falto de voluntad: en un fracasado, en una palabra.

Por consiguiente, cuando empezó a experimentar dificultades para mantener la erección, en lugar de hacerse estas sencillas preguntas: "¿Por qué fracaso sexualmente?" y "¿Qué puedo hacer para no fracasar?", se reprochaba: "¡Soy una verdadera nulidad! Esto demuestra lo que ya sospechaba: que soy un ser débil y sin valía. ¡Oh, Dios mío, qué terrible es ser tan limitado y tan poco hombre!" Al repetirse estas frases deprimentes, mi paciente no hacía más que concentrar su atención en sus fracasos, en vez de concentrarla en el éxito sexual, con el resultado de que no podía superar su incapacidad.

Es preciso recordar, a este respecto, que (según hemos subrayado en los capítulos dos y tres) tanto la excitación sexual como la incitación al orgasmo en el hombre y la mujer, se producen principalmente mediante impulsos procedentes del encéfalo y en su origen son fundamentalmente cognoscitivos. Y cuando la atención se enfoca en ideas no sexuales (por ejemplo, la de que es terrible o catastrófico que el miembro no pueda alcanzar la erección o el orgasmo se produzca prematuramente), resultará de todo punto imposible enfocarla simultáneamente en ideas sexuales. El resultado de ello, en el varón, será la incapacidad de lograr o mantener la erección del miembro.

No he encontrado recientemente un solo caso de incapacidad masculina en que, fuere cual fuere la causa *original* del problema, el individuo afligido por ella no se dijese en *segundo lugar* cuán horrible resultaba ser impotente, convencido de que era un fracasado completo y que, como tal, continuaría mostrándose impotente.

Esto era lo que ocurría con mi paciente. Una vez surgieron sus primeros síntomas, no hizo más que observarse continuamente, seguro de que era débil en el terreno sexual, preocupado por esta debilidad y torturándose continuamente. Una vez le demostré con exactitud lo que hacía y qué frases absurdas y derrotistas se repetía continuamente, que sólo servían para conservar sus dificultades eréctiles y eyaculatorias. En cuanto empezó a *contrarrestar* esta actitud, experimentó mejoría.

El paciente empezó a ver entonces que su incompetencia sexual no tenía nada de terrible y que ya era de esperar, considerando la aducación que había recibido. Yo conseguí hacerle admitir que no era un ser incompetente ni un fracasado sólo porque tenía problemas sexuales. Le obligué también a revisar a fondo todas sus ideas sobre la masculinidad y el fracaso, haciéndole ver que tiene más importancia *esforzarse* por hacer las cosas, *intentar* realizarlas bien, que hacerlas necesariamente a la *perfección* o *triunfar* en ellas.

Cuando empezó a inclinarse ante la necesidad de renunciar a esta filosofía del éxito absoluto y la perfección total como metas incuestionables, pudo contemplar su propia conducta sexual de una manera más objetiva, y enfocar su atención en estímulos sexualmente incitantes.

Al propio tiempo (aunque esto parecía menos necesario con este paciente, ya que había conseguido librarse por sí mismo de parte del puritanismo inculcado por su madre) también ataqué su creencia fundamental en la perversidad de los actos sexuales fuera de la procreación y de que los deseos incestuosos inspirados por la propia madre eran algo horrible. Ataqué en dos niveles, pues, *a)* la primitiva filosofía antisexual de mi paciente, causa primera de su problema sexual; y *b)* su filosofía secundaria del éxito y la perfección, que le permitió mantener, alimentar y agravar sus síntomas originales, y esto me permitió dirigir a mi paciente hacia maneras de pensar más racionales acerca de sí mismo y la sexualidad.

En cambio, si me hubiese limitado al psicoanálisis clásico, me hubiera concentrado principalmente en el primero de los dos puntos citados; pero en la actualidad, gracias al empleo de la terapéutica racional, concentro mis principales esfuerzos en el segundo punto, con resultados mucho más eficaces. De manera casi invariablemente y salvo contadas excepciones, este método me proporciona buen resultado en caso de incapacidad sexual en pacientes de ambos sexos.

También he podido comprobar que, si bien visito todos los años a muchas personas que acuden a mí con graves problemas sexuales, muy raramente he encontrado a una que posea lo que se podría denominar un verdadero trastorno sexual. De manera invariable, mis pacientes poseen dificultades afectivas de carácter *general*, nacidas de su filosofía *general* de la vida, que suele ser muy endeble, ilógica y derrotista.

Los síntomas sexuales que presentan casi siempre proceden de estas absurdas creencias o suposiciones generales; y cuando sus creencias fundamentales, de cuya existencia no se aperciben, pues no las consideran importantes para su vida, son puestas de relieve antes ellos, revelándolas implacablemente y analizándolas para demostrarles lo ridículas que son, siendo atacadas y demolidas a continuación, sus problemas sexuales no sólo desaparecen automáticamente, sino que en el peor de los casos son mucho más susceptibles de adaptarse a unas normas reformadoras concretas.

A las técnicas acostumbradas de la psicoterapéutica, consistentes en explorar, ventilar, desenterrar e interpretar la terapéutica racional añade los métodos más directos de confrontación, refutación, despropagandización y reeducación. Por consiguiente, este método aborda cara a cara y resueltamente los tipos más arraigados y recalcitrantes de trastorno sexual y general.

12 | RELACIONES SEXUALES EN CONDICIONES ESPECIALES

Existen varias circunstancias especiales en las que puede ser aconsejable modificar las relaciones sexuales habituales de una pareja. Vamos a comentar a continuación algunas de estas condiciones especiales y las modificaciones oportunas que pueden adoptarse.

Relaciones sexuales durante la menstruación

Numerosísimas personas evitan todo contacto sexual durante la menstruación, principalmente a causa de *tabúes* irracionales. Hasta fecha muy reciente, existía también una auténtica aversión contra el coito menstrual en nuestro propio país (Kelly, 1959). Aunque muchas de las razones de este *tabú* son tan absurdas como las de los primitivos, que consideran venenosa la sangre menstrual y que por consiguiente prohiben la cópula con una mujer que tenga la regla; aunque hay que reconocer que bajo un punto de vista realista la cópula en este período puede presentar ciertas desventajas e inconvenientes.

1. Muchos matrimonios encuentran bastante desagradable el coito durante la menstruación, principalmente por la presencia de la sangre menstrual y la sensibilidad que entonces presenta la vagina; especialmente durante el primero o el segundo día de una menstruación abundante.

2. La cópula efectuada cuando la mujer termina de evacuar el menstruo, puede provocar en algunos casos un nuevo flujo femenino, aunque éste casi había cesado por completo, con las consiguientes molestias para la mujer.

3. La esposa puede experimentar una irritación del conducto vaginal a causa del estado sensible de sus órganos durante el período; y el varón, a menos que emplee preservativo, puede contraer una uretritis o una irritación del pene o el bálano (balanitis). No obstante, estos casos suelen ser relativamente raros, incluso entre personas acostumbradas a efectuar regularmente la cópula durante el período menstrual.

Por otra parte, la abstinencia de la cópula durante la menstruación priva a muchos matrimonios de una satisfacción considerable, especialmente cuando la regla dura seis o siete días; o cuando la mujer experimenta una marcada excitación durante este período. Por consiguiente, muchos cónyuges efectúan la cópula durante la menstruación, y, como ya hemos dicho, muy pocos experimentan graves molestias.

Para hacer el coito menstrual más satisfactorio, la mujer puede hacerse una irrigación antes de efectuarlo, utilizando después el diafragma, caso de que lo emplee, para taponar temporalmente el flujo menstrual durante la cópula. No obstante, debe quitarse el diafragma poco después de terminar el coito (tomando la precaución de hacerse una nueva irrigación si no se emplea ningún otro contraceptivo y desea evitar el embarazo). El varón, como ya hemos indicado, puede utilizar un preservativo en este caso, aunque no suela emplearlo corrientemente.

En el caso de individuos que no deseen efectuar la cópula durante el período de su esposa, pero que experimenten un vivo apetito sexual durante el mismo, existen otras formas de estímulo, especialmente la manipulación de los órganos genitales, capaces de provocarles el orgasmo. Si la esposa prefiere abstenerse totalmente, no hay motivo para que no procure satisfacer al marido con técnicas extragenitales.

Relaciones sexuales durante la enfermedad

En casi todos los matrimonios, es bastante frecuente que uno de ambos consortes caiga enfermo, mientras el otro permanece en buena salud. En tales ocasiones, muchas veces el cónyuge enfermo no debe efectuar la cópula ni cualquier clase de relaciones sexuales; en especial si éstas le han sido prohibidas por el médico. El otro cónyuge tampoco puede esperar entonces que el enfermo sienta demasiado interés por satisfacerlo sexualmente.

De todos modos, existen muchas clases de enfermedades en las cuales será posible efectuar relaciones sexuales normales, si éstas no son demasiado fatigosas; del mismo modo que se aconsejan ejercicios moderados, a los individuos que se reponen de ciertas operaciones y enfermedades.

Aunque uno de los cónyuges sufra una grave enfermedad, por ejemplo una dolencia cardíaca, muchas veces puede serle más beneficioso efectuar relaciones sexuales de vez en cuando y sin que éstas resulten demasiado fatigosas, que abstenerse totalmente de ellas.

En tales casos, hay que tener cuidado en adoptar ciertas posturas para el coito que resulten satisfactorias para el cónyuge enfermo. Son preferibles las posiciones en que éste permanezca en una relativa pasividad. Así, si el cónyuge enfermo se tiende de costado o de espaldas, en vez de ponerse encima de su pareja, es probable que se fatigue menos que si adoptase una posición más activa. Con frecuencia son preferibles otras actividades que produzcan el orgasmo al cónyuge enfermo, sin tener que acudir al coito.

Cuando uno de los cónyuges esté enfermo o convaleciente, son muy importantes las circunstancias que rodean a sus relaciones sexuales. Por lo general, el cónyuge enfermo o convaleciente debe entregarse a los juegos eróticos cuando esté bien descansado, con ánimo tranquilo, de buen talante, no haya sostenido relaciones recientemente y no se disponga a efectuar ejercicios violentos después de su actividad sexual. *Insistimos:* los individuos que sufran graves dolencias o achaques, no deben efectuar escarceos preliminares muy prolongados; será mejor siempre, como se dice vulgarmente, ir "directamente al grano".

Cuando un individuo enfermo no pueda efectuar la cópula ni cualquier clase de relaciones sexuales, a menudo no hay motivo para que no pueda satisfacer de alguna manera a su pareja. En particular cuando uno de los consortes sufra una dolencia o lesión de curación larga pero que no le debilite; debe hacer todo lo posible para satisfacer sexualmente a su pareja, o de lo contrario, es probable que surjan sentimientos de hostilidad latentes o manifiestos.

En todas las enfermedades graves, quien tiene la última palabra es el médico, pues él es el único que puede decidir si un paciente determinado, afligido por una enfermedad concreta, puede sostener relaciones sexuales, y cómo pueden ser éstas (Klumbies y Kleinsorge, 1950). Pero suponiendo que el médico no haga objeciones, la pareja en cuestión no debe considerar de antemano una enfermedad o una herida como señal de que las actividades sexuales deben cesar completamente. El sentido común y el amor son tan esenciales en todo lo tocante al sexo como en los restantes aspectos de la vida conyugal.

Las relaciones sexuales durante el embarazo

La clase y frecuencia de las actividades sexuales durante el embarazo varían enormemente, de acuerdo con el

218

estado general de salud de la esposa y el desarrollo de la gestación. En la mayoría de los casos, en que ésta se desarrolla normalmente y no hay motivos para creer que surjan dificultades extraordinarias, las relaciones coitales y no coitales pueden continuar hasta cuatro o seis semanas (y a veces hasta dos semanas) antes del parto. Pero en otros casos, la cópula u otras modalidades de relaciones sexuales deben tener que cesar inmediatamente después de manifestarse el embarazo, pues la excesiva estimulación de la esposa pudiera producir un aborto.

Cuando se sostengan relaciones sexuales durante el embarazo, habrá que observar las siguientes precauciones:

1. El coito deberá efectuarse en una postura que no ejerza una presión excesiva sobre la región abdominal de la esposa. La introducción lateral o posterior son las posturas aconsejables (como se indica con mayor detalle en la capítulo noveno).

2. La introducción profunda del pene en la vagina debe evitarse y debe disminuir a medida que avanza el embarazo. Hay que adoptar extremadas precauciones, como observa Cauldwell (1958), a partir del sexto mes. "Aunque algunos creen que es necesaria una total introducción del órgano —escribe—, un número de mujeres sorprendentemente elevado alcanzarán el orgasmo con una ligera introducción, a pesar de que con una introducción profunda no lo consigan."

3. Ambos cónyuges deben velar por la más escrupulosa limpieza de sus órganos genitales al disponerse a práctícar el coito.

4. Sería aconsejable abstenerse del coito durante las últimas dos o cuatro semanas del embarazo. Pero en realidad, parece haber muy pocas pruebas de que la práctica del coito, hasta la víspera del parto, sea perjudicial (puesto que algunos pueblos primitivos, como los Chukchee, parecen practicarlo sin resultados nocivos); pero probablemente sea preferible adoptar las máximas pre-

cauciones al respecto, absteniéndose durante las últimas semanas.

Estas reglas no se aplican con tanto rigor en lo que se refiere a las relaciones no coitales, en particular a los medios de satisfacer al marido sin recurrir a la cópula. Los estímulos manuales y orales son recomendables como sustitutos del coito, cuando éste se desea pero no es aconsejable practicarlo.

Relaciones sexuales durante la menopausia
o cambio de vida

Las mujeres pueden alcanzar la menopausia o cambio de vida entre los cuarenta y los cincuenta años de edad; experimentando entonces profundos cambios hormonales y físicos. Existen pruebas menos concretas de que los hombres experimenten un cambio semejante a esta edad; pero, cuando las personas de ambos sexos alcanzan los sesenta años, suelen sufrir importantes pérdidas de los ésteres sexuales que contribuyen a regular buena parte de las funciones orgánicas, pudiendo necesitar una aportación de hormonas sexuales (Masters, 1955, 1957b, 1958; Masters y Ballew, 1955). Si nada se hace por evitarlo, ambos sexos tienden a ingresar en la categoría de Masters denomina "género neutro".

Además de lo expuesto, algunos hombres y mujeres, dominados por sentimientos de fracaso o frustración al alcanzar la media edad, se sienten dominados por la depresión y el desaliento al ver que se aproximan sus años de decadencia física; esto los somete a una dura prueba, espiritual y física. Si estos individuos se hubiesen sentido más tranquilos espiritualmente y su vida hubiese tenido un objetivo más racional, es posible que los síntomas del "cambio de vida" les hubieran afectado menos gravemente (Lazarsfeld y Kadis, 1958).

Un mito que suele prevalecer es de que cuando una mujer pierde sus facultades reproductoras al alcanzar la menopausia (porque sus ovarios dejan de funcionar), también pierde su apetito sexual. Esto no es necesariamente cierto, aunque pueda perder temporalmente su apetito al experimentar el cambio de vida. En muchos casos, sin embargo, suele suceder lo contrario: El apetito sexual de la mujer aumenta notablemente durante la menopausia.

Una vez terminada la menopausia, no hay razón alguna para que una mujer no lleve una vida sexual razonablemente activa. En muchos casos se encuentra ya libre del temor al embarazo y como nuestra época ya ha superado ampliamente las timideces puritanas, puede experimentar un deseo mucho mayor al doblar el recodo de la madurez. Es mucho más probable que en muchos casos sea el apetito sexual del esposo el que experimente una notable disminución... no a causa de un "cambio" espectacular, sino porque el hombre suele declinar sexualmente, de una manera lenta pero segura, a partir de los veinte años.

Pero la actividad sexual en el crepúsculo de la vida constituye la regla y no la excepción. Un estudio publicado recientemente en la revista de *Cirugía, Ginecología y Obstetricia* indica que sólo un pequeño porcentaje de mujeres jóvenes (de edad inferior a los treinta años) que sufrieron histerectomía, o sea ablación del útero y los ovarios, experimentó unas relaciones sexuales algo menos satisfactorias; las restantes no experimentaron cambio alguno o sus relaciones sexuales incluso fueron más satisfactorias que antes. De manera similar, las mujeres de más edad, si los ovarios dejan de funcionar después de la menopausia, pueden verse poco afectadas en el terreno sexual, aunque la morfología de sus órganos genitales haya cambiado; los labios de la vagina se hacen más finos y pequeños y el útero disminuye progresivamente de tamaño (Herrick, 1957; Mills y Cameron, 1959).

El *Diario Médico Británico* observa que a veces puede tener lugar un coito doloroso en las mujeres que han pasado la menopausia, como resultado de la atrofia de las glándulas lubricantes. Dicho estado puede remediarse acudiendo al empleo de una glatina lubricante adecuada durante la cópula. A veces puede ser deseable administrar hormonas femeninas de una manera local o general. Pero si la pareja goza de buena salud y no presenta deformaciones patológicas, el "coito regular puede mantenerse satisfactoriamente, por lo general, hasta la propia vejez, con gran provecho y agrado para ambos participantes".

LeMon Clark (1959a) observa también que "lejos de ser perjudicial para la salud en la edad madura y en la vejez, la relajación nerviosa y emocional que acompaña a una experiencia sexual completa puede producir efectos claramente beneficiosos. Incluso en los casos de hipertensión vascular, de elevada presión arterial, los intentos por prescindir de la cópula, susceptibles de crear tensiones emocionales en el individuo, pueden ser mucho más nocivos que la tensión producida por unas relaciones sexuales moderadas y razonables, que provoquen la disminución de la tensión que acompaña al orgasmo."

Los ajustes sexuales de la edad madura se conseguirán mejor si ambos cónyuges, al rebasar los cincuenta o los sesenta años de edad, consideran de manera realista su impulso sexual, aceptándolo *tal como es* sin tratar de excitarlo o amortiguarlo artificialmente. Si aún son bastante vigorosos en el terreno sexual, tanto mejor. Que sean tan activos como deseen, suponiendo que no se hallen afligidos por afecciones orgánicas que pudieran hacer peligroso el coito.

Si el marido y la mujer no se sintiesen tan excitados sexualmente durante la menopausia de la mujer, o después de ésta, como antes solían estarlo, será mejor que acepten de buen grado este hecho, sin empezar a pensar que el ya no es "masculino" ni ella "femenina", o que

222

ambos ya no sirven. El sexo no es todo en la vida, pese a que sea una de sus partes principales; pero desde luego no lo es todo (Daniels, 1953).

Es probable que el mayor peligro que presentan la madurez y la vejez bajo el punto de vista sexual, es el de que uno de ambos cónyuges pierde el apetito sexual en mayor grado que el otro, aunque antes ambos estuviesen bastante equilibrados a este respecto. En algunos casos, será el apetito sexual del marido el que decrecerá, mientras que en otros casos el varón conservará su vigor sexual hasta después de los setenta años, mientras que la mujer pierde sus deseos sexuales varios años antes.

Tanto en un caso como en otro, los estímulos extracoitales adquieren una verdadera importancia, si los esposos desean continuar practicando unas buenas relaciones amorosas. El cónyuge que sienta menos apetito sexual aún podrá, en casi todos los casos, satisfacer al que sienta mayor apetito; aunque será necesario que *desee* hacerlo, por amor, sentimientos amistosos y la voluntad de continuar unas buenas relaciones. A menos que las exigencias de uno de los cónyuges sean desorbitadas —lo cual no es probable en el caso de la mayoría de individuos mayores de cincuenta años— no tiene que ser muy difícil efectuar un perfecto ajuste sexual, si el cónyuge más frío apela a su buen sentido y a su afecto por el otro.

13 | ABERRACIONES SEXUALES

Resulta sorprendentemente difícil definir con exactitud lo que es una aberración sexual. En los manuales y en las conferencias se consagra a menudo grandes cantidades de espacio y de tiempo para comentar las llamadas aberraciones, perversiones o anormalidades; con todo, los autores no están muy de acuerdo acerca de lo que constituye en esencia una aberración sexual.

Según he demostrado en comunicaciones y libros publicados con anterioridad (A. Ellis, 1952b, 1954b, 1958c), diversas autoridades insisten en que un acto sexualmente aberrante o pervertido será aquél que: *a)* sea estadísticamente anormal o practicado raramente por las personas que constituyen la población de un país; *b)* inadecuado bajo el punto de vista biológico o reproductor; *c)* malsano o poco maduro psicológicamente; o bien *d)* "malo" o "equivocado" bajo el punto de vista ético o moral. Pero yo afirmo que ninguno de estos criterios es satisfactorio porque, en última instancia, todos ellos dependen principalmente de normas sociales o de ideas culturales aceptadas; y estas normas y estas ideas difieren enormemente de una comunidad a otra.

Así, si hay que creer a las estadísticas, en los países occidentales prevalecen la masturbación, las caricias y los juegos eróticos; mientras que en cambio, entre los jóvenes árabes el homosexualismo parece ser más frecuente.

¿A quién, pues, debemos llamar desviados o anormales, sexualmente hablando... a los occidentales o a los árabes?

Bajo el punto de vista de la salud mental o de la "madurez" afectiva, puede ser sano y maduro que una joven escandinava dé a luz un hijo "ilegítimo"; pero malsano y "prematuro" que una joven soltera norteamericana haga lo mismo. Y si bien se consideraba el homosexualismo como una actividad relativamente "normal" entre los antiguos griegos; las tendencias homosexuales (como veremos más adelante) se consideran claramente "anormales" o "neuróticas" cuando se manifiestan en los norteamericanos modernos.

Desde el punto de vista biológico o procreativo, todos los actos que no conduzcan a la reproducción, como la masturbación y los juegos eróticos, tendrían que considerarse perversos; mientras que, de acuerdo con estas normas, el estupro, la violación o la persecución de menores de edad, tendrían que considerarse actos perfectamente "normales". Asimismo el empleo de anticonceptivos, durante la cópula, debería considerarse como algo anormal o aberrante.

Bajo el punto de vista moral o teórico, el hecho de que la mujer experimente el orgasmo durante la cópula con su marido puede considerarse igualmente perverso (como en realidad lo consideran los miembros de algunas comunidades, y también algunos grupos de fanáticos religiosos de nuestro propio país); mientras que el hecho de que la mujer no experimente satisfacción sexual, con su marido, puede considerarse prácticamente como un crimen entre otras comunidades (como al parecer sucede entre algunos grupos de románticos, notables por su fanatismo, que se cuentan entre nuestros liberales de vanguardia). ¿Cuáles de estas mujeres debemos considerar pervertidas: las que experimentan el orgasmo durante las relaciones maritales, o las que no lo experimentan?

Aunque las definiciones en uso de las aberraciones sexuales puedan parecer basadas en prejuicios y de miras estrechas, y ninguna de ellas pueda sustentarse de manera absoluta, parece existir una que, en efecto, es válida tanto para las personas de nuestra propia sociedad, como para casi todos los individuos pertenecientes a otras sociedades: a saber, el enfoque psicosocial de la aberración.

Esta definición se base en el supuesto, que yo fui el primero en dejar sentado en *La Tragedia sexual Americana* (1954b), de que un individuo que no presente defectos sexuales (por ejemplo, lesiones en el pene o deficiencias neuromusculares) podrá considerarse aberrante sexual si *sólo* y en *cualquier* circunstancia pudiese gozar con una forma especial determinada de actividad sexual: o bien si sintiese una obsesión por determinada conducta sexual, o se limitase por miedo o por cualquier otra causa, a una o dos formas de participación sexual.

Esta definición de la aberración sexual —o la neurosis sexual —es la única que parece estar de acuerdo con la que suele darse para las aberraciones o neurosis de carácter no sexual. Un neurótico no sexual es un individuo que, a causa de determinado temor infundado e ilógico, se muestra partidario de una determinada conducta (por ejemplo, encerrarse en su habitación), rehusando practicar otras clases de conducta (asistir a reuniones de sociedad, por ejemplo, o viajar en tren). De manera similar, un individuo neurótico o aberrante sexual, se considera un individuo que, a causa de un temor irracional, se abstiene rigurosamente de practicar determinada conducta (la heterosexualidad, por ejemplo) limitándose exclusivamente a otra (el homosexualismo, la masturbación, etc.).

Del mismo modo, un neurótico no sexual suele experimentar con frecuencia un apego obsesivo por determinada forma de conducta; por ejemplo, tocar las tablas de una cerca, mantener su habitación en un estado de escrupulosa limpieza, orden y aseo, o experimentar un afecto exagerado por su madre. Y un neurótico o aberrante sexual podrá sentir una atracción obsesiva por determinada forma de conducta sexual: por ejemplo, copular con mujeres que tengan los pies pequeños, o que lleven falda-pantalón para deporte, o que lo flagelen sin piedad.

Esto no significa que los individuos no pueden preferir *lógicamente* una clase de conducta sexual (o no sexual) a otra. Desde luego pueden hacerlo (Kepner, 1959). Así, será posible que una mujer prefiera quedarse en casa en vez de asistir a reuniones sociales, o prefiera el amor sáfico al heterosexual; a condición de que durante un tiempo razonable haya *probado* ambas alternativas (es decir, que haya probado la vida social y la vida solitaria, o el heterosexualismo y el amor lesbiano), para decidir luego la que prefiere.

No obstante, si esta misma mujer nunca hubiese probado, o sólo lo hubiese hecho en contadas ocasiones determinándose por la vida de relación, por ejemplo, o las relaciones sexuales con el otro sexo, y pese a ello siguiese insistiendo en que son actividades monótonas y que no le producen placer, podemos suponer únicamente que se halla dominada por un temor irracional de estos actos y que se siente irresistiblemente atraída hacia otras actividades, a causa de este mismo temor. En tales circunstancias, habrá que considerarla una neurótica.

Es más aún: incluso si esta mujer probase la vida sexual y la heterosexualidad, para encontrarlas actividades relativamente poco satisfactorias, comparadas con la permanencia en casa y las prácticas homosexuales, resultaría sospechoso el hecho de que *siempre* y en *todas* las circunstancias, se atuviese estrictamente a sus preferencias. Admitiendo que por lo general le desagradase la vida de relación, ¿por qué tendría que encontrarlas siempre desagradables, en especial teniendo en cuenta que algo podría ganar con ella, por ejemplo, una mejora en su trabajo o algo parecido? Y admitiendo que prefiriese a las lesbia-

nas, ¿por qué tendría que practicar siempre actos les-
bianos, incurriendo en los graves y posibles perjuicios que
esto le pudiera acarrear, negándose a practicar actos heterosexuales, expuestos a menos riesgos, aunque a veces
menos satisfactorios?

Si por un momento nos olvidamos del sexo y traslada-
mos el problema de la aberración y la neurosis a un problema análogo, por ejemplo, el acto de comer, las actitudes que constituyen el núcleo oculto de la aberración se
harán probablemente mucho más claras y evidentes.

Supongamos, por ejemplo, que un individuo que goce
de buena salud y no se halle sujeto a reacciones alérgicas
especiales pruebe toda clase de alimentos, coma a diferentes horas y utilice diversos tipos de vajilla. Por último
llegará a la conclusión de que prefiere el estofado a cualquier otro plato, que le gusta hacer una sola comida copiosa al día, a las tres de la madrugada, servida en vajilla
azul. Teniendo en cuenta estas circunstancias, son muchos
los que considerarían rara la conducta de este individuo;
pero no existiría ningún fundamento científico para ta-
charlo de neurótico o aberrante.

Pero vamos a suponer que este mismo individuo se em-
peña, sin haber efectuado otras pruebas apenas, en comer
únicamente estofado, y hacerlo *solo* a las tres de la madrugada, aunque se muera de hambre; y esta comida debe
hacerla *exclusivamente* en platos azules, rechazando los
de cualquier otro color. Supongamos también que, aunque la carne y las patatas fuesen prohibidas arbitraria-
mente en la ciudad donde vive este individuo, y los que
las comiesen fuesen castigados severamente, él *aún* insistiese en ingerir únicamente esta clase de comida, negándose a tocar cualquier otro manjar, aunque resulte muy
fácil conseguirlo. O vamos a suponer que cualquier otra
clase de alimento le produce una profunda repulsión,
salvo la carne y las patatas; experimentando un profundo

disgusto cada vez que ve a otras personas ingiriendo aquellos alimentos que a él le resultan repugnantes.

Semejante individuo, evidentemente, sentirá un temor ilógico pero muy marcado ante otras clases de alimentos, o ante unas horas distintas de comer, o ante la vajilla que no sea azul. Bajo un punto de vista psicológico, será un ser claramente anormal, dominado por ideas fijas y por obsesiones, o sea un neurótico.

Supongamos ahora —para acudir a un ejemplo opuesto— que a una persona le gusten muchas clases de alimentos pero que, sin haber probado nunca el estofado, o después de haberlo probado una o dos veces, lo haya encontrado poco satisfactorio, o después de probarlo únicamente cuando se ha convencido de que no puede ser apetitoso, insistiese en que esta clase de alimentos *debe ser* profundamente repulsivo y no volviese a probarlo o lo probase de vez en cuando, dominado por grandes prejuicios, sin dejar de afirmar que es insípido o desagradable. Bajo un punto de vista psicológico, este individuo dominado por tales fobias tendría que clasificarse también como un neurótico indudable.

Del mismo modo, existen individuos con ideas fijas u obsesiones en el terreno sexual. Haciendo caso omiso, de manera irracional, de las *numerosas* formas posibles de participación sexual, muestran un rígido apego por una o dos formas determinadas. En algunos casos, también intentan diversos actos sexuales (por ejemplo, la masturbación, el homosexualismo, el exhibicionismo y el fisgoneo) pero, dominados por el temor, se abstienen de otras prácticas comunes (las relaciones heterosexuales, por ejemplo).

Otra cosa muy diferente sería si tales individuos, sin temor y después de probarlo sin prejuicios, se limitasen a *preferir* una clase de determinada conducta sexual, *prefiriendo* eliminar las otras. Pero cuando experimentan una *obsesión* por una conducta determinada y *fobia* por las

229

demás, se trata de casos clarísimos de aberración o neurosis sexual.

Recuerdo a este respecto una anécdota que me contó Donald Webster Cory, autor de la excelente obra *El homosexual en Norteamérica,* y que es uno de los primeros bisexuales de nuestro país, acerca del día en que, encontrándose en medio de un grupo de declarados homosexuales, escuchaba cómo uno de ellos describía a sus compañeros un experimento realizado para comprobar el olor de los apósitos menstruales usados.

Según refiere Cory, casi todos los restantes miembros del grupo adquirieron una visible palidez y mostraron una desazón extrema, y varios de ellos dijeron que si quien hablaba no interrumpía aquel relato, empezarían a vomitar. Esto constituye un excelente ejemplo, en mi opinión, de los extremados prejuicios ideológicos que un neurótico o un aberrante puede adquirir ante el simple pensamiento de un objeto o un acto que le inspire un temor irracional (en este caso, el temor que sentían los homosexuales por los órganos genitales femeninos).

Es muy importante, en aras de la claridad científica, que nos atengamos escrupulosamente a nuestra exacta definición de las desviaciones sexuales; evitando incurrir en las supersticiones existentes, basadas en una errónea opinión de la sexualidad animal. Así, suele afirmarse que, teniendo en cuenta que los animales inferiores sólo practican las relaciones heterosexuales y que muy raramente o nunca apelan a la masturbación, la homosexualidad y otros actos parecidos, es "poco natural" y denota "perversión" que el hombre lo haga. Esto es una solemne majadería, pues los animales se masturban con frecuencia y acuden a menudo a las prácticas homosexuales. Además, el argumento de que como el hombre es un animal, tiene que hacer necesariamente lo que hacen los demás animales, tiene muy poca base, poco fundamento y apenas se sostiene.

El reverso de este argumento es igualmente falaz: a saber, que teniendo en cuenta que el hombre es un mamífero (como se encarga muy bien de recordarnos Kinsey y sus colaboradores) y los mamíferos practican toda clase de actos sexuales, del tipo homosexual inclusive, cuando los seres humanos se deciden por estos mismos actos, actúan de manera "normal", sin que pueda tildárseles de "anormales" o "pervertidos".

Este argumento es correcto en parte, teniendo en cuenta que la actividad homosexual no es anormal ni aberrante en *sí misma*, pues sus raíces se hunden profundamente en la herencia biológica polisexual del hombre. Pero cuando los actos homosexuales de un individuo se hacen obsesivos, dominados por el temor o se convierten en ideas fijas, entonces debemos insistir de nuevo en que son tan aberrantes como lo sería el hecho de que comiese, corriese o hiciese ruidos frenéticamente o de una manera obsesiva...; pues todo eso también forma parte de su ascendencia de mamífero.

Por otra parte, no debemos caer en la trampa, muy poco científica, de considerar "pervertido" —como hicieron los autores del Antiguo Testamento— cualquier acto sexual que no sirva para la procreación.

Hoy día sabemos, cosa que ignoraban los antiguos hebreos, que la finalidad de la sensualidad humana no es únicamente la perpetuación de la especie, sino la de proporcionar placer y esparcimiento. Si los actos no procreativos fuesen realmente aberrantes, tendríamos que tachar de pervertidos sexuales a millones de maridos que emplean preservativo.

Incluso un sexólogo de ideas tan liberales como Van de Velde (1926) comete la equivocación de definir la conducta sexual "normal" de la manera siguiente: "Aquellas relaciones sexuales que tienen lugar entre dos individuos sexualmente maduros del sexo opuesto; que excluye la crueldad y el empleo de medios artificiales para producir

231

sensaciones voluptuosas; cuya finalidad directa o indirecta es el logro de la satisfacción sexual y que, después de alcanzar cierto grado de estímulo, concluye con la eyaculación —o emisión— del semen al interior de la vagina, en el colmo casi simultáneo de la sensación —u orgasmo— de ambos participantes."

En esta definición, se tacha de "anormal", implícitamente, cualquier acto sexual que utilice medios artificiales (un aparato para dar masajes, por ejemplo), que esté teñido de sadismo, aunque sólo sea ligeramente, que no siempre se proponga terminar con el orgasmo, que no sea heterosexual, que resulte en el orgasmo extragenital para ambos participantes, y que termine en la cópula corriente, pero no en un orgasmo casi simultáneo.

Van de Velde se equivoca en todos sus asertos. Una conducta sexual perfectamente normal y no pervertida puede ser *a veces* homosexual, ligeramente sadomasoquista, contar con ayudas artificiales, no proponerse alcanzan el orgasmo, extragenital y sin que produzca el orgasmo simultáneo. Solamente cuando el participante en el acto sexual recurre de manera invariable a alguno de los actos descritos por Van de Velde, y lo hace movido por un temor irresistible o un sentimiento de hostilidad y no por pura preferencia, puede ser claramente llamado anormal o pervertido.

Tras de eliminar definiciones de la aberración que pecan de vagas y poco científicas, hay que dejar bien sentado que el hecho de que un ser humano ejecute muchos actos, que a menudo han recibido el calificativo de "anti-naturales", "contra natura" o "pervertidos" no indica necesariamente que dicho individuo sea un pervertido.

Así, si un varón se entrega a actividades homosexuales durante su adolescencia, para sostener relaciones heterosexuales al llegar a la edad adulta, pero reincidiendo de vez en cuando (en especial al encontrarse sin compañía femenina) en las prácticas homosexuales, no hay motivo justificado para llamarle homosexual o pervertido.

Un homosexual fijo es el individuo que, al llegar a la edad adulta, siente un interés *exclusivo* o *principal* por personas de su propio sexo, experimentando poco o ningún deseo por las personas del sexo opuesto.

El homosexual fijo es un pervertido, no porque se entregue a prácticas propias de un invertido sino porque, a causa del temor irracional que le inspira el otro sexo, rehuye las actividades heterosexuales. Si fuese verdaderamente bisexual o ambisexual y experimentase deseos espontáneos y no obsesivos por las personas de ambos sexos, no sería necesariamente un pervertido sexual o un neurótico. Con todo, en algunos casos podría experimentar trastornos afectivos, no por el hecho de alimentar sus deseos bisexuales, sino por ceder a ellos; del mismo modo que un individuo puede ser un neurótico, no por el simple hecho de tener el deseo de robar (cleptomanía) sino por ceder crónicamente a dicho deseo, al vivir en una comunidad en que el hurto esté severamente castigado.

Nuestros homosexuales típicos, tal como los que pueden "admirarse" en el Greenwich Village, son pervertidos o neuróticos no sólo porque se entregan a prácticas sodomitas sino porque generalmente son: a) homosexuales por un impulso irresistible; b) porque tienen un temor irracional ante las personas del sexo opuesto o éstas los repelen; c) porque les anima un sentimiento de rebeldía que les lleva a exhibir su homosexualidad, a pesar de los castigos legales y otras dificultades que acompañan tal exhibición; y d) porque, adoptando una actitud excepcionalmente defensiva en lo tocante a su pederastia, por lo general no quieren admitir que ésta sea limitada o neurótica, arguyendo por el contrario que son mejores o superiores a los heterosexuales. La aberración de estos homosexuales no consiste en la clase de acto sexual que practican sino en la *manera* impregnada de temor y hostilidad con que la practican.

Según Alfred Adler señaló hace muchos años (Ansbacher, 1958), el homosexual fijo, habitante típico de nuestras zonas urbanas, con todo su modo de vida (más que por sus simples actos sexuales) expresa: *a)* una exagerada diferencia psicológica que en su opinión existe entre el hombre y la mujer; *b)* una protesta más o menos arraigada contra su ajuste al acto sexual normal; *c)* una tendencia a despreciar a las mujeres; *d)* tendencias compensatorias para aliviar el sentimiento de inferioridad que experimenta frente al exagerado poder de la mujer; y *e)* una exhibición de una mayor hipersensibilidad, ambición, reto, desconfianza de los demás y el deseo de dominar. McReynolds (1959), Cory (1958) y R. Harper (1959b), aunque al parecer desconozcan la posición de Adler, están muy de acuerdo en la actitud defensiva, la autodestrucción y el espíritu seudo-creador de la inmensa mayoría de homosexuales fijos.

Una vez consigamos definir la desviación sexual en el terreno psicológico, debemos mostrarnos consecuentes y objetivos acerca de lo que calificamos como aberrante. Del mismo modo como calificamos a una persona de pervertida a causa de sus hábitos fijos de homosexual, también podríamos a veces dar la misma calificación a otra, a causa de sus hábitos fijos e invariables de carácter heterosexual.

Así, existen numerosos heterosexuales que bajo ninguna circunstancia pensarían en renunciar a sus acostumbradas actividades heterosexuales para dedicarse a la masturbación o a la pederastia... aún en el caso, por ejemplo, de que se hallasen encarcelados con personas del propio sexo durante treinta años. Y existen otros muchos heterosexuales que, durante sus relaciones conyugales, sólo practican una forma de actividad, como el concúbito con el varón sobre la hembra, sin acudir bajo ningún pretexto, a las caricias, a los besos u a otras posiciones para el coito.

Es evidente que semejantes individuos están dominados por un *temor* arbitrario o irracional de las relaciones no-heterosexuales o no coitales. Por consiguiente, aunque la forma de su actividad sexual sea perfectamente "normal", su actitud general ante el sexo es aberrante o anormal.

¿Quiere esto decir, pues, que el único individuo de nuestra sociedad que puede considerarse perfectamente normal, en el terreno sexual, será aquél que se entrega a toda clase de actividades, relaciones heterosexuales, homosexuales y con animales inclusive?

Por supuesto que no; del mismo modo que tampoco afirmaríamos que fuese anormal una persona a quien no le gustasen completamente todas las clases de comidas existentes.

Una *razonable* restricción o limitación de los deseos y actos sexuales, de acuerdo con los gustos personales, es algo completamente normal; y también hay que esperar una canalización razonable de estos deseos, especialmente en un país como el nuestro, donde la ley y las costumbres ejercen una activa propaganda entre los ciudadanos contra determinadas prácticas sexuales, como las actividades homosexuales, por ejemplo, y a favor de otras prácticas, heterosexuales.

No obstante, sigue en pie el hecho de que cuando un individuo de nuestra sociedad se limita *completamente* y en *cualquier* circunstancia a una, y solamente a una forma de conducta sexual muy especializada, haciéndolo no por simple preferencia, después de haber realizado considerables pruebas, y no a causa de una anomalía física poco corriente, sino impulsado por un sentimiento arbitrario, ilógico o inducido por el temor, entonces diremos que es un aberrante o un neurótico sexual.

Del mismo modo, el individuo que utilice diversas válvulas de escape sexual, pero que bajo ninguna circunstancia quiera probar otros tipos corrientes de actividad sexual (por ejemplo, la masturbación, el coito, las caricias o los besos genitales), será un individuo aberrante hasta cierto punto, aunque quizá en menor grado que la persona que emplee exclusivamente un solo modo de satisfacerse.

Si la actividad sexual, a la que la persona aberrante se atuviese exclusivamente, fuese muy común, amplia y mereciese la aprobación de la sociedad, en tal caso apenas podría considerársele aberrante o neurótico.

Así, un individuo de nuestra sociedad que sólo se entregase a relaciones heterosexuales, con besos, caricias y diversas posiciones para el coito, pero que bajo ningún pretexto quisiese masturbarse o sostener relaciones homosexuales, podría considerarse un caso leve de aberración sexual.

Del mismo modo, una persona que se entregue a la masturbación, a las caricias y practique varias formas de concúbito heterosexual, pero que en ninguna circunstancia quiera probar las relaciones orales-genitales (que hoy empiezan a gozar de la aceptación de las personas cultas) con su pareja, también es un caso de aberración, pero en menor grado.

Por otra parte, el individuo de nuestra sociedad que, en condiciones normales, se niega a sostener relaciones sexuales con personas del propio sexo o con animales (bestialidad), apenas merece el nombre de aberrante, pues se trata de actividades mal vistas y rigurosamente castigadas por la ley. Al propio tiempo, si este mismo individuo se negase, en condiciones completamente *anormales* (por ejemplo, en una isla desierta, donde no habría otra alternativa sexual), a tener en cuenta la posibilidad de sostener relaciones homosexuales o con animales, en tal caso estaríamos justificados en llamarlo aberrante, aunque leve.

Incluimos en nuestro concepto de aberración sexual,

dicho de otro modo, los conceptos del *fetichismo y el anti-fetichismo*. Cuando una persona se halla dominada por un impulso irracional o siente el deseo vehemente de efectuar un acto sexual determinado, limitado y a veces extravagante, a fin de conseguir satisfacción, es un fetichista y por lo tanto un individuo aberrante. Si abriga prejuicios arbitrarios o inspirados por el temor hacia cualquier forma de actividad sexual, en particular la que goce de amplia aceptación en la sociedad en que vive, entonces será un anti-fetichista y por lo tanto un individuo aberrante.

Hay que diferenciar, pues, en nuestro concepto de la aberración sexual, entre *a)* aberrantes sexuales y no aberrantes, y *b)* aberrantes graves y leves. Todos los aberrantes sexuales, decimos, limitan de una manera irracional y arbitraria sus actividades sexuales latentes; dando un rendimiento inferior al que podrían dar, a causa del temor que sienten, o dando un rendimiento superior, impelidos por sentimientos irresistibles.

Los individuos aberrantes leves limitan menos los actos que pueden producirles placer que los aberrantes graves. Así, un aberrante leve puede practicar diversas formas de conducta sexual (incluyendo la masturbación, la homosexualidad y los juegos eróticos con mujeres), absteniéndose temerosamente de practicar otras formas (la cópula heterosexual, por ejemplo).

Un aberrante grave mostrará tendencia a limitarse a un solo acto determinado (como el exhibicionismo, la masturbación o las relaciones homosexuales con adolescentes), absteniéndose de todos los demás actos o la mayoría de ellos.

También debemos distinguir entre los aberrantes sexuales que cometan transgresiones castigadas por la ley y los que no las cometan. Así, el individuo aficionado únicamente a la masturbación o que sólo se excita sexualmente cuando su pareja lleve pantalones rosados, por lo general no cometerá ningún acto delictivo al seguir su inclinación aberrante; mientras que el individuo que se entregue exclusivamente a prácticas homosexuales, o sostenga relaciones con animales, será un "sex offender" si reside en los Estados Unidos o en casi todas las naciones civilizadas. Los individuos aberrantes que cometan delitos castigados por el Código penal mostrarán tendencia a hallarse más alterados, en el aspecto emocional y afectivo, que los que no cometan estos crímenes; ya que, al ejecutar actos ilegales, se comprometen y se sienten animados por sentimientos derrotistas. Sin embargo, muchos pervertidos dominados por un excepcional trastorno afectivo no han cometido jamás el menor crimen de los castigados por la ley.

Consideramos a continuación otra clase de posible aberración sexual, que podríamos denominar *sexualidad desordenada* o sexualidad *general compulsiva*.

Algunas autoridades, entre las que se cuentan Allen (1949), Kahn (1937), Karpman (1955) y Pollens (1938), han señalado que los aberrantes sexuales, en particular los que son detenidos por delitos contra el pudor, suelen dedicarse a diversas clases de actividades. Así, el mismo individuo puede ser detenido por exhibicionismo, fisgoneo y homosexualidad; y, al propio tiempo, este individuo puede estar casado y haberse entregado con éxito y numerosas veces a la cópula heterosexual. Es evidente que no se trata de un tipo fetichista, ni anti-fetichista; pero también lo es que, teniendo en cuenta las dificultades en que constantemente se ve envuelto por su pasión incontrolada y del irresistible impulso que con frecuencia le obliga a efectuar nuevos atentados contra el pudor, apenas puede considerársele sexualmente normal.

Según mi propia experiencia con esta clase de pervertidos, al frente del Departamento de Psicología del Centro de Diagnósticos del Estado de Nueve Jersey (perfecta atalaya psiquiátrica para estudiar a los delincuentes sexuales) y también en mi consultorio particular de psicoterapéutica, he podido comprobar que este tipo generalizado de aberrante sexual es un ser muy disociado, contradictorio o compulsivo y que este desorden proviene de una inteligencia subnormal o de un extremado trastorno emotivo, pudiéndose hallar ambos síntomas juntos.

Por lo general, estos individuos son más o menos psicópatas; y del mismo modo que se sienten impulsados a cometer toda clase de actos no sexuales extravagantes (por ejemplo, hurtos sin objeto, incendios, agresiones, atracos e incluso asesinatos), se ven compelidos por sus ideas completamente desordenadas, a cometer diversos tipos de aberración sexual que pueden ser inofensivos en sí mismos, pero que están prohibidos por la sociedad.

Este tipo de individuo, de una sexualidad generalmente disociada o compulsiva, difiere de manera muy significativa del aberrante fetichista o anti-fetichista corriente, en muchos aspectos. El único punto de coincidencia que presentan es el del trastorno emotivo; pero el aberrante más corriente puede ser (aunque no necesariamente) mucho menos trastornado o confuso que el aberrante sexual de tipo general.

La aberración sexual, pues, proviene de las *ideas* inflexibles, ilógicas, sistematizadas, irracionales, pueriles y fijas, de carácter fetichista (o anti-fetichista), que un individuo pueda sustentar acerca de lo que es capaz o no es capaz de hacer en el terreno sexual. Para ser auténtica, esta aberración no debe referirse necesariamente al hecho de que *practique* determinada forma de conducta sexual, sino a su deseo de adherirse a determinada aberración; aunque nada se oponga a que practique otras formas de relación sexual.

El individuo que sea exclusivamente homosexual porque no disponga de mujeres, no será necesariamente aberrante; pero el que desee exclusivamente sostener relaciones sexuales con miembros de su propio sexo, aunque no se entregue a prácticas homosexuales por temor a la justicia o no tenga el valor de arriesgarse a recibir una negativa por parte de otros hombres, es en realidad un tipo aberrante. Será aberrante declarado el que ponga en práctica sus ideas provocadas por el temor; será un aberrante latente el que desee hacerlo, pero por una razón u otra no lo haga.

Muchos psicólogos y siquiatras, en particular los de la escuela freudiana, hablan de "homosexualidad latente" refiriéndose a individuos que creen de una manera consciente que son heterosexuales pero que inconscientemente se sienten atraídos por las personas del propio sexo. Esta definición de la homosexualidad latente es excepcionalmente vaga y nebulosa, puesto que prácticamente todos los seres humanos considerados normales poseen *algunas* tendencias homosexuales subconscientes. El simple hecho de que todos seamos bisexuales o plurisexuales, biológicamente hablando, significa que en la mayoría de los casos podamos sentir *a veces* la atracción sexual hacia personas del mismo sexo; e incluso, como demuestra el informe Kinsey, que tengamos algunos lances homosexuales en un momento u otro de la vida.

Con todo, la verdadera homosexualidad latente existe cuando un individuo cree de manera consciente que es totalmente o casi totalmente heterosexual, pero, de manera subconsciente pero real, posea *considerables* inclinaciones homosexuales, que pueden ser *casi exclusivas.* Es un hecho cierto la existencia de esta homosexualidad latente en algunos individuos, si hemos de creer las pruebas clínicas; pero es dudoso que existan en nuestra sociedad homosexuales latentes, en el verdadero sentido de la palabra.

Otro concepto clásico del psicoanálisis, que por desgracia ha arraigado profundamente desde que Freud lo expuso (Freud, 1938), es la idea de que los seres humanos presentan una perversión polimorfa "natural" —o sea, que son plurisexuales biológicamente— y que el proceso "normal" consiste en pasar primero por la etapa de la masturbación, después la de la homosexualidad, y, por último, la de la heterosexualidad.

Según esta teoría, cuando los individuos no alcanzan finalmente el estado heterosexual, permaneciendo "fijos" en las etapas de perversión polimorfa u homosexual, son unos aberrantes. También afirma que los individuos poseen instintos sexuales pregenitales o parciales, como los de desear las caricias, los abrazos, los besos y los contactos anales y que cuando permanecen fijos en las etapas pregenitales, vuelven a convertirse en aberrantes: homosexuales, sadomasoquistas, exhibicionistas, etcétera.

Aunque esta teoría freudiana tenga cierto grado de validez —pues lo seres humanos son biológicamente plurisexuales y pueden fijarse en un aspecto determinado de su gama sexual potencial, convirtiéndose así en unos aberrantes—, contiene una flagrante falsedad: a saber, que existen etapas "normales" casi invariables del desarrollo sexual humano y que las personas corrientes deben pasar por todas ellas, cronológicamente.

En realidad, como he descubierto en muchos individuos a los que he sometido a una intensa psicoterapia y como ha observado Pomeroy (1958), algunas personas no pasan por determinadas etapas (por ejemplo, nunca piensan en la posibilidad de sostener relaciones homosexuales, ni las practican); otros individuos recorren ciertas etapas al revés (por ejemplo, pasan primero por una fase homosexual y *después* por una fase masturbatoria); y aún los hay que pasan fácilmente de una etapa a la otra, en ambas direcciones (por ejemplo, empiezan por ser heterosexuales, después homosexuales y terminan siendo de nuevo heterosexuales); y también los que no se ajustan a ninguna de estas normas.

La aberración sexual, pues, no consiste en una regresión o una fijación a una etapa "normal" primitiva del

241

desarrollo sexual; sino más bien en una fijación sobre una forma de la sexualidad claramente delimitada o disociada, en *cualquier* etapa de la vida del individuo. Esto trae aparejado *a)* el plurisexualismo biológico o sea la *capacidad* de experimentar satisfacción sexual de varias maneras distintas y en todas las épocas de la vida de un individuo; y b) en el terreno psicológico, fetichismo, anti-fetichismo o compulsividad.

La aberración, en última instancia, es una renuncia arbitraria, pueril e inspirada por el temor a algunas de las capacidades innatas de disfrute sexual, o una negativa igualmente pueril y provocada por un sentimiento anárquico de rebeldía a ejercer un grado razonable de contención social sobre los propios apetitos sexuales. Así considerada, la aberración sexual equivale a una especie particular de neurosis o psicosis.

Causas de la aberración sexual

Aunque los individuos aberrantes han sido estudiados clínica y experimentalmente durante el siglo pasado y las autoridades se hallan muy de acuerdo acerca de las causas fundamentales de la aberración, aún subsiste un considerable desacuerdo, en particular por lo que respecta a las causas de la homosexualidad.

Las autoridades más antiguas en esta materia, entre las que creemos oportuno enumerar y recordar, son: Krafft-Ebing (1922), H. Ellis (1935), Hirschfeld (1920, 1936, 1948), Bloch (1908), Carpenter (1911, 1914), Forel (1922), Moll (1912, 1931, y W. Robinson (1912, 1929), se muestran casi unánimes en afirmar que el homosexualismo es constitucional, que los homosexuales son innatos y no se hallan condicionados por el medio ambiente, y que la aberración sexual está causada por desequilibrios hormonales y generativos, o por ambos a la vez. Esta opinión, con ciertas modificaciones, es la que han sustentado también en fecha más reciente: Gide (1952), Baker (1959), Bauer (1934), Benjamin (1959), Brunori (1958), Curran (1938), Glass y McKennon (1937) Kallman (1952), Lang (1940), Mercer (1959), Neustadt y Myerson (1940), Newman (1936), Rosanoff (1938), Sanders (1936), Simpson (British Medical Assn., 1955), Steinach (1940), Witschi (1932, 1937, 1942), y Wright (1935, 1938, 1941).

Por otra parte, la inmensa mayoría de los psicólogos, psiquiatras, obreros sociales psiquiátricos, sociólogos y otros profesionales contemporáneos, están completamente convencidos de que la homosexualidad y otras aberraciones sexuales no están causadas por factores hormonales, constitucionales o genéticos, sino que son el resultado de influencias psicológicas o del medio ambiente. La lista de los principales defensores de esta tesis ocuparía varias páginas. Citaremos solamente algunos de los que han expuesto esta teoría psicógena para explicar las causas de la homosexualidad: Adler (1917, 1939a, 1939b), Allen (1949), Allen y Broster (1938), Barahal (1940), Bergler (1956), Caprio (1952), Cory (1959), Davis (1929), Dean (1936), Devereux (1937), Ferenczi (1960, 1955), Fielding (1932), Freud (1924-1950, 1938), Glueck (1956), Hammer (1957), Henry (1934, 1941, 1955), Henry y Gross (1941), Hamilton (1925, 1929, 1936), Kahn (1937), Kelly (Terman y Miles, 1936), Kinsey (1941), London (1933, 1937), London y Caprio (1950), Money-Kyrle (1932), Pollens (1938), Pomeroy (1958), Schilder (1942), Stekel (1922, 1933), Swyer (1957), West (1955), Westwood (1953); Wittels (1929).

Mis propios estudios clínicos y científicos acerca de la aberración sexual, efectuados durante los últimos veinte años, me han convencido de que la homosexualidad fija no es claramente una norma innata de la conducta sexual, sino que se adquiere o se aprende en el trato o contacto psicosocial. Los motivos principales que tengo para así creerlo son los siguientes:

1. Ninguna forma de sexualidad, la heterosexualidad inclusive, parece ser instintiva o innata. El ser humano es plurisexual al nacer y debe aprender a canalizar sus apetitos sexuales, provocados por las hormonas, por determinadas sendas concretas; y no parecen existir mecanismos psicológicos específicos que sirvan para asegurar firmemente su paso en una dirección o en otra. Aunque heredamos hasta cierto punto la fuerza motriz de nuestros impulsos sexuales, la dirección de los mismos depende de nuestra manera de pensar, de nuestra emociones y de nuestras actitudes... que en gran parte aprendemos (Wardell Pomeroy, en Lyón, 1959) en relación con el medio ambiente.

2. Aunque se han hecho muchos intentos por demostrar que los homosexuales poseen diferentes tipos de hormonas, de enzimas, de estructura anatómica, o una constitución fisiológica distinta a la de los heterosexuales, todos estos estudios no han aportado pruebas concretas y convincentes hasta el momento (Swyer, 1957).

3. El estudio de los hermafroditas humanos ha demostrado de manera concluyente que por grande que fuese la confusión física de esta clase de individuos, en la gran mayoría de casos eran heterosexuales en relación con el papel sexual con que han sido educados (A. Ellis, 1945; Money, 1960). Si el homosexualismo fuese innato, esto dejaría de ser cierto.

4. Es muy posible (como veremos más adelante) someter a los homosexuales fijos a un tratamiento psicoterápico, a fin de despertar completamente su interés por las actividades heterosexuales y, en algunos casos, se convertirán cien por cien heterosexuales en su orientación y prácticas activas. Si el homosexualismo fuese innato se podría remediar acudiendo a la medicina física (que nunca ha surtido efecto alguno sobre él); pero sería muy improbable que un homosexual completo pudiese cambiar merced a la psicoterapia.

5. Existen pruebas abrumadoras demostrativas de que en todas las épocas y países, así como entre los animales, la homosexualidad aumenta de manera significativa cuando: *a)* es difícil o imposible sostener relaciones heterosexuales y *b)* las relaciones homosexuales no son objeto de condena ni de castigo (Bohm, 1949; Edwardes, 1959; Licht, 1932; Wood, 1940b). Si la homosexualidad fuese verdaderamente innata, no existiría esta amplia fluctuación vinculada a las circunstancias ambientales.

6. Determinado porcentaje de homosexuales, como demuestra Brown (1960), no solamente se encuentran orientados sexualmente hacia personas del mismo sexo, sino que son invertidos en cuanto al papel sexual; es decir, adoptan totalmente el papel del otro sexo. Así, tenemos homosexuales masculinos y femeninos, que suelen vestirse y actuar de la manera propia del sexo opuesto.

Pero además, los modales femeninos de los "maricas", lo mismo que los modales masculinos de los "marimachos", son más extremados que la feminidad de las mujeres normales y la masculinidad de los hombres igualmente normales. Resulta muy evidente que la inversión del papel sexual no es innata, sino que se aprende por lo general a edad muy temprana.

7. Casi el 40 por 100 de los varones heterosexuales normales, como han demostrado Kinsey y sus colaboradores (1948), se entregan a actos homosexuales en un momento determinado de su vida. Pero un elevadísimo porcentaje de homosexuales fijos nunca y bajo ninguna circunstancia cometerá actos heterosexuales...; aunque no tengan manera de saber lo "desagradables" que pueden resultar estas actividades.

Está muy claro, pues, que el mecanismo que participa en este alejamiento conclusivo de la heterosexualidad, por parte de tantos homosexuales, nace de vivas actitudes de prejuicio y no es innato.

8. Como hemos demostrado previamente en este capí-

tulo, la aberración sexual casi por definición, es concomitante de la neurosis o la psicosis. Y aunque pueda existir un factor constitucional que predisponga a los trastornos emocionales, prácticamente hoy no existe ninguna autoridad que no crea que la neurosis está causada principalmente por factores ambientales o psicológicos de la niñez y época adulta del individuo. Hay unos cuantos psicólogos y psiquiatras, como Hooker (1957), Baker (1959), y Bell (1959), que creen que es posible que alguien sea un homosexual fijo y no sufra trastornos emocionales; pero prácticamente todos los estudios que no sean también homosexuales o no tengan vínculos personales con invertidos, creen que la homosexualidad exclusiva o permanente y cierto grado de trastornos emocionales son sinónimos.

¿Así, pues, no es cierta la teoría, propuesta especialmente por Magnus Hirschfeld (1920) y resucitada recientemente por J. D. Mercer (1959), según la cual los homosexuales muestran una predisposición constitucional hacia su conducta y que, sin duda a causa de influencias genéticas, muestran poca madurez en su desarrollo en comparación con los heterosexuales?

Sí, probablemente hay *algo* de verdad en esta teoría, que puede aplicarse a *algunos* homosexuales. Mercer, en la versión que ofrece de la misma, afirma que "es una conclusión lógica la de que el complejo homosexual sólo sea una de las deficiencias que, en suma, son características del infantilismo racial o individual, no atávicas o de regresión, sino una incapacidad en desarrollar los rasgos adultos más avanzados.

"Podemos observar aquí una estrechísima asociación de rasgos característicamente infantiles, con rasgos que son típicamente homosexuales: cierto grado de inestabilidad emocional; por ejemplo: incapacidad de fijar la atención debidamente. La lista podría ser muy larga y reveladora."

El verdadero drama que sin duda contiene esta teoría

es el de que muchos individuos que sufren graves trastornos, en especial los individuos desequilibrados y claramente psicópatas, ofrecen una predisposición biológica, genética, a mostrarse infantiles o trastornados; y que muchas (aunque en modo alguno todas) de estas personas excepcionalmente trastornadas, tienden fácilmente a adquirir (especialmente en nuestra sociedad antisexual) una sexualidad amorfa y desordenada, en la que se incluye el homosexualismo.

Aunque esto fuese cierto, apenas demostraría, contrariamente a lo que piensan Hirschfeld y Mercer con demasiada precipitación, y como a veces Kallmann (1952) parece dar a entender, que la homosexualidad sea *directamente* congénita o heredada. Los psicópatas se quitan a menudo las ropas y, si no se les contiene, se exhiben en público desnudos. Pero esto no demuestra que sean nudistas congénitos.

Lo más probable es que los impulsos sexuales humanos no tengan dirección definida desde un punto de vista biológico (es decir, son bisexuales o plurisexuales); que los individuos normales de nuestra civilización aprendan, por motivos sociales, a canalizar sus impulsos faltos de dirección hacia senderos más o menos exclusivamente heterosexuales; y que los individuos que sufran graves trastornos psíquicos (tanto si sus trastornos proceden de una predisposición congénita, como si han sido plenamente aprendidos y adquiridos) son incapaces a menudo de seguir los caminos heterosexuales, que más bien son difíciles; requieren una gran responsabilidad y en ella se enfrentan con la competencia; pero lo más fácil es que caigan en una conducta irregular, irresponsable, de tipo homosexual, obsesivo-compulsivo, pudiendo adoptar otras conductas aberrantes.

Suponiendo que la homosexualidad permanente y otras formas de aberración tengan, en efecto, importantes causas psicológicas, una de las más importantes será el hecho de que el individuo, pervertido como resultado de enseñanzas sexuales que por lo general proceden de su infancia y adolescencia, se acostumbra a mostrar temor o a sentirse culpable ante determinados actos sexuales y amorosos. Y como tiene impulsos sexuales biológicos que le hacen buscar alguna válvula de escape para su tensión, se fija en otros actos, que sustituyen a aquellos.

A causa de ello, un joven al que se le ha inculcado la idea de que el coito heterosexual es peligroso o pecaminoso, puede fijarse fácilmente en la masturbación o la homosexualidad. O bien, para castigarse a sí mismo por efectuar la cópula, puede practicarla únicamente de una manera masoquista u otras aberrantes.

En muchos casos, resulta aún más importante el hecho de que el individuo, por su educación, puede experimentar un terrible temor a mostrarse incapaz o inepto durante las relaciones erótico-sexuales de un tipo determinado, limitándose entonces a un tipo diferente de relaciones. Un hombre puede temer que sea demasiado impotente, demasiado feo o demasiado estúpido para sostener unas relaciones amorosas o conyugales satisfactorias, retirándose entonces del terreno de la heterosexualidad y concentrándose en otras modalidades amorosas y sexuales en las que se siente más competente: por ejemplo, adoptando el papel pasivo en las relaciones homosexuales.

De igual forma, un individuo puede haber tenido momentos tan placenteros con una modalidad determinada de acto sexual (por ejemplo, relaciones con niños de cierta edad) que llega a convencerse, con temor, de que no podrá volver a repetir aquellos momentos con otras formas de conducta sexual (verbigracia, sosteniendo relaciones sexuales con adultos). Por consiguiente se fija exclusivamente en aquella forma de conducta; fijación que será más sensible y crónica a medida que persista en su aberración.

Cuando el individuo, a causa de sentimientos de temor, vergüenza o incapacidad, se convierte en un pervertido sexual, suele menospreciarse por haber incurrido en aquellas torpes tendencias; y esta vergüenza y menosprecio adicionales contribuyen a que aún se convierta más en un tipo de fijación obsesiva compulsiva; del mismo modo que su sentimiento de culpabilidad por mentir o robar y el temor que siente de no ser capaz de detener con firmeza aquella clase de conducta, pueden contribuir a convertirlo en un mentiroso o un ladrón compulsivo. La neurosis sexual, por lo tanto, como la neurosis general, tiende a perpetuarse y con frecuencia se hace aún más arraigada con el transcurso de los años. Por último, el individuo queda completamente convencido de que sólo puede actuar de una manera aberrante y abandona todo intento por vencer su desviación.

El pervertido sexual, además, racionaliza y sistematiza a menudo su trastorno de manera subconsciente (como hacen muchos neuróticos no sexuales), sacando la conclusión de que está tan bien ajustado como el individuo no pervertido; o incluso mejor, si cabe. Cuando vive en una gran zona urbana, suele juntarse con grupos de otros individuos "alegres", adaptándose a la forma especial de vida de estos grupos, sintiéndose socialmente "aceptado" e incluso "superior" a los miembros de la comunidad heterosexual. Aunque en el fondo, a causa del peligro de verse condenado al ostracismo por los heterosexuales y de las sanciones económico-sociales reales que se esgrimen contra él, también tiende a sentirse inaceptado e "inferior". En consecuencia, se siente dominado por una triste confusión y aún más trastornado que al principio.

A causa de la persecución de los homosexuales, desencadenada por la sociedad, y de los perniciosos efectos que dicha persecución tiene sobre muchos individuos, numerosos homófilos sostienen (especialmente en publicaciones como la *Mattachine Review* y *One*, consagradas a la lucha contra los prejuicios anti-homosexuales), que la desaprobación social de la homosexualidad es la causa fundamental de los trastornos emocionales entre los individuos aberrantes. Esto puede pecar de excesivamente racional y utópico. Aunque sin duda es cierto que, en una sociedad perfectamente indiferente y donde estos casos no fuesen perseguidos, los individuos que se entregasen a la comisión de actos homosexuales no se sentirían indignos ni perseguidos, también es cierto que en semejante sociedad habría pocos homosexuales *fijos* o *exclusivos*.

En primer lugar, nuestra sociedad obliga a muchos seres humanos a adoptar normas de vida sexualmente aberrantes o neuróticas. Luego, por si aún no fuese bastante, los persigue tras de haberlos convertido en individuos aberrantes y contribuye a aumentar su trastorno psíquico.

Con todo, no hay motivos para creer que los homosexuales permanentes se conviertan en unos neuróticos o unos psicópatas *sólo* porque, una vez se han convertido en pervertidos, lo sociedad los persiga. Hay motivos más fundados y más profundos para creer que, en algunos casos, los individuos empiezan por participar en actos homosexuales de carácter leve, luego se sienten indignos porque la sociedad anatematiza su conducta; después se convierten en pervertidos fijos a causa de sus propios sentimientos de indignidad y culpabilidad, y finalmente terminan sintiéndose todavía más indignos, creando un círculo vicioso y compulsivo.

Si bien la aberración sexual, como demostraremos en la próxima sección de este capítulo, no es en absoluto sinónimo de homosexualidad; el homofilismo es sin duda alguna la forma más importante de perversión en nuestro país, puesto que probablemente tenemos más de un millón de varones y cientos de miles de mujeres que, durante casi toda su vida han sido exclusivamente homosexuales o lo han sido en gran parte, en todos sus afectos y acciones.

Estos homosexuales, como ya hemos indicado, pueden haberse visto influidos, indirectamente en algunos casos, a adoptar un modo de vida aberrante a causa de sus anomalías físicas (por ejemplo, la complexión afeminada de un varón), que les inspiran temor ante las relaciones heterosexuales y por ende crean en ellos un prejuicio a favor de las hostilidades homosexuales. Pero a lo sumo, esta clase de influencia física no es una causa directa de la homosexualidad, sino tan sólo indirecta, y hay motivos muy fundados para creer que la gran mayoría de homosexuales no pueden distinguirse físicamente de la mayoría de heterosexuales.

Algunos autores de obras de Psicología, atribuyen las causas de la homosexualidad a uno o dos motivos fundamentales, en particular el supuesto complejo de Edipo. Es decir, suponen que algunos jóvenes llegan a sentir tal culpabilidad por los incestuosos pensamientos que les provocan sus madres y experimentan tal temor de que sus padres celosos los castren, que luego son incapaces de enfrentarse sexualmente con ninguna otra mujer y por consiguiente vuelven su atención a los hombres y la *fijan* en ellos.

Hay motivos más que suficientes para creer, a juzgar por las pruebas clínicas, que a veces esto es cierto en la actualidad y que los homosexuales fijos abrigan en ocasiones sentimientos propios del complejo de Edipo, que no han encontrado resolución y que pueden influir de manera significativa en el sentimiento de su propia valía, lo mismo que en el hecho de que adopten actitudes homosexuales.

No obstante, existen otras muchas razones importantes para explicar el hecho de que algunos individuos se conviertan en homófilos permanentes. Entre algunos de estos motivos se cuentan: *a)* el hecho de que el individuo haya sido educado deliberadamente por sus padres para que asumiese el papel del sexo opuesto; *b)* su fracaso, por gran número de causas, en triunfar en el papel de su propio sexo; *c)* su identificación con un progenitor fuerte del otro sexo, en particular cuando el de su propio sexo es débil; *d)* su hostilidad o su temor hacia las personas del sexo opuesto; *e)* las grandes dificultades con que pueda tropezar para alcanzar satisfacción heterosexual en la sociedad en que vive; *f)* la posibilidad de hallar más fácilmente amor y aprobación entre los miembros de su propio sexo que entre los del contrario; *g)* el hecho de que haya experimentado satisfacciones homosexuales a edad muy temprana y su tendencia a fijarse, de una manera neurótica o atemorizada, en estos planos inmaduros de la conducta; y *h)* sus problemas y trastornos psicológicos, específicos o generales, de los que su homosexualidad puede ser tan sólo un síntoma.

Otras aberraciones sexuales, que describiremos en la sección siguiente, también pueden tener causas múltiples y no sencillas. Por lo general, el pervertido se halla dominado por agobiantes sentimientos de incapacidad e indignidad; cree que no puede triunfar en las formas de actividad sexual aprobadas por la sociedad; de una manera infantil, cede a otra forma de conducta sexual, que adopta como sustituto o sucedáneo; se censura severamente por ser un pervertido y se siente atraído de una manera obsesiva y compulsiva a repetir sus actos de perversión. El pervertido suele terminar adoptando una actitud completamente hostil y rebelde ante la sociedad y sus limitaciones, y por consiguiente se convierte a veces en un individuo sádico y antisocial en sus expansiones sexuales. Los casos graves de aberrantes sexuales, insistimos, apenas se distinguen de los neuróticos y psicópatas de tipo general, salvo en su sintomatología, que es algo diferente. Los trastornos emocionales continúan siendo el meollo de su vida aberrante.

Tipos de aberración sexual

Existen muchas formas y facetas diferentes de aberración, algunas de las cuales vamos a bosquejar y comentar brevemente.

Homosexualidad

Diremos aquí muy poco sobre la homosexualidad, pues le hemos consagrado gran parte de las dos anteriores secciones de este capítulo. Como ya hemos observado, la conducta homosexual no es anormal en sí misma; porque todos tenemos algunas tendencias homosexuales y no es raro que de vez en cuando pongamos en práctica nuestros deseos homofílicos. No obstante, cuando un hombre o una mujer que en teoría dispongan de varias otras clases de esparcimiento sexual pasen de largo ante ellos, para dedicarse exclusivamente o en gran parte a las relaciones homosexuales, podremos decir que semejantes individuos son homosexuales permanentes o fijos y afirmar que se trata de invertidos.

Transvestismo

El transvestismo (también llamado eonismo) se presenta cuando un individuo, casi siempre del sexo femenino, siente deleite llevando ropas pertenecientes al sexo opuesto, que le producen un estímulo sexual.

Algunas autoridades, como Stekel (1922, 1933) y Allen (1949) creen que la homosexualidad es la causa principal o fundamental del transvestismo y que incluso cuando quienes lo practican no se entreguen abiertamente a prácticas homosexuales, en su subconsciente desearían hacerlo. Señala el hecho de que muchos trasvestistas son también homosexuales...; como los individuos del Greenwich Village, pertenecientes al tipo de "hadas", a quienes les gusta asistir a bailes con trajes de cola.

Casi todas las autoridades modernas, entre las que hay que citar a Brown (1960), Kinsey, Pomeroy, Martin y Gebhard (1953), Overzier (1958), Storr (1957), y Thoma (1957), insisten en que la mayoría de los transvestistas, entre los que se incluyen estas "reinas" de traje largo, son de inclinaciones completamente heterosexuales, pero sin embargo experimentan gran placer vistiéndose con ropa del otro sexo. Los hombres que de vez en cuando gusten ponerse batas femeninas o las mujeres que se pongan pantalones de hombre, más por comodidad que para procurarse excitación sexual, no pueden llamarse legítimamente transvestistas.

Según han demostrado Overzier y Thoma, el transvestismo no tiene una causa orgánica sino que es una condición psicológica que puede ser objeto de tratamiento y curación.

Transexualismo

Harry Benjamin (1954) creó el término de transexualismo para describir las inclinaciones de algunos individuos, de los que se ha hablado relativamente mucho en los últimos años, que no sólo desean vestir ropas del sexo opuesto, sino que también quieren someter a su organismo, y en particular a sus órganos genitales, a cambios quirúrgicos, a fin de parecer con mayor autenticidad miembros del sexo opuesto, incluso al estar desnudos. Suponiendo que tales individuos no sean hermafroditas (de los que nos ocuparemos en el capítulo siguiente), cuyas anormalidades físicas puedan y deban ser objeto de corrección quirúrgica, los transexualistas serán individuos excepcionalmente aberrantes, que no pueden so-

254

portar el menor aspecto de su propio papel sexual y que, de manera atemorizada y compulsiva, se empeñan en cambiar con ayuda de la cirugía.

A decir verdad, teniendo en cuenta que aún no se conoce un método que permita cambiar el sexo innato de un individuo, estos individuos piden lo imposible. De todos modos, siguen reclamando la intervención quirúrgica para "cambiar" de sexo. Me he entrevistado con media docena de transexualistas, todos los cuales acudieron a mí para que les ayudase a encontrar un cirujano que quisiera operarles, y he podido comprobar que todos ellos eran psicópatas, o poco faltaba para que lo fuesen. Esto ya era de esperar en un individuo de nuestra sociedad, tan decidido a cambiar de sexo, que no retrocedería ante la castración artificial o cualquier otra mutilación de sus órganos genitales.

Exhibicionismo

Los seres humanos normales experimentan una clara satisfacción exhibiendo sus cuerpos desnudos y órganos genitales a terceros...; en especial a las personas con quienes desearían entablar relaciones sexuales. No obstante, cuando un individuo obtenga satisfacción, de manera exclusiva o principal, exhibiéndose ante los demás; cuando lo haga compulsivamente, a pesar de sus deseos conscientes por refrenarse; o cuando lo haga de una manera flagrante e ilícita, que terminará casi indefectiblemente por ponerlo en apuros por atentado contra el pudor..., entonces practicará el exhibicionismo de una manera neurótica y aberrante. (Rickles, 1950).

Sadismo

El deseo apremiante de mostrarse sexualmente agresivo o sádico con la pareja, especialmente en los momentos en que cuesta alcanzar la plena excitación o el orgasmo, cae dentro de la gama normal de la conducta sexual (Dearborn, 1946). Pero cuando se requiere *siempre* una intensa conducta sádica para alcanzar la excitación o la satisfacción, o se adoptan actitudes *intensa* y *extremadamente* sádicas (en particular con parejas que se niegan a colaborar), se actúa de una manera neurótica, provocada por la hostilidad aberrante.

El sadismo sexual, como la mayoría de neurosis sexuales, con frecuencia tiene muy poco que ver con el propio apetito carnal, surgiendo de otros trastornos ocultos; por ejemplo: un odio generalizado hacia el sexo opuesto, la necesidad de demostrar que se es fuerte o "masculino", un deseo de protegerse contra ataques imaginarios de la pareja, y otras ideas y actitudes aberrantes.

Masoquismo

El deseo de infligirse cierto grado de dolor físico como estímulo para alcanzar la satisfacción sexual, también es completamente normal, sexualmente hablando, si se mantiene dentro de unos límites razonables. Pero así que el individuo es incapaz de excitarse o de alcanzar el orgasmo sin la intervención de un dolor físico bastante intenso o una humillación mental, empezamos a penetrar en el terreno de la aberración sexual.

Es un lugar común, en los textos de psiquiatría, la afirmación de que el masoquismo y el sadismo suelen ir aparejados, pues el sádico suele ser también masoquista y viceversa. Tanto los sádicos como los masoquistas suelen ser individuos gravemente perturbados, que muy fácilmente pueden mostrar más de un síntoma de su perturbación, pero también puede no ocurrir así. Muchos sádicos apenas experimentan deseos masoquistas o no los experimentan en absoluto —excepto en el sentido de que, si se examinan atentamente a través de un prisma psiquiátrico—, se pueden "descubrir" fácilmente rasgos opuestos a los que se ven en la superfície.

Necrofilia

Un necrófilo es un individuo, generalmente del sexo masculino, que experimenta excitación sexual a la vista de un cadáver y a veces intenta practicar relaciones sexuales con el mismo. Como en el caso de los necrosádicos y los asesinos sexuales, los necrófilos son casi invariablemente débiles mentales o psicópatas.

Necrosadismo

El necrosadismo consiste en un sadismo que se ejerce sobre cadáveres. Los necrosádicos gozan mutilando los cadáveres, para excitarse sexualmente o provocarse el orgasmo. Bajo el punto de vista médico, un individuo que sólo practicase ocasionalmente el necrosadismo durante su vida, no tendría que ser necesariamente un aberrante sexual. Pero en realidad, aunque sólo se practique una vez, este acto es tan extravagante y resultaría tan poco placentero y repugnantc para el individuo corriente, que hay que sospechar que quien lo practique sea sobradamente un deficiente mental o un psicópata. En el terreno estadístico, esta forma de conducta sexual parece ser extraordinariamente rara.

Asesinato sexual

Un asesino sexual es un individuo que encuentra excitación y satisfacción sexuales en el acto de matar a otro individuo, por lo general del sexo opuesto. A semejanza de los necrosádicos, los asesinos sexuales se encuentran invariablemente en un estado de extrema demencia o psicosis cuando cometen sus repugnantes delitos. Aunque esta clase de crímenes sexuales encuentra amplio eco en la prensa sensacionalista, en realidad parecen ser afortunadamente muy raros.

Muchos de estos asesinatos están perpetrados por individuos que cometen atentados al pudor o tratan de efectuar una violación y que, temerosos de ser descubiertos, intentan silenciar a sus víctimas. Pero no hay que confundir a estos individuos con los verdaderos asesinos sexuales, que sólo matan para aumentar su propia excitación o goce.

Fetichismo

Niemoeller, en su *Enciclopedia Americana del sexo* (1935), da una excelente definición del fetichismo: "una condición o manifestación de aberración o perversión sexuales, en la que la líbido del paciente se fija hasta tal punto y se asocia con una cualidad determinada, parte, rasgo, etc., de otra persona —o de las personas en general, o en una prenda de vestir, un tejido o un artículo—, que los impulsos sexuales pueden despertarse y a menudo satisfacerse únicamente por mediación de este objeto particular o en conexión con el fetiche en cuestión. El fetiche puede ser los senos de una mujer, los cabellos, los pies, su olor, o cualquier otro, un zapato, ropa interior femenina, un guante, terciopelo, cristalería, etcétera."

Los individuos no pervertidos suelen apelar con frecuencia a formas leves de fetichismo, pues experimentan una notable atracción por los senos, los pies, los bíceps, la ropa interior, etc., de su pareja (o de cualquier persona). Mas el individuo excepcional o exclusivamente fetichista es incuestionablemente un pervertido sexual.

Narcisismo

Existe narcisismo cuando un individuo se excita y satisface sexualmente mediante la contemplación, la admiración y la caricia de su propio cuerpo, con preferencia al de cualquier otra persona; o cuando está continuamente obsesionado por su propia imagen, ya sea vista en el espejo o en fotografía. La masturbación puede ser narcisista, pero se halla comprendida dentro de la gama normal de la conducta sexual y, desde luego, no es una desviación sexual cuando se practica en las circunstancias acostumbradas.

Existe un verdadero narcisismo cuando el individuo prefiere la propia excitación a cualquier otra clase de actividad sexual y piensa en sí mismo y no en otras personas o cosas, cuando se masturba (o al entregarse a otras expansiones sexuales). Los casos agudos de narcisismo parecen ser raros y con frecuencia son individuos deficientes mentales o psicópatas.

Pedofilia

La pedofilia, que antes se llamaba pederastia,[1] existe cuando un adulto se siente atraído sexualmente por los niños, y se entrega a actividades deshonestas con ellos, exclusiva o parcialmente. En la actualidad, el término *pederastia* incluye también las relaciones sodomíticas en-

[1] Del griego *paidos*, niño (N. del T.)

tre hombres adultos; además de aplicarse a las relaciones con niños, y, por consiguiente, es un acto homosexual. Con todo, el término *pedofilia* es más exacto para describir la atracción obsesiva-compulsiva de un hombre por los niños y es una clara forma de aberración sexual. La mayoría de varones normales sienten sin duda una ligera inclinación hacia los niños, en el terreno sexual; pero los que muestran inclinaciones obsesivas-compulsivas o exclusivas en esta dirección, son neuróticos o pervertidos sexuales.

Atracción sexual hacia los niños

La atracción sexual por los niños tiene un sentido más amplio que la pedofilia, pues incluye la atracción heterosexual y lesbiana, y no únicamente el interés que puedan sentir los hombres por los niños. Algunos hombres se sienten muy atraídos, o atraídos exclusivamente, por las niñas, incluso de corta edad; y algunas mujeres tienen la obsesión sexual de los niños.

Aunque un pequeño elemento de atracción hacia los niños es normal, cuando un individuo se siente desusadamente atraído por los niños, habrá que considerarlo pervertido y resultará ser un neurótico o un psicópata.

Gerontofilia

Del mismo modo que algunos individuos se sienten extremadamente atraídos por niños, hay otros que tienen la obsesión de las personas de edad. Las jovencitas, en particular, suelen enamorarse locamente de hombres maduros, en vez de sentirse atraídas por muchachos de su edad o por hombres jóvenes. Semejantes inclinaciones, cuando adquieran carácter constante y se hagan extremadas, constituirán aberraciones eróticas.

Fisgoneo, mixoscopia o voyeurismo

Aunque prácticamente todos los seres humanos experimentan cierta excitación sexual a la vista de personas del sexo opuesto, especialmente cuando dichas personas están desnudas, el individuo que de una manera principal o exclusiva encuentre satisfacción en esta práctica y que se entregue de una manera obsesiva-compulsiva al fisgeo, será un mixocópico o un *voyeur* y como tal, un pervertido sexual. Lo mismo que los exhibicionistas, los *voyeurs* o fisgones suelen ser individuos muy cohibidos y que se consideran sexualmente incapaces, acudiendo entonces a formas modestas de participación sexual, en lugar de arriesgarse a practicar otras formas más directas y enérgicas. El individuo que se dedica a atisbar por las casetas de baño suele ser un tipo inofensivo, pero también resulta molesto y con frecuencia se le detiene por atentado al pudor.

Pigmalionismo

Los individuos que se dedican al pigmalionismo se sienten atraídos principal o exclusivamente por las estatuas, en especial las de mujeres desnudas, y a veces se masturban ante ellas pudiendo llegar a ensuciarlas. Como muchos otros tipos de perversiones el pigmalionismo es poco frecuente.

Bestialidad

Existe bestialidad cuando un individuo de uno u otro sexo se excita sexualmente o se satisface mediante cualquier clase de contacto con un animal. A veces la bestialidad consiste en el coito con el animal o en relaciones

261

anal-genitales entre el hombre y la bestia; pero en otros casos se presenta cuando un hombre o una mujer derivan interés y placer de animales sexualmente estimulantes.

Un grado leve de bestialidad, o incluso la bestialidad exclusiva cuando faltan otros medios de satisfacción sexual, no es necesariamente una actividad anormal ni pervertida; pero cuando un hombre o una mujer sienten una atracción excepcional hacia los animales, con exclusión de cualquier otra, podrán ser tachados de pervertidos sexuales.

Afición a la pornografía

En su prístina acepción, pornografía significaba literatura sobre las prostitutas o la prostitución, pero en los últimos años ha adquirido un nuevo significado y se aplica al empleo deliberado de materiales impresos o gráficos sexualmente excitantes. Uno de los actos sexuales más corrientes es sin duda alguna el que consiste en excitarse mediante la contemplación o la lectura de material pornográfico; y en nuestra sociedad puritana, que estimula las muestras abiertas de sexualidad, precisamente por el hecho de prohibirlas, cualquier persona que demuestre un razonable interés por las representaciones pornográficas será desde luego normal, sin que quepa tacharla de perversión.

No obstante, cuando un hombre o una mujer sólo puedan excitarse sexualmente mediante la contemplación de representaciones pornográficas o cuando se sientan atraídas a la contemplación de la pornografía de manera obsesiva-compulsiva, diremos que tales personas son definitivamente pervertidas. En un caso judicial relativo a un apartado de correos, en el que tuve que declarar como testigo con referencia a material supuestamente obsceno, se demostró que el individuo encausado adquirió, en un

262

período de tiempo muy breve, fotografías y dibujos de mujeres desnudas y semidesnudas, por valor de varios miles de dólares. Semejante individuo, aunque quizá inofensivo, era claramente un caso de aberración sexual (Cross, 1959).

Otras aberraciones sexuales

Aunque la mayoría de aberraciones sexuales enumeradas no suelen ser muy comunes, existen muchos otros actos sexuales efectuados con frecuencia que, si bien no constituyen aberraciones en sí mismos, pueden practicarse de una manera pervertida. A decir verdad, cualquier acto sexual puede considerarse una aberración, bajo determinadas circunstancias.

Así, el coito heterosexual, lo mismo que las relaciones anal-genitales, oral-genitales y manual-genitales, son en la mayoría de los casos formas perfectamente sanas y no fijas de conducta sexual. No obstante, cuando estos actos se ejecutan con carácter exclusivo, fetichista o de una manera dominada por el temor, o bien obsesiva-compulsiva, pueden convertirse fácilmente en aberraciones. Un hombre que se sienta tan culpable al efectuar la cópula con una mujer, que no se atreva a mirarla a los ojos durante la misma, y por consiguiente siempre efectúe la introducción del miembro viril por detrás, será un claro ejemplo de neurótico o pervertido sexual; aunque ejecute un acto que en la *mayoría* de circunstancias no sería aberrante o pervertido en absoluto.

Repetimos, pues, lo que ya hemos señalado oportunamente en este capítulo, a saber: que a menudo no es la *especie* de acto sexual lo que hace a un individuo un pervertido, sino la *manera* como lo ejecute y la *actitud* que adopte durante el mismo.

263

Tratamiento de los pervertidos sexuales

¿Existe un tratamiento seguro para los pervertidos sexuales, homosexuales inclusive, que les permita vencer su aberración? Desde luego que sí. Del mismo modo como se puede conseguir que los neuróticos no sexuales superen sus temores ilógicos y discurran normalmente, esto también puede conseguirse con los neuróticos sexuales.

Si los pervertidos sexuales se someten de buen grado a un tratamiento psicoterapéutico, no hay duda de que terminarán por ver con claridad meridiana las causas primitivas de su perversión, por qué mantienen contra toda razón sus tendencias aberrantes, y qué pueden hacer para convertirse en personas normales.

Muchos estudiosos de la homosexualidad sustentan opiniones extremadamente pesimistas acerca de la posibilidad de curación para los homosexuales fijos. Así, Bredtschneider (1959), una comisión de la Asociación Médica Británica (1955), Hirschfeld, Curran y Parr (1957), Freud (1924-1950), Hirschfeld (1920), y Mercer (1959) se han mostrado muy escépticos acerca de la posibilidad de curación, afirmando categóricamente que ésta es casi imposible.

Por otra parte, un número creciente de psicoterapeutas han publicado en los últimos años varios informes sobre el tratamiento con éxito de los homosexuales y algunos de ellos han presentado extensas historias clínicas en favor de este aserto (Allen, 1949, 1952; Caprio, 1952; Creadick, 1953; Fink, 195 ; A. Freud, 1951; Henry, 1941, 1955; Hadfield, 1958; Laidlaw, 1952; Lewinsky, 1952; London y Caprio, 1950; Nedoma, 1951; Poe, 1952; Robertiello, 1959; Rubinstein, 1958; Shentoub, 1957; y Westwood, 1953). Otros facultativos, como Gurvitz (1957), también han presentado informes sobre tratamientos realizados con éxito de exhibicionistas y otros tipos de pervertidos.

Como he demostrado en varias comunicaciones, cuyo

tema era el tratamiento de los homosexuales (A. Ellis, 1952b, 1956d, 1959a, 1959d), la curación de los pervertidos debe enfocarse de una manera realista, si se quiere que el tratamiento tenga éxito. Bajo un punto de vista realista, el tratamiento no consiste en inducir a un pervertido a que renuncie a todos sus apetitos sexuales extravagantes, sino en conseguir que elimine el temor, la fijación fetichista, la manera exclusiva de practicarlos, o los elementos obsesivo-compulsivos que acompañan a estas actitudes.

Consideremos, por ejemplo, el caso de un individuo cuya actividad sexual exclusiva o principal consista en el voyeurismo o fisgoneo. Al intentar la curación de este individuo, se cometería un lamentable error haciendo que tratase de desentenderse totalmente de la contemplación de miembros desvestidos del sexo opuesto, pues el varón normal de nuestra cultura tiene tendencias mixoscópicas muy claras. En cambio, el objetivo terapéutico debería consistir principalmente en atenuar las tendencias de este individuo hacia el fisgoneo, limitándolas a situaciones autorizadas por la ley (por ejemplo, asistiendo a revistas musicales o *strip-tease*) y, en especial, complementando su *voyeurismo* con *otros* alicientes sexuales, como las relaciones carnales con personas del otro sexo. Actuando también firmemente sobre su obsesión-compulsiva desencadenante.

Otro tanto puede decirse de los homosexuales. El objeto de la terapéutica, en este caso, no debe ser tratar de inducir al homosexual a desentenderse de las personas de su propio sexo; sino ayudarle a eliminar el temor que le inspira el sexo opuesto, a disfrutar y a esperar con impaciencia las relaciones heterosexuales, a participar eficazmente en la cópula y a eliminar los pensamientos obsesivos sobre la homosexualidad, lo mismo que las acciones compulsivas. Merced a este proceso terapéutico, algunos homosexuales, como he podido comprobar, dejan de ser

265

homófilos para convertirse en heterosexuales; aunque éste no debe ser necesariamente el objetivo que se proponga el tratamiento.

Si el tratamiento de individuos aberrantes se considera a través de este prisma realista, no hay duda de que todavía puede hacerse mucho en favor de los pervertidos que deseen superar sus perturbaciones sexuales. En muchos casos, además, los individuos que no sientan grandes deseos de perder sus tendencias aberrantes, pero que acudan al consultorio psicoterapéutico por otras razones, podrán experimentar una significativa mejoría.

En un estudio efectuado en cuarenta homosexuales a quienes traté con una terapéutica racional (A. Ellis, 1956b), se demostró que el 64 por 100 de los pacientes del sexo masculino y todos los del sexo femenino experimentaron una clara o considerable mejoría; y que de los veinte pacientes que se sometieron a tratamiento con poco o escaso deseo de resolver sus problemas homosexuales, el 50 por 100 de ellos experimentaron una clara mejoría en sus relaciones heterosexuales.

En un estudio posterior (A. Ellis, 1959d), de sesenta y seis homosexuales sometidos a tratamiento psicoterapéutico racional, se comprobó que el 100 por 100 de los bisexuales, el 54 por 100 de los homosexuales fijos, y el 78 por 100 de los invertidos homosexuales (es decir, hombres del tipo "marica" y mujeres del tipo "virago", que practicaban una completa inversión del papel sexual) mejoraron de manera considerable en su orientación hacia la heterosexualidad, como resultado de esta terapéutica.

La idea, por consiguiente, de que es imposible curar a los pervertidos sexuales en general y a los homosexuales en particular, es un mito difundido principalmente por los freudianos ortodoxos, que siguen las equivocadas ideas de Freud a este respecto, y por los propios pervertidos, que a menudo *quieren* creer que su perversión es innata y que no existe curación posible.

Leyes contra la perversión sexual

Numerosas formas de perversión, como la homosexualidad, la pedofilia y la bestialidad, están proscritas legalmente en la mayoría de naciones modernas y se castigan con rigor. Así, un individuo que cometa, según las leyes imperantes en varios Estados de la Unión, actos sexuales "contra natura" o "atentados contra el pudor", puede ser castigado hasta con veinte años de cárcel (Bowman, 1958; Sherwin, 1959).

La cuestión que hay que plantear es ésta: ¿Deben perseguirse y castigarse de esta manera los pervertidos sexuales?

En el debate que se produjo en torno al Informe Wolfenden (1957), actualmente famoso, y en el que se recomendaba que se introdujesen enmiendas en la ley penal inglesa, a fin de que la homosexualidad entre adultos en el pleno uso de sus facultades mentales no se considerase un crimen, a menos que existiesen otras circunstancias atenuantes, Lord Denning preguntó: "En primer lugar, ¿cabe considerarla mala? Supongo que nadie puede dudarlo. La Biblia la califica de «abominación» y el Libro de Estatutos la describe como un «crimen abominable»; los antiguos juristas, al redactar las actas de sus procesos, consideraban vergonzosa la simple mención de su nombre; y constituía un delito que no podía mencionarse entre cristianos. Por lo tanto, es mala."

El Obispo de Rochester abundó en el mismo parecer: "Milores, séame permitido terminar expresando la creencia de que la emoción, la indignación moral y el horror que despiertan en el corazón humano el pensamiento y la contemplación de los vicios contra natura, y que hallan expresión adecuada en las Sagradas Escrituras, tanto en el Viejo como en el Nuevo Testamento, tienen más valor, probablemente, para enseñarnos cuál ha de ser nuestra actitud ante los vicios contra natura, que las discusiones académicas divorciadas de la realidad."

Como resultado de esta actitud anti-homosexual, el Parlamento Británico aún no ha hecho nada para poner en vigor la ley Wolfenden, pese a que una corporación tan respetable como la Asamblea de la Iglesia de Inglaterra sancionó el informe (Informe de la Asamblea de la Iglesia, 1958) y muchos respetables ciudadanos ingleses se mostraron muy a favor de su contenido (Bailey, 1956). Las recomendaciones de la comisión Wolfenden acerca de la prostitución han sido tenidas en cuenta parcialmente por el Parlamento inglés, pero éste ha hecho completamente caso omiso de sus recomendaciones acerca de la homosexualidad.

Pese a esta negativa a cambiar la legislación imperante sobre la homosexualidad, que se ha reflejado también en los Estados Unidos, donde las recomendaciones de la Asociación Jurídica Norteaméricana para la liberalización de nuestras leyes contra los homosexuales fueron también desoídas durante los últimos años, la respuesta psicológica y psiquiátrica a la pregunta de si los pervertidos sexuales deben ser perseguidos y castigados, debería ser un tajante: No, no deben ser castigados.

En primer lugar, las leyes que castigan a los pervertidos sexuales suelen estar mal redactadas y no distinguen entre los pervertidos reales y los seudopervertidos. Así, incluyen con frecuencia, entre las "perversiones", las relaciones oral-genitales o anal-genitales entre marido y mujer. Salvo en algunos casos insólitos, estos actos sexuales no tienen nada de anormal o pervertido y no debería proscribírseles jurídicamente.

Por otra parte, las leyes contra la perversión no tienen en cuenta muchas perversiones clarísimas —por ejemplo, las violentas relaciones sadomasoquistas entre consortes— y por lo tanto muestran una lamentable inconsecuencia. Según señalamos el Dr. Ralph Brancale y yo en nuestro libro *La Psicología de los delincuentes sexuales* (1956), los artículos del código que tocan cuestiones sexuales pecan de una redacción a menudo confusa y deficiente, dejando de definir o distinguir adecuadamente entre perversiones y delitos tal como los ven los psicólogos, los sexólogos y otras autoridades.

En segundo lugar, aunque los artículos referentes al sexo definan adecuadamente las perversiones, castigan de manera injusta y falta de realismo a quienes las cometen. Pues téngase en cuenta que los pervertidos, como hemos insistido en este capítulo, son personas neuróticas (o psicópatas) dominadas por temores ilógicos y que sufren una aberración emocional.

No hay duda de que en algunos casos (por ejemplo, cuando el pervertido haya dirigido sus atenciones equívocas hacia los niños o haya cometido un asesinato sexual), los pervertidos sexuales deberían ser recluidos a veces en custodia protectora, sin permitirles que vagasen libremente por la comunidad. Pero, aun en estos casos, más que *castigar* a los pervertidos por sus aberraciones, habría que someterlos a *tratamiento*. En este caso, muchos de ellos o la mayoría alcanzarían la curación de sus tendencias desviacionistas, mientras que si las autoridades se limitan a encarcelarlos, habrá muy pocas probabilidades de que sanen.

Los pervertidos convictos y confesos de sus delitos sexuales deberían ser castigados, a lo sumo, en relación directa con su delito y no de una manera extremadamente emocional y exagerada. El individuo, por ejemplo, que hiciese objeto de una agresión sexual a una joven, debería recibir la misma clase de pena que aquél que agrediera a una joven sin propósitos sexuales.

Maxey (1959) lo ha expuesto de la forma siguiente: "No hay más justificación moral, religiosa ni legal para el castigo de actos homosexuales cometidos por adultos que consientan en ellos, que para castigar la comisión de actos sexuales por heterosexuales solteros. La única excepción, en ambos casos, es cuando se incurre también en chantaje y fraude, y tales actos se cometan en lugares públicos, ofendiendo a la decencia y las buenas costumbres. Si estos delitos se cometieren con menores (ya fuesen heterosexuales u homosexuales), quienes los cometieren deberían recibir el mismo castigo."

La única manera juiciosa de tratar a los pervertidos consiste precisamente en ayudarlos en vez de castigarlos, en someterlos a tratamiento, en vez de apartarlos de la sociedad (Chesser, 1949; I. Rubin, 1959c).

El hecho de que los homosexuales y otros pervertidos no deban ser perseguidos por la sociedad donde viven, no debe confundirse con la falsa suposición de que son individuos perfectamente sanos y normales, que deberían continuar alegremente con sus aberraciones.

Según afirmó Donald Webster Cory (1958), uno de los principales homosexuales de Norteamérica, según él mismo reconoce, "sería una falacia creer que aunque la homosexualidad fuese de origen psicógeno, los homosexuales no hubiesen de ser más desequilibrados, neuróticos, etc., que la población en general y que su mayor perturbación se debe a las presiones sociales. Esto no es cierto y constituye una valoración motivada por el hecho de que semejante imagen es susceptible de presentar la vida de los homosexuales al público bajo tintas más agradables. Existen grandes ansiedades y perturbaciones psíquicas entre enormes masas de homosexuales, como no podía por menos de ser. Hay quien cree que, presentando esta imagen verdadera de la situación, se torpedea el entendimiento entre homosexuales y heterosexuales. No comprendo por qué ha de ser así."

Somos nosotros, los que formamos el público, quienes debemos reconocer que los homosexuales y otros pervertidos son individuos que poseen una perturbación afectiva y que, precisamente por este motivo, dejando aparte los principios generales de la justicia, tienen derecho a que no se les moleste en su enfermedad y a verse limitados únicamente en sus movimientos cuando su conducta constituya claramente un atentado contra los derechos ajenos.

Aunque la aberración sexual constituye desde luego un grave problema en nuestra sociedad, que debiera merecer mucha atención y los mayores esfuerzos para solucionarlo, de nada sirve que condenemos a los pervertidos o los hagamos objeto de nuestro desprecio, actitud tan inoperante como sería la de vituperar y castigar a los neuróticos no sexuales.

Los pervertidos suelen ser individuos desgraciados, dominados por el temor, por la sensación de su propia inutilidad, llenos de odio y desprecio por sí mismos. ¿Por qué hacer su suerte más dura aún de lo que es?

Legislación contra otros delitos sexuales

No todos los delitos sexuales que están castigados por el Código penal de casi todos los países civilizados son depravaciones sexuales. Algunos actos, entre los que se cuentan el estupro, la violación, la cópula con menores, el incesto, la fornicación, el adulterio y la prostitución, también están prohibidos y castigados por varias jurisdicciones (Pilpel y Zavin, 1952; Ploscowe, 1951; Sherwyn, 1949, 1951a, 1951b; 1952). Algunos delincuentes sexuales, como los homosexuales o los exhibicionistas, son pervertidos sexuales, como hemos indicado en este capítulo; y otros, como los que cometen incesto, pueden no ser pervertidos en el sentido corriente de la palabra, siendo tan sólo casos psiquiátricos... es decir, que inspirados por el temor o el sentimiento de rebeldía, pueden desafiar una prohibición pública.

Los delincuentes sexuales pueden dividirse en cuatro categorías principales (Ellis y Brancale, 1956): *a)* delincuentes normales que no son pervertidos sexuales (por ejemplo, algunos individuos que cometen adulterio o sostienen relaciones sexuales con personas del sexo opuesto que casi pueden calificarse de menores); b) delincuentes pervertidos sexuales, pero no aberrantes en el sentido psiquiátrico (por ejemplo: homosexuales, exclusivos, que conservan suficiente ecuanimidad para dedicarse a sus prácticas sexuales sin que éstas les acarreen dificultades sociales graves); c) delincuentes pervertidos sexual y psiquiátricamente (por ejemplo: exhibicionistas compulsivos, tan perturbados que son detenidos una y otra vez); d) delincuentes no pervertidos sexualmente, sino únicamente en el terreno psiquiátrico (por ejemplo: psicópatas que se masturban en público o van desnudos por la calle).

Bajo el punto de vista jurídico, como se encargan de señalar acertadamente Kinsey y sus colaboradores (1948), son tan numerosos los actos sexuales proscritos legalmente en nuestra sociedad, que el 95 por 100 de la población masculina comete un delito sexual durante un momento u otro de su vida. La mayoría de estos individuos son lo suficientemente cuerdos para no meterse nunca en graves complicaciones; pero si se estudian los delincuentes sexuales convictos, se verá que suelen ser individuos muy perturbados... y que esta perturbación es causa de que en muchos casos sean detenidos y luego se declaren convictos y confesos.

Como los pervertidos sexuales, la mayoría de delincuentes sexuales, en particular los jóvenes, pueden someterse a tratamiento psicoterápico intensivo (Buckle, 1949; Foster, 1947; Neal, 1952) y muchos de ellos no tendrían que ser internados si recibiesen un adecuado tratamiento. En vez de ser individuos excesivamente sexuados, suelen ser como los exhibicionistas y fisgones, individuos terriblemente cohibidos, puritanos en el fondo, que tienen que liberarse de sus profundos sentimientos de culpabilidad y falta de valía (Karpman, 1954; Tappan, 1950).

El tratamiento de los delincuentes sexuales se vería intensamente mejorado si nuestra legislación sobre el sexo fuese revisada con tino y prudencia, para castigar únicamente aquellos actos que: *a)* trajesen aparejado el empleo de la fuerza y la violencia; *b)* fuesen cometidos por adultos contra menores; o *c)* los actos sexuales públicos que resultasen desagradables para la mayoría de las personas en cuya presencia se cometiesen. Los actos sexuales distintos a éstos, que se realizan en privado, entre dos personas adultas conscientes y responsables, no deberían hallarse sujetos a sanciones legales, ni a cualquier otra intervención judicial (Bowman, 1958; Ellis y Brancale, 1956).

Una clase especial de delito sexual cometido en muchos países es la prostitución, por el que se condena generalmente al proxeneta y a la prostituta, pero no al cliente. Aunque la prostitución disminuye de manera muy significativa en casi todas las naciones civilizadas, a causa del aumento de las relaciones sexuales premaritales, aproximadamente las dos terceras partes de los varones de raza blanca de los Estados Unidos sostienen relaciones con prostitutas (Kinsey y colaboradores, 1948; I. Rubin, 1959).

Una exacta definición de la prostituta sería, no la de mujer de vida airada o relajada, sino de mujer que practica el comercio carnal, no por motivos sexuales ni para procurarse satisfacción amorosa, sino con finalidades remunerativas (Benjamin, 1939a; Benjamin y Ellis, 1954; K. Davis, 1937).

La prostitución ha sido prohibida por la ley o regulada durante varios siglos, y es preciso admitir que presenta algunas ventajas evidentes (Karpf, 1953), junto con desventajas no menos evidentes. Los hombres que frecuentan los prostíbulos pueden ser robados, detenidos, sufrir chantaje e infecciones. Las mujeres llamadas, no sabemos bien por qué, "de vida alegre", pueden hundirse en el alcoholismo, aficionarse a las drogas, caer en manos de malvivientes, y dar con sus huesos en la cárcel o en el hospital. La alegría no se vislumbra por ninguna parte.

Sin embargo, la prostitución continúa. Entre las principales razones que impelen a los hombres a buscar la compañía de prostitutas, se cuentan las siguientes: *a)* cuando las relaciones premaritales se miran con malos ojos, como suele ocurrir en nuestra sociedad, los vehementes e imperiosos apetitos sexuales de muchos hombres tienen que hallar satisfacción de algún modo; *b)* muchos hombres, por la razón que sea, no desean unirse con vínculos de afecto con su pareja; *c)* algunos hombres desean vivamente la variedad; *d)* otros son demasiado tímidos, incapaces o cohibidos para tener tratos con mujeres normales; *e)* los hay que son semi-impotentes o exigen unas perversiones sexuales a las que no se adaptan fácilmente las mujeres normales, sus propias esposas inclusive.

En cuanto a las prostitutas, todavía continúan encontrándose miembros para la profesión más antigua del mundo, porque aún existen mujeres impulsadas por la codicia, el deseo de aventuras, el atractivo romántico que esta vida ejerce sobre algunas, motivos que las impulsan a buscar una ocupación temporal o que les ocupe parte del tiempo libre, junto con la satisfacción de diversas necesidades neuróticas (Ellis y Benjamin, 1954; Greenwald, 1957). Pese a sus aspectos desagradables, no está todavía aclarado si la prostitución debería proscribirse por completo. En este caso hay que hacer una distinción entre vicio y crimen (Benjamin, 1931; Vollmer, 1936; Harding, 1938).

El vicio consiste en actividades que pueden ser nocivas —como la glotonería, el hábito de fumar y el alcoholismo— pero que, con todo, los seres humanos tienen derecho a practicar, aunque acarreen su propia destrucción. El crimen consiste en actividades que perjudiquen a *otras* personas y que por consiguiente deberían ser legalmente limitadas.

Es legítimo combatir el vicio con la educación, la publicidad, los anuncios, la propaganda, etc.; pero es dudoso si es legítimo tratar de colocarlo fuera de la ley.

La única manera efectiva de reducir la prostitución al mínimo consiste en disminuir el número de restricciones sexuales innecesarias. La legislación sexual y el derecho consuetudinario contemporáneo, al prohibir y castigar la masturbación, los juegos eróticos, las relaciones sexuales premaritales y otras diversas prácticas sexuales, hacen que, al menos en parte, la prostitución sea automáticamente obligatoria. Cuanto más liberales sean las costumbres sexuales, más se reducirá la prostitución.

Prevención de las aberraciones sexuales

La cuestión siguiente surge con frecuencia y suelen plantearla en particular los padres que tienen hijos adolescentes: ¿Cómo evitar que un chico o una chica se conviertan en pervertidos sexuales? Afortunadamente, existen algunas soluciones muy concretas y prácticas para esta cuestión, incluso reconociendo que, en nuestra sociedad actual, resulta a veces un poco difícil ponerlas en práctica. Algunas de las medidas profilácticas que pueden adoptarse al respecto son las siguientes:

1. Los niños deberían educarse con una actitud sana y completamente exenta de sentimientos de culpa ante la sexualidad humana. Habría que enseñarles desde edad temprana que el sexo, en todos sus aspectos y facetas es una actividad buena y beneficiosa, mientras no dé por resultado que un individuo fuerce a otra persona o atente contra un menor; de una manera concreta, innecesaria y gratuita (A. Ellis, 1954b, 1958c; R. Harper, 1959a; Harper y Harper, 1960).

2. Habría que enseñarles que son necesarias *algunas* reglas para regir el sexo, el amor y las relaciones conyu-

275

gales y que, tanto por su propio bien, como por el bien ajeno, deben atenerse a estas leyes y reglas; sean cuales fueren sus impulsos biológicos. Pero también habría que enseñarles que cuando no se atienen a ciertas leyes sociales y sexuales necesarias, se equivocan y se engañan, pero no se convierten en criminales ni seres repugnantes, que deban reprocharse incesantemente sus extravíos.

3. Habría que alentarles para que sostuviesen amplias relaciones heterosexuales; en particular los juegos eróticos conducentes al orgasmo, desde el comienzo mismo de su adolescencia, sin que se sintiesen culpables por estas participaciones heterosexuales.

4. Deberían recibir una educación sexual intensiva, de manera objetiva e impersonal, explicándoles con detalle todo lo concerniente a las aberraciones sexuales. Habría que hacerles ver que, en lugar de perversa y horrible, la aberración sexual es pueril y denota perturbación y que habría que observarla y combatirla de una manera desapasionada, en lugar de considerarla con horror y vergüenza.

5. Principalmente, habría que educar a los niños y a los adolescentes de manera que se sientan satisfechos de sí mismos, no se preocupen demasiado por la opinión ajena, se muestren dispuestos a correr el riesgo de verse rechazados en sus relaciones amorosas y sexuales, y desechen la creencia de que siempre podrán tener lo que deseen en el momento apetecido. En una palabra: deben educarse de manera que alcancen no sólo la madurez sexual, sino la plenitud completa en todos los aspectos de la vida.

Si nuestros jóvenes reciben esta clase de educación sexual y de la personalidad, habrá muy poco peligro de que muchos de ellos se conviertan en casos graves de perversión sexual. Y los que, a pesar de todo, se perviertan, podrán someterse con relativa facilidad a un tratamiento eficaz, que permitirá su curación.

14 | ANOMALIAS Y ENFERMEDADES SEXUALES

Existen un gran numero de anomalías y dolencias sexuales, algunas de ellas raras pero otras muy comunes. A continuación ofrecemos un cuadro de las más importantes e interesantes.

Dispareunia

La dispareunia o coito doloroso es normal en algunas mujeres que no han sostenido relaciones sexuales, pero es anormal si se prolonga más de unas semanas. En la mujer puede ser resultado de diversas causas físicas, como un pequeño orificio vaginal, inflamación de los órganos genitales, un himen grueso o falto de elasticidad, un ovario o una trompa de Falopio infectados, el encogimiento de la vagina (en las mujeres de edad), la relajación de la estructura pelviana, falta de lubricación o mala técnica sexual.

Como ya hemos mencionado, la doctora Sophia Kleegman (1959) sostiene que el 85 por 100 de las mujeres afectadas de dispareunia persistente tienen pequeñas lesiones de los órganos genitales ocultas; que por lo general pueden corregirse mediante una pequeña operación u otras medidas médicas.

Algunas mujeres que sufren dispareunia empeoran aún más su estado cerrando fuertemente los muslos antes del contacto sexual, de manera consciente o inconsciente, porque temen una cópula dolorosa. Con ello, incluso, pueden producir espasmos de vaginismo (véase más adelante) que aumentarán considerablemente sus propias dificultades.

La dispareunia también existe a veces en el varón y puede provenir de un meato urinario inflamado, un prepucio demasiado cerrado o irritado, cualquier otra sensibilidad del pene, o causas psicológicas. En ambos sexos, entre las causas psicológicas de la dispareunia, pueden hallarse: el temor a la cópula, el estado de tensión general, temor al embarazo, hostilidad hacia el otro cónyuge y una legión de motivos similares.

Los hombres o mujeres que experimenten dolor durante el concúbito deberían consultar a un especialista; de preferencia un ginecólogo o urólogo. Si el reconocimiento médico no revelase las causas del dolor, y el intento por utilizar una mejor técnica sexual y la lubricación no diese resultado, habría que buscar orientación psicológica. Cuanto más tiempo subsista este estado, más difícil será su curación.

Vaginismo

El vaginismo consiste en fuertes contracciones espasmódicas de los músculos de entrada de la vagina, que impiden la introducción del pene en la misma. Como la dispareunia femenina, esta dolencia no es rara, a condición de que subsista solamente por breve plazo después de la cópula inicial. Si durase más tiempo, tendría carácter patológico y sus causas serían sin duda muy similares a las de la dispareunia femenina. En muchos casos, se debe al temor extremado que inspira la cópula o a las malas relaciones personales existentes entre ambos cónyuges, aunque pueden concurrir ambas causas. Antes de intentar la curación mediante los propios esfuerzos, habría que efectuar un reconocimiento médico y psicológico.

Priapismo

El priapismo, la prolongada erección del pene o el clítoris, sin ir acompañada de apetito sexual y que el orgasmo no alivia, es una anomalía muy rara. Su causa hay que buscarla generalmente en una enfermedad neurológica o una irritación génito-urinaria y puede acompañar a otras dolencias; por ejemplo: la leucemia, la tularemia, la anemia perniciosa, la sífilis y múltiples esclerosis. Puede experimentarse de manera benigna o intermitente y en este último caso resulta a veces molesta, pero no es grave. En sus manifestaciones más severas, constituye una enfermedad grave y requiere una atención médica especial.

Ninfomanía

Existe el caso de ninfomanía cuando una mujer experimenta un intenso e irrefrenable deseo que la cópula no alivia, ni el orgasmo, y que puede llegar a enloquecerla. En su verdadera forma es algo excepcionalmente raro y, como casi todas las anomalías de este tipo, parece estar causada por insólitas condiciones provinentes de una enfermedad neuromuscular.

La inmensa mayoría de mujeres presentadas en la literatura como "ninfomaníacas" dominadas por un *furor uterino* incontrolable, no son más que hembras fuertemente sexuadas, muy amantes del placer sexual y cuya conducta casi pasaría desapercibida, de pertenecer al sexo opuesto. Las verdaderas ninfómanas apenas se encuentran fuera de las salas de las instituciones para enfermos mentales.

Satiriasis

El equivalente masculino de la ninfomanía se llama satiriasis y consiste en un deseo intenso, desordenado e insaciable. Es algo muy raro y requiere cuidados médicos. Lo que con frecuencia pasa por "ninfomanía" y "satiriasis" (o donjuanismo) es un desorden más psicológico que físico, cuya víctima busca incensantemente y sin descanso el amor y la aceptación en las personas del sexo opuesto; principalmente para aliviar sus graves sentimientos de frustración, falta de masculinidad o feminidad, o sentimientos de índole general nacidos de una perturbación erótico-afectiva.

Según la posición freudiana clásica, un Don Juan es en realidad un homosexual latente, que sólo trata de convencerse de su propia masculinidad. Sería más prudente afirmar que se trata de un individuo emocionalmente débil, aunque no necesariamente homosexual, que trata de convencerse de lo "fuerte" o "masculino" que es.[1]

Dismenorrea

Para muchas mujeres es normal experimentar cierto dolor durante sus períodos menstruales; pero cuando éste se hace muy intenso, ya no puede considerarse normal. La dismenorrea, o menstruación dolorosa, puede estar causada por un desarrollo incompleto del útero, desequilibrio hormonal, tumores en los ovarios, endometriosis y otros estados patológicos. Requiere una inmediata intervención médica, precedida de acertado diagnóstico, siendo necesaria a veces la consulta psicológica.

[1] Opinión sustentada también por el doctor Marañón (N. del T.)

Leucorrea, o flujo blanco

Las mujeres normales pueden presentar un pequeño flujo en la vagina, causado por las mucosidades que segregan las paredes del conducto vaginal. Cuando este flujo se hace copioso y adquiere un color blancuzco o amarillento, recibe el nombre de leucorrea. Suele ser síntoma de algún trastorno físico o emocional. La leucorrea puede estar producida por diversas causas: infección del conducto vaginal, desplazamiento del útero, erosión de la matriz, irrigaciones excesivas, enfermedades venéreas, etc. Requiere un pronto tratamiento médico y a veces la atención del psicólogo.

Tricomoniasis

La tricomoniasis es una enfermedad común del conducto vaginal femenino y, aunque menos común, también puede consistir en una infección de la uretra masculina. Está causada por unos microorganismos llamados tricomonas y puede existir, al parecer, con independencia de las relaciones sexuales, aunque las mismas puedan propagarla. En la mujer causa ardores, picores, secreciones malolientes y otras sensaciones locales; y en el hombre puede causar uretritis, prostatitis o vesiculitis. Puede curarse, aunque a veces con dificultad en la mujer, mediante adecuado tratamiento médico (Williamson, 1958).

Uretritis

La uretritis no específica, o la inflamación del conducto uretral que no tenga relación con la gonorrea u otras infecciones, es una dolencia bastante común que no es necesariamente de origen sexual, pero puede tener relación con las actividades sexuales. En particular los individuos del sexo masculino pueden contraerla o agravarla sosteniendo relaciones sexuales de manera violenta, frecuente o con falta de lubricación. Sus síntomas acostumbran a consistir en una moderada secreción de color claro que se efectúa por el meato urinario, acompañada de picores, sensación de ardor o pequeños dolores durante la micción. Siguiendo un adecuado tratamiento médico, suele desaparecer al poco tiempo.

Los que tengan tendencia a contraer uretritis tendrían que procurar efectuar sus relaciones coitales o extracoitales de una manera que produjese la mínima irritación al meato y la uretra.

Cistitis

La cistitis, o inflamación de la vejiga urinaria, se presenta a veces en las mujeres (y en ocasiones en el hombre), como resultado de la irritación causada en los órganos genitales por una cópula demasiado violenta, o la transmisión de un organismo infeccioso de un participante al otro. La "cistitis de la luna de miel" suele ocurrir después de una desfloración relativamente violenta. No suele ser una enfermedad muy grave y puede tratarse fácilmente, poniéndose en manos de un buen médico.

Criptorquidismo

El criptorquidismo o criptorquismo se presenta cuando un varón tiene uno o los dos testículos sin descender. Si ambos testículos no descienden, se atrofian y pierden sus funciones generadoras de esperma y de hormonas, el individuo puede adquirir caracteres eunucoides, o ausencia de las principales características físicas masculinas. Cuando sólo un testículo no ha descendido, no se producen consecuencias importantes y el individuo puede ser muy potente y fértil.

El criptorquidismo puede tratarse con frecuencia esperando que los testículos desciendan (si el individuo aún es muy joven cuando esta anomalía se descubre), mediante tratamiento a base de hormonas, o con una intervención quirúrgica.

Trastornos de la próstata

Los trastornos de esta glándula, en especial el ensanchamiento de la próstata, son comunes en los hombres mayores de sesenta años y abundan mucho menos entre los que no alcanzan esta edad. Suele ser una dolencia benigna, aunque en algunos casos puede estar originada por un cáncer, y por consiguiente requiere una inmediata atención médica.

Los síntomas principales de trastornos prostáticos son unas frecuentes y apremiantes ganas de orinar, acompañadas de dolor y escozor. Puede existir una obstrucción urinaria parcial, la vejiga sólo puede vaciarse en parte y la micción puede acompañarse de una ligera hemorragia (Hirsch, 1952). Otros efectos, como uremia y elevada tensión arterial también, pueden presentarse.

Los descubrimientos recientes (Kaufman y Goodwie, 1958) indican que el aumento de tamaño de la próstata puede ser quizá el resultado de una excesiva producción de hormonas sexuales femeninas (estrógeno) y una producción insuficiente de hormonas masculinas (andrógeno) por el individuo enfermo. El tratamiento hormonal acompañado de otras medidas terapéuticas suele surtir efecto; en algunos casos es aconsejable la intervención quirúrgica.

Eunucoidismo

Un eunuco es un individuo que en un tiempo poseyó testículos normalmente descendidos, pero que los perdió quirúrgicamente o a consecuencia de un accidente (a veces puede ser víctima de una atrofia congénita). Si la castración ocurriese antes de que hubiese alcanzado la pubertad, dejarán de desarrollarse varias características masculinas y el individuo quedará sexualmente neutro, y también estéril. Si la castración ocurriese después de la pubertad, el individuo se volvería estéril, pero podría conservar casi todas sus características masculinas, permaneciendo potente durante algún tiempo.

Un eunucoide es un individuo que casi puede considerarse un eunuco. Posee testículos, que pueden o no pueden haber descendido, pero que no se han desarrollado; están atrofiados, enfermos o tienen cualquier otro defecto funcional. Semejantes individuos suelen presentar desequilibrios sexuales y hormonales; en particular una deficiencia en la función gonadorópica de la glándula pituitaria. Puede conseguirse con frecuencia que estos órganos funcionen mejor y que se desarrollen las características masculinas del individuo mediante inyecciones de hormonas.

Hermafroditismo

En circunstancias normales, cuando el feto humano se encuentra todavía al principio de su desarrollo en el útero de la madre, posee unos órganos sexuales no diferenciados. Cuando el embrión tiene seis semanas, se producen unos cambios hormonales que convierten a los órganos masculinos en un pene, testículos, escroto, etc., y los femeninos en una vagina, un clítoris, una vulva, etcétera.

Pero a veces el desarrollo embrionario se altera y un

feto que debiera haberse convertido en un varón o una hembra "puros" adquiere características de ambos sexos. El resultado de ello puede ser un individuo dotado internamente de ovarios y útero, pero provisto de pene en el exterior. O el individuo puede poseer un órgano semejante a un pene y además una vagina.

Los individuos que poseen algunas de las características principales de ambos sexos reciben el nombre de hermafroditas. Según los antiguos métodos de clasificación, los individuos dotados simultáneamente de tejido ovárico y testicular se llamaban verdaderos hermafroditas y los que sólo tenían ovarios o testículos, pero presentaban algunas peculiaridades en sus órganos genitales o reproductivos, recibían el nombre de seudohermafroditas.

Se ha comprobado recientemente que hay numerosos factores, además de la estructura de las gónadas, que influyen en las condiciones sexuales de los hermafroditas (Jones y Scott, 1958; Money, 1960; Moore, 1959) y es probable que se hagan muchas más investigaciones a medida que se reúnan nuevos datos.

Los últimos estudios parecen indicar que el sexo de un individuo depende por lo menos de siete factores básicos: *a)* la disposición de los cromosomas; *b)* la estructura de las gónadas; *c)* la forma y estructura de los órganos sexuales externos; *d)* la forma y estructura de los órganos sexuales y reproductores internos; *e)* el funcionamiento de las hormonas sexuales; *f)* el sexo en el que se ha educado al individuo; y *g)* el sexo que el individuo adopta y se aplica a sí mismo. Si hay acuerdo o coherencia entre los cinco primeros factores señalados, el individuo será un varón o una hembra normales; si hay desacuerdo o incoherencia interna entre ellos, será un hermafrodita. Si las cinco primeras características citadas concuerdan pero las dos últimas difieren de ellas, el individuo será fisiológicamente un varón o una hembra, pero, por motivos psicológicos, será un homosexual, un tranvestista o cualquier otra clase de pervertido sexual.

En lugar de ser homòsexuales o bisexuales, como sería de suponer admitiendo causas físicas para la homosexualidad, la gran mayoría de hermafroditas son en realidad heterosexuales en relación con el modo como fueron educados A. Ellis, 1945; Money, 1960). Es decir, que si un hermafrodita fuese educado como una niña, aunque sólo tuviese tejido testicular y unos órganos genitales principalmente masculinos, muy probablemente sólo se sentiría atraído por los varones; y si un hermafrodita fuese educado como un niño, aunque sólo tuviese tejido ovárico, es muy probable que únicamente se sintiese atraído por las mujeres. Esta es una de las mejores pruebas existentes de que sólo la potencia y no la dirección del impulso sexual, es innata o heredada.

Los hermafroditas suelen crearse generalmente durante las primeras seis semanas de su vida embrionaria. En algunos casos, empero, el niño recién nacido puede sufrir un tumor en la capa exterior (cortex) de las cápsulas suprarrenales, que da por resultado una gran afluencia de hormonas sexuales masculinas en el torrente sanguíneo. Esto puede producir un desarrollo sexual precoz en los niños, con el resultado de que un niño de cuatro o cinco años puede adquirir unos órganos sexuales de las dimensiones de un adulto, acompañados de los apetitos correspondientes; o en el caso de las mujeres, puede causar virilismo, o sea el desarrollo del vello en todo el cuerpo, una voz grave, un clítoris desmesurado y otras características masculinas (Allen y Broster, 1938; Jones y Scott, 1958).

A veces puede conseguirse, por medios quirúrgicos y médicos, que los hermafroditas desarrollen las características de un sexo determinado. Así, por ejemplo, un individuo que posea pene y vagina, y que sea más hembra que varón, puede hacerse extirpar el pene y tomar hormonas femeninas, que contribuyan a su desarrollo como mujer. Por el contrario, si este individuo desea ser varón y no hembra, puede hacerse coser la vagina y someterse a un tratamiento de hormonas masculinas.

Algunos casos muy comentados de individuos que han "cambiado" de sexo, no son más, en realidad, que casos de transexualistas (véase capítulo catorce); que son normales, bajo el punto de vista genital y productor, pero que, a causa de graves perturbaciones en su personalidad, experimentan un deseo irresistible de pertenecer al sexo opuesto y de vestirse y obrar como personas de este otro sexo. Estos individuos no son hermafroditas, sino personas que presentan una aberración psicológica y que son incapaces de vivir de acuerdo con su papel sexual genético.

Lesiones genitales

Los órganos genitales masculinos o femeninos pueden sufrir toda clase de lesiones, como resultado de accidentes, abortos criminales, partos, enfermedades, etc. Algunas veces estas lesiones pueden estar causadas por las relaciones sexuales; por ejemplo, cuando una mujer ha sido forzada.

Por lo general la vagina es un órgano tan elástico y el pene tiene una forma tan apropiada para su función, que ni la cópula más violenta suele producir lesiones genitales. Aunque el varón posea un miembro descomunal y la hembra tenga una vagina relativamente pequeña, es muy raro que se produzcan lesiones a consecuencia de una cópula regular.

Al propio tiempo, existen algunos individuos, en número más bien escaso, que poseen órganos genitales relativamente delicados o que pueden sufrir daños en el curso de unas relaciones sexuales vigorosas. Hay también otras personas que pueden sufrir lesiones de los órganos genitales, a consecuencia de una violación o el ataque de un sádico. Es conveniente, pues, tener cuidado, dentro de límites razonables, en lo que a esto concierne; en especial por los que se hallen predispuestos a sufrir lesiones físicas. De este modo, puede tenerse la casi seguridad de que no se presentarán dificultades de este género.

Ladillas

Las ladillas son insectos anopluros emparentados con los piojos, parásitos de los órganos genitales, en particular las partes vellosas del pubis, y que se adquieren por el coito con una persona que los posea. Producen grandes picores, que obligan a rascarse continuamente, pero casi siempre pueden eliminarse empleando preparaciones de benzoato de bencilo mezclados con un poco de DDT u otro producto recetado por el médico.

Infantilismo

Algunas personas de ambos sexos no han alcanzado la madurez psicosexual, a causa del inadecuado funcionamiento de sus glándulas hormonales. El individuo hipogonádico puede ser de constitución normal, enano o físicamente desproporcionado. Estas clases de individuos suelen presentar órganos genitales o sistema reproductor subdesarrollados, concurriendo a veces ambas circunstancias.

En los casos benignos, los individuos que sufren infantilismo son bastante normales en el aspecto sexual, aunque algunas veces puedan ser estériles. En los casos más graves apenas tienen líbido, pudiendo ésta faltar en absoluto. Si el estado se descubre a tiempo, algunos de estos pacientes pueden someterse con éxito a un tratamiento a base de inyecciones hormonales, que les permitirá superar hasta cierto punto su infantilismo.

Penis captivus

El penis captivus, o captura del pene por la vagina, con el resultado de que el varón no puede retirarlo, parece haber ocurrido de vez en cuando, pero es un fenómeno tan raro que en la literatura sexológica se encuentran escasísimos casos auténticos. Aunque en teoría es posible que la mujer sufra un espasmo vaginal que aprisione el pene de su pareja por la base, y, oprimiéndolo de este modo, impida que desaparezca la erección; esto no es fácil que ocurra, porque prácticamente todos los hombres notarían que su erección desaparecía a causa del miedo o el disgusto, pudiendo retirar con facilidad el miembro. Algunos hombres, casi siempre individuos aquejados de graves trastornos psíquicos, *temen* el *penis captivus*, pero este percance no se presenta nunca a ninguno de ellos. En mis muchos años de sexólogo y psicólogo, nunca me he tropezado con un solo caso auténtico.

Enfermedades venéreas

Las principales enfermedades venéreas que afligen al género humano son la gonorrea y la sífilis; aunque existen también otras dolencias menos difundidas como: chancroides, frambesía, granuloma inguinal y granuloma venéreo linfático, que a veces pueden resultar graves.

La gonorrea y la sífilis se contraen casi siempre a través del contacto sexual directo, pues los microorganismos causantes de estas enfermedades sucumben con rapidez al hallarse expuestos al aire o al agua. La gonorrea puede trasmitirse por medios no sexuales a las mujeres jóvenes, cuya mucosa vaginal no es muy gruesa; y de manera aún más frecuente, la sífilis se trasmite por contacto no genital, como el acto de besar o tocar a un sifilítico que presente un chancro, que actúe como trasmisor de la infección sifilítica.

Los primeros síntomas de la gonorrea suelen aparecer de dos a cinco días después del contagio. El hombre suele experimentar dolor al orinar y se produce una secreción uretral, a veces sanguinolenta. La mujer no presenta síntomas de momento, pero puede orinar con frecuencia, siendo la micción dolorosa y notando picores y ardores en la vulva, acompañados de secreción vaginal y uretral. El diagnóstico médico se establece mediante examen microscópico de un frotis y cultivos procedentes de las vías urinarias, los cuales revelan que los agentes causantes son gonococos.

La sífilis primaria suele iniciarse con una llaga indolora llamada chancro, que surge en el lugar por donde se ha efectuado el contagio y que suele aparecer de doce a cuarenta días después de contraer la infección. El chancro sifilítico muestra tendencia a curarse lentamente, en el plazo de tres a ocho semanas. La sífilis secundaria, que se presenta cuando los espiroquetas causantes de la enfermedad se han difundido por todos los tejidos orgánicos y empiezan a causar lesiones, puede producir numerosos trastornos, que van desde malestar y persistentes jaquecas a náuseas, vómitos, sordera, voz ronca y varios tipos de lesiones cutáneas.

El último período de la sífilis o terciario, suele aparecer años después de haberse contraído una infección sifilítica y puede acarrear la destrucción de diversas partes del cuerpo, como la piel, el sistema cardiovascular, los huesos y el sistema nervioso central (Blau, 1960).

El mejor medio para evitar la sífilis o la gonorrea es rehuir el contacto sexual con individuos del otro sexo (o del mismo), susceptibles de tener estas enfermedades. En la actualidad, estos tipos de enfermedades venéreas son raros entre las personas normales de la clase media o de carrera. Abundan más entre las personas poco cuidadosas de las clases inferiores, en especial entre las prostitutas comunes o los hombres que frecuentan a esta clase de mujeres. Por consiguiente, si las relaciones sexuales se limitan a personas cultas y educadas que limitan sus contactos sexuales a relativamente pocas personas, existen escasas probabilidades de contraer enfermedades venéreas.

Otro medio muy bueno para evitar infecciones venéreas consiste en emplear el preservativo con todas las mujeres susceptibles de provocar un contagio. El varón debe insistir en el empleo del preservativo cuando sostenga relaciones sexuales con una mujer a la que no conozca bien; y la mujer, por su parte, debe insistir en que su compañero lo utilice cuando tenga motivos para sospechar que sufre sífilis o gonorrea. Las enfermedades venéreas también pueden contraerse a pesar de utilizar condones, pero el riesgo queda considerablemente reducido.

El tercer medio de evitar las infecciones venéreas consiste en ingerir una tableta de penicilina o cualquier otro medicamento adecuado, siempre por prescripción facultativa, antes del contacto sexual, y lavarse después concienzudamente los órganos genitales con agua y jabón (Blau, 1960).

El tratamiento de la sífilis o la gonorrea cae dentro del campo de la medicina y generalmente se efectúa mediante la administración de penicilina u otros antibióticos. A la menor sospecha de contagio, hay que ponerse en manos del médico inmediatamente.

15 | FECUNDIDAD Y ESTERILIDAD

La concepción en las mujeres se efectúa cuando el varón eyacula el semen en la vagina y algunos de los espermatozoides, contenidos en el licor seminal, consiguen ascender hasta la matriz y pasar de ésta a las trompas de Falopio. La fecundación también puede tener lugar cuando el semen se deposita en la vulva, fuera de la vagina, y los espermatozoides ascienden por el canal vaginal y pasan al útero, aunque esto sucede muy raramente.

Para quedar fecundada, una mujer debe haber pasado por el proceso de la ovulación; que consiste en lo siguiente: desde uno o ambos ovarios, situados a los lados del útero, junto a las trompas de Falopio, se desprende un óvulo, generalmente a cada ciclo menstrual y casi siempre a mediados de este ciclo (o del deudécimo al décimosexto día, en un período de veintiocho días, o mes lunar).

Los espermatozoides tienden a concentrarse en la parte superior de las trompas de Falopio, después de pasar por el útero; y cuando el óvulo penetra en una de las trompas encuentra a un espermatozoide, al que se une, produciéndose entonces la fecundación.

El óvulo fecundado pasa entonces al útero y se adhiere al epitelio especial, preparado para recibirlo, durante cada período, por el ciclo hormonal femenino. Una vez allí, empieza a dividirse y subdividirse en muchas más células, que continúan creciendo y dividiéndose para formar el embrión, que más tarde se convertirá en el feto.

Después de anidar nueve meses el embrión en su seno y de alimentarlo a través de una membrana llamada placenta, con sustancias alimenticias de su propio organismo, la mujer comienza a experimentar los dolores del parto, o contracción, desencadenados por una de sus hormonas reproductoras. Mientras estos dolores continúan por un tiempo, el útero se contrae y termina por expulsar al feto por la abertura de la matriz o cuello del útero, que se ensancha considerablemente en aquel momento. Después de recorrer la vagina, la criatura sale a la luz; a grandes rasgos, éste es el proceso del parto.

Por consiguiente, para que ocurra la fecundación y ésta termine en el parto, deben concurrir varias causas: *a)* el varón debe producir espermatozoides sanos y eyacularlos en cantidad suficiente en el interior de la vagina de la mujer; *b)* estos espermatozoides deben de poseer suficiente movilidad para ascender hasta las trompas de Falopio mediante movimientos vibratorios de la cola; *c)* los tejidos vaginales y las secreciones mucosas de la vagina, en la matriz, deben de estar preparadas para permitir la supervivencia y los movimientos de los espermatozoides; *d)* el óvulo femenino debe hallarse en buenas condiciones y debe pasar al interior de la trompa de Falopio; *e)* mientras se encuentre en la trompa (donde sólo permanece un día o dos) el óvulo debe encontrar un espermatozoide vigoroso, con el que se unirá; *f)* el óvulo fecundado debe pasar al útero y adherirse a sus paredes; *g)* debe recibir suficiente nutrición mientras se halle adherido, para poder subdividirse y desarrollarse; *h)* debe permanecer adherido a la pared durante nueve meses, aproximadamente, para continuar recibiendo una nutrición adecuada a través de la placenta, sujeta al útero materno; *i)* por último, debe debe ser expulsado sin dificultades por el cuello del útero a la vagina, para pasar acto seguido, por ésta, al mundo exterior.

Han de tener lugar muchos procesos, pues, antes de que se efectúe adecuadamente la fecundación y el embarazo llegue felizmente a su término; y cada uno de estos procesos requiere que se cumplan una serie de requisitos bioquímicos, para que se realicen debidamente.

Por consiguiente, si uno cualquiera de estos procesos fundamentales o cualesquiera de sus principales requisitos fuesen obstaculizados, la fecundación no tendría lugar; el feto podría resultar destruido antes de alcanzar su pleno desarrollo; o finalmente nacería, pero de manera deforme o monstruosa (Masters, 1957a).

Existe la idea equivocada, pero muy difundida, de que la mujer no puede concebir sino experimenta el orgasmo en el acto sexual. Esto no es cierto. La capacidad para el orgasmo y la fecundidad quizá puedan tener algo en común, pues las mujeres que sufren una tensión excepcional porque no alcanzan el orgasmo, o no lo alcanzan a causa de su tensión, pueden adquirir tal rigidez neuromuscular, que se produzcan espasmos en las trompas de Falopio u otras partes de su sistema reproductor, lo cual acarreará su infecundidad. Pero hay muchas mujeres frígidas que quedan embarazadas; así es que no existe relación clara entre la frigidez y la falta de fecundidad (Cesar y Dubcovsky 1957).

A causa de todas las complicaciones concomitantes con el proceso de la concepción y el parto, la fecundidad varía enormemente de una mujer a otra. A veces se requieren numerosas cópulas, sin el empleo de ninguna medida anticonceptiva, para que el óvulo quede debidamente fecundado; y en un 10 por 100 de los casos en que los óvulos son fecundados no alcanzan la madurez, por diferentes motivos, produciendo fetos que abortan espontáneamente antes del parto.

Cuando un matrimonio desea tener hijos sin conseguirlo, se dice que tal matrimonio es estéril. La esterilidad puede deberse a la incapacidad o la dificultad experimentada por uno de ambos cónyuges. Las principales causas de esterilidad en el varón son varias enfermedades: Paperas o gonorrea, defectos en el pene, testículos retenidos y deficiencias hormonales.

Las principales causas de la esterilidad femenina pueden estar vinculadas a: tumores, deficiencias hormonales, lesiones, anomalías vaginales, órganos de la generación infantiloides, enfermedades o atrofia de los ovarios, cierre u obstrucción de las trompas de Falopio, himen impenetrable, vaginismo, exceso de acidez en la vagina y obstrucción parcial del cuello del útero.

En algunos casos, ninguno de ambos consortes es absolutamente estéril, pero ambos lo son de manera relativa; lo cual significa que no pueden engendrar hijos entre ellos, pero los podrían tener con otras personas. En la mayoría de los casos es probablemente la mujer y no el marido quien tiende más a la esterilidad absoluta; pero en el 40 por 100 de los casos, aproximadamente, es el marido.

No hay que confundir la esterilidad con la incapacidad sexual. Un varón incapaz sexualmente puede tener dificultad en fecundar a su esposa, al no poder eyacular el semen en la vagina; pero si se consigue llevar al semen hasta el útero (poniéndolo, por ejemplo, en un tampón vaginal e insertando este apósito a la entrada de la matriz), la fecundación puede llegar a realizarse perfectamente. Por otra parte, muchos hombres capaces de sostener relaciones normales perfectas, son incapaces de fecundar a la esposa porque sus espermatozoides son deficientes, no existen o están muertos.

También es posible —aunque resulta difícil demostrarlo con certeza— que un hombre o una mujer sean estériles, no por motivos físicos, sino a causa de trastornos de orden psicológico. Así, como ya hemos observado, una mujer psíquicamente alterada puede tener espasmos de las trompas de Falopio, que llevarán a una esterilidad temporal.

Los matrimonios que deseen tener hijos y que durante dos años lo hayan intentado sin conseguirlo, deberían someterse a reconocimiento médico para descubrir la causa de su esterilidad. El examen microscópico del semen masculino puede determinar si el varón produce un número suficiente de células espermáticas y el estado en que éstas se encuentran. Si muestra deficiencias al respecto, puede someterse, a veces y con buenos resultados, a un tratamiento a base de inyección de hormonas, y otros ciudados médicos.

Antes se creía que unas relaciones sexuales demasiado frecuentes afectaban la producción masculina de espermatozoides, pero recientemente se ha descubierto (Lampe y Masters, 1956) que el coito frecuente sólo puede afectar la producción espermática del varón estéril, y no la del varón relativamente fecundo.

Las pruebas necesarias para dictaminar la esterilidad suelen ser más complicadas en la mujer que en el hombre, pues las mujeres, por naturaleza y por tener su mecanismo sexual más complejo, pueden presentar numerosas causas que obstaculicen sus facultades procreadoras o que les impidan llevar un embarazo a término. Su producción de hormonas (entre las que se hallan diversas hormonas sexuales y reproductoras) puede ser deficiente o funcionar mal; las trompas de Falopio pueden estar obstruidas; el útero puede estar desplazado, etc. Por consiguiente, el reconocimiento y el tratamiento de las mujeres estériles puede comprender diversas pruebas: análisis hormonal; gráficos de temperatura para comprobar cuándo y cómo se produce la ovulación; ensanchamiento de las trompas; colocación en su sitio de útero caído; inyecciones de hormonas; dilatación del cuello de la matriz, etc. (Hotchkiss, 1952; J. Rosen, 1952).

Medidas para facilitar la fecundación

Suponiendo que ambos cónyuges hayan sido reconocidos a fondo sin que se hayan descubierto los motivos y causas de esterilidad, pero de todos modos aún no puedan tener hijos, pueden probar los siguientes procedimientos para aumentar las posibilidades de fecundación:

1. Ambos consortes deben mantenerse en la mejor forma física posible, descansando un número suficiente de horas, haciendo un régimen adecuado, ejercicio, vida al aire libre, etcétera.

2. En algunos casos, las relaciones sexuales deben espaciarse unos días.

3. El coito debe efectuarse principalmente a mediados del ciclo menstrual femenino o alrededor de la época de la ovulación; tras de un breve período de abstinencia. Esto puede conseguirse calculando diversos períodos, que permitirán averiguar la fecha aproximada en que éstos llegan a la mitad. Algunas mujeres advierten que se produce la ovulación al experimentar un ligero dolor por esta época, al lado derecho o izquierdo del bajo vientre.

En casi todos los casos, la temperatura desciende ligeramente la víspera de la ovulación y se eleva bruscamente, a veces hasta dos grados o más, el día en que ésta se produce. Si se lleva un registro exacto de la temperatura, siempre bajo supervisión médica y mediante un termómetro especial empleado para este fin, se puede determinar con exactitud cuándo se produce la ovulación.

4. Pueden emplearse posturas para el coito que favorezcan la fecundación. La posición cara a cara, con la mujer tendida de espaldas y las caderas ligeramente elevadas, puede ser la mejor postura para la mayoría de parejas. Después de la cópula, la mujer debe mantener esta posición durante algunos minutos, levantando a veces las nalgas con ayuda de una almohada, a fin de que el

semen no se escurra fuera del cuello del útero (Dickinson, 1950).

5. En los casos en que ambos cónyuges son fecundos pero existe algún obstáculo que impida que el semen masculino penetre en la matriz, puede acudirse a la inseminación artificial, utilizando el semen del marido por un médico que recoge la esperma masculina para inyectarlo directamente en la boca del útero de la esposa (Lehfeldt, 1960a).

6. En los casos en que la mujer es fecunda pero el varón estéril, puede apelarse a la inseminación artificial utilizando otro donante. En este caso, el médico escoge un donante adecuado e inyecta sus células espermáticas en la boca del útero. La inseminación artificial por medio de un donante puede causar algunas dificultades de orden legal en algunos países o en varios estados de la Unión; sin embargo, se emplea en miles de casos todos los años.

7. Como la esterilidad, en algunos casos, puede ser el resultado de factores psicológicos, a veces la psicoterapia puede resultar indicada para el marido y la mujer, en particular para esta última, dando buenos resultados en un gran número de casos (Bos y Cleghorn, 1958).

16 | EL EMBARAZO

Como ya hemos indicado, la fecundación tiene lugar cuando un solo espermatozoide de los muchos millones que contiene la eyaculación de un hombre normal, alcanza las trompas de Falopio de la mujer y penetra en el óvulo. El óvulo fecundado empieza entonces a aumentar de tamaño hasta que el feto resultante está lo bastante desarrollado para salir al exterior.

Señales del embarazo

Existen varias señales de embarazo, ninguna de las cuales es totalmente infalible, aunque varias de ellas son bastante seguras:

1. Por lo general, cesa la menstruación cuando una mujer está embarazada. No obstante, en ocasiones la mujer encinta sigue menstruando. Y con frecuencia la menstruación puede interrumpirse temporalmente por otras causas distintas: enfermedad, ansiedad, desequilibrio hormonal o una vida sometida a condiciones difíciles. Muchas mujeres que dejan de menstruar por estos motivos no están embarazadas, y algunas de ellas, en realidad, son estériles.

2. A menudo las mujeres experimentan náuseas, se sienten enfermas e irritables durante los primeros meses del embarazo, mostrando síntomas de la llamada "enfer-

medad matinal". Sin embargo, muchas mujeres se encuentran maravillosamente bien durante todo el embarazo, mientras que otras experimentan molestias debidas a causas psicológicas, incluso cuando no están embarazadas.

3. A medida que avanza la gestación, el abdomen femenino, ocupado por el feto en crecimiendo empieza a hincharse. No obstante, algunas mujeres (especialmente las altas) muestran un vientre muy poco voluminoso durante los cinco o seis primeros meses del embarazo; mientras que muchas mujeres no embarazadas pueden mostrar un considerable abultamiento ventral a causa de un aumento de peso, tumores abdominales u otras causas. Incluso es posible que una mujer tenga pseudociesis, o falso embarazo, durante el cual engordará enormemente, dando toda la impresión de que transporta un feto en el abdomen, aunque en realidad no esté embarazada. Se le llama también "embarazo fantasma" y es un síntoma claramente histérico.

4. Algunas pruebas, como la de Ascheim-Zondek y la de Friedman suelen servir para diagnosticar el embarazo. En estas pruebas, se inyecta orina procedente de la presunta embarazada en un ratón, un conejo, una rata o una rana, y se observa si el animal inyectado experimenta cambios significativos, causados por las sustancias hormonales presentes en la orina de las mujeres embarazadas. Puede utilizarse igualmente suero sanguíneo. Las pruebas de la orina y de la sangre pueden dar un diagnóstico en pocas horas o pocos días, según el tipo de prueba que se haya efectuado. Estas pruebas pueden dar resultados exactos quince días después de la concepción o diez días después de la ausencia de la regla.

Las muestras de orina deben tomarse en ayunas y por lo menos deben consistir en un decilitro. Se entregarán al laboratorio o al médico en una botella bien limpia o cualquier otro recipiente; debe conservarse en frío y añadirle tres gotas de Tricresol, Lisol o Creolina para conservarla, si hay que enviarla a cierta distancia o analizarla algún tiempo después de haber sido obtenida.

Las pruebas que actualmente se hacen para determinar el embarazo son muy seguras, pues indican el embarazo en el 98 por 100 de los casos, cuando son positivas. Si son negativas, empero, aún existe una ligera posibilidad de que la mujer esté embarazada.

5. El examen del ginecólogo puede revelar a menudo si una mujer está embarazada, a partir de tres semanas después de la fecundación. Esta clase de examen, sin embargo, no siempre es infalible, pues diversas condiciones de la mujer (por ejemplo, obesidad, útero caído o un tumor de la matriz o los ovarios) suelen hacer difícil el diagnóstico. Combinando la visita al ginecólogo con una de las pruebas antes citadas, se podrá conseguir un diagnóstico con el máximo de seguridad.

6. Entre cuatro y cinco semanas después de la concepción, la mujer puede sentir al feto moviéndose en su interior. El médico puede utilizar entonces el estetoscopio para escuchar las palpitaciones cardíacas del niño que ella lleva en su seno; en este caso puede establecerse un diagnóstico de embarazo absolutamente seguro. Antes de esta época, el diagnóstico, aunque bastante exacto, no será absolutamente seguro .(Guttmacher, 1955).

A causa de la posibilidad de un diagnóstico equivocado, es muy importante que la mujer que se considere embarazada se someta a un completo reconocimiento médico; del que pueden formar parte las pruebas del embarazo, antes de dar por supuesto que está embarazada. Particularmente en los casos en que, por una u otra razón, sea necesario interrumpir el embarazo (por ejemplo, cuando la mujer no puede llevar adelante la gestación a causa de graves perturbaciones físicas o emocionales), será absolutamente necesario establecer un diagnóstico correcto.

Por falta de semejante diagnóstico, ocurren todos los

años cientos y acaso miles de abortos innecesarios, de los que han sido víctimas muchas mujeres que se consideraban grávidas sin estarlo.

Interrupción del embarazo

En circunstancias normales, la gestación dura nueve meses y termina con el parto de un niño completamente desarrollado. A veces, sin embargo, la mujer embarazada no puede mantener nueve meses al feto en su seno y éste nace prematuramente, produciéndose lo que se llama un aborto. Las mujeres con tendencia a esta clase de abortos espontáneos deberían someterse a riguroso control médico. Si siguen los consejos del ginecólogo, evitan esfuerzos y fatigas y toman hormonas u otros medicamentos durante los primeros meses del embarazo, generalmente pueden llevar la gestación a feliz término (Javert, 1959; Masters, Maze y Gilpatrick, 1957).

Algunas veces, el embarazo se prosigue casi hasta el final, pero se produce un parto prematuro a los seis, a los siete, a los ocho meses después de la concepción. Estos partos prematuros eran antes muy graves para la vida del recién nacido. Hoy en día, sin embargo, merced a las modernas incubadoras, es casi siempre posible mantener vivo a un niño prematuro, sin que éste sufra daño.

Cuando se interrumpe el embarazo por medios artificiales, se produce un aborto. Casi todas las naciones civilizadas del mundo, por diversos motivos, prohiben rigurosamente esta interrupción artificial del embarazo, que sólo está justificada en condiciones excepcionales; por ejemplo: cuando la vida de la madre corra peligro si no se interrumpe el embarazo.

La Unión Soviética ha autorizado a veces el aborto, pero otras veces lo ha perseguido implacablemente. Los países escandinavos suelen abrigar ideas muy liberales a este respecto, pero incluso en estas naciones el aborto no se acepta de buenas a primeras (Tietze, 1959b). En la actualidad, el aborto legal es muy barato y fácil de obtener en el Japón y en un sólo año pueden efectuarse hasta más de un millón de abortos (según cifras oficiales).

A pesar de las restricciones legales que suelen pesar sobre el aborto, todos los años se provocan varios millones de abortos en todo el mundo; porque las mujeres, a menudo por razones económicas o porque se trata de jóvenes solteras que han tenido un "desliz", prefieren no ser madres (Devereux, 1955; Van Emde Boas, 1952).

En los Estados Unidos, un médico de gran reputación y de gran honestidad profesional, el doctor G. Loutrell Timanus, dijo, en el curso de una conferencia sobre el aborto, que en sus treinta años de ejercer la medicina había practicado 5.210 abortos. Calculaba también que otro médico, que él conocía personalmente, había realizado alrededor de 40.000 abortos en medio siglo de ejercicio profesional (I. Rubin, 1959a). Es imposible calcular el número exacto de abortos que tienen lugar en todos los Estados Unidos, pero las cifras oscilan entre 200.000 y 1.200.000 anuales, siendo muchas las autoridades que se inclinan por esta segunda cifra (Calderone, 1958; H. Rosen, 1954; Rongy, 1933).

Muchas mujeres, antes de acudir a la práctica del aborto criminal, intentan el empleo de medios mecánicos para provocarlo; por ejemplo, baños calientes, ejercicio extenuante, montar a caballo y cópulas violentas. Otras acuden a las inyecciones de hormonas. Y aun las hay que emplean los medios que les facilita la farmacopea, como laxantes, dosis abundantes de quinina o derivados del cornezuelo de centeno, que no son precisamente demasiado eficaces y que, dejando aparte su posible eficacia, a menudo entrañan seria peligrosidad.

Algunas mujeres, llevadas por la desesperación, resuelven practicarse ellas mismas el aborto, con agujas de hacer calceta, brochetas, pasadores y otros instrumentos; a menudo con trágicas consecuencias para ellas y los hijos que han concebido (Mozes, 1959d). Muchas que desean terminar artificialmente su embarazo, se ponen en manos de comadronas o médicos sin escrúpulos para que les produzcan un aborto ilegal.

En estos casos, cuando se busca la ayuda de curanderos o de médicos desaprensivos para provocar el aborto, graves daños pueden causarse a las madres y sus hijos por nacer. Por consiguiente, ha habido muchos intentos por legalizar el aborto o disminuir las restricciones que hoy pesan sobre él; puesto que un aborto practicado en las debidas condiciones, en la clínica y por un médico competente, en la mayoría de los casos no dará por resultado una infección, la esterilidad o cualquier otro de los resultados indeseables del aborto criminal.

Recientemente, el Instituto Jurídico Norteamericano aprobó una proposición en el sentido de permitir el aborto terapéutico legal, en condiciones de riguroso control, cuando resultase beneficioso para la madre o el niño por nacer. Todos estos intentos por liberalizar las leyes sobre el aborto han fallado y sin duda continuarán fallando en el futuro inmediato; en gran parte a causa de las actitudes excesivamente sentimentales de los que se oponen al aborto legalizado. En tales circunstancias, lo más aconsejable, para un matrimonio que desee no tener hijos, es atenerse estrictamente a las técnicas adecuadas para la regulación de la natalidad, comentadas en el capítulo siguiente.

En los Estados Unidos, el aborto terapéutico puede efectuarse legalmente si la vida de la madre corre peligro. Aunque la opinión médica se muestra más liberal a este respecto que hace unos años, la oposición jurídica y religiosa sigue siendo considerable, con el resultado de que los abortos terapéuticos son relativamente raros (Lehfeldt y Ellis, 1959).

Determinación del sexo

Durante muchos siglos, el hombre ha tratado de descubrir un medio para determinar el sexo de un niño antes de nacer y de influir en su futuro sexo antes de engendrarlo. La primera de estas cuestiones parece hallarse prácticamente resuelta en la actualidad, pues varios investigadores que han trabajado independientemente en los Estados Unidos y fuera de ellos, han descubierto recientemente pruebas casi infalibles para averiguar el sexo de un niño, cuando éste aún se encuentra en el vientre materno.

La segunda de estas cuestiones —dar el sexo que se desee al hijo que se van a engendrar —sin duda también será resuelta, con el tiempo. Sin embargo, ya es otra cosa saber que esta posibilidad se aprovechará para buen fin.

A causa de numerosos prejuicios, los padres suelen desear un hijo o una hija; y cuando estos prejuicios son muy intensos y arraigados, crean una actitud hostil para el hijo, si éste no es del sexo deseado. En tales circunstancias, sería mejor para los padres, que buscasen orientación psicológica, en vez de los medios químicos de determinar el sexo de sus hijos.

Influencia de las experiencias maternas en el hijo

Antes se creía que todo cuanto hiciese la madre mientras trasportaba el hijo en su seno afectaría gravemente al niño por nacer. Después la opinión médica saltó al extremo opuesto y aseguró que nada de lo que pudiese hacer la madre, salvo producirse graves lesiones físicas o debilitarse por un régimen alimenticio insuficiente, podía afectar al feto.

En la actualidad, la opinión ha vuelto en parte a la posición primitiva; pues creemos que un grave trastorno emotivo por parte de la madre puede producir ciertos efectos en su salud, en su sistema nervioso vegetativo y en las secreciones hormonales. Teniendo en cuenta que las sustancias segregadas por el organismo materno pueden llegar al feto a través de la placenta, es posible que un grave trastorno emocional de la madre afecte a su vástago. Belafsky (1958) señala que el miedo y los sentimientos de culpabilidad, durante el embarazo, pueden ser los responsables de muchas de las dolencias y molestias físicas que se presentan por esta época. Y Peer (1958) ha demostrado que el *stress* materno durante la gravidez parece ser un factor más importante que la herencia, como causa de defectos congénitos en el niño.

Por consiguiente, es aconsejable que la madre procure mantenerse en las mejores condiciones físicas y psíquicas durante el embarazo, esforzándose por eliminar las influencias nocivas. Si no consiguiera mantenerse relativamente libre de graves perturbaciones emocionales, debería procurarse ayuda psicológica.

Influencias genéticas y eugenésicas

Un niño no sólo se halla influido por su medio ambiente prenatal y posnatal, sino que se ve también afectado en alto grado por los genes que hereda de ambos progenitores. En algunos casos en que existen graves enfermedades hereditarias en la familia de uno de los cónyuges, es altamente probable que el niño muestre una predisposición hacia tales enfermedades.

Algunas características del niño pueden deberse a la herencia. Todos nacemos con un tipo sanguíneo RH-positivo o RH-negativo. Si la madre tiene un RH-negativo y su hijo un RH-positivo, pueden formarse anticuerpos en la sangre de la madre, que se trasmitirán al hijo, el cual nacerá con heritroblastosis. El factor RH puede comprobarse fácilmente, así que la mujer está embarazada; y pueden adoptarse las medidas apropiadas para superar cualquier influencia perniciosa que pudiera derivarse del mismo.

Otros factores genéticos, empero, no pueden anularse tan fácilmente en muchos casos. Los matrimonios que tengan motivos para sospechar que existen peligrosas tendencias hereditarias entre los ascendientes de uno de ellos, deberían procurarse el consejo de un especialista competente para decidir entonces, a la vista de éste, si es prudente que tengan hijos.

Como el acto de engendrar un hijo trae aparejada una extraordinaria responsabilidad, cuantos más datos los padres reúnan a este respecto, mayores probabilidades de ser felices tendrán ellos y su descendencia (Hammons, 1959; Scheinfeld, 1956).

17 | METODOS PARA LA REGULACION DE LA NATALIDAD

Es posible que tarde o temprano se descubra un método perfectamente seguro y de fácil empleo para la regulación de la natalidad, pero tal método desgraciadamente aún no existe. En la actualidad, el empleo adecuado de métodos anticonceptivos, en particular en el caso de las mujeres, es ante todo un problema de instrucción médica y debe ser resuelto individualmente por cada matrimonio en consulta con el especialista (Lehfeldt, 1960b). Por consiguiente, en este capítulo no daremos instrucciones excesivamente detalladas a este respecto, limitándonos simplemente a señalar las principales técnicas existentes. Son muy diversos los métodos principales para evitar la concepción. Vamos a enumerarlos sucintamente.

Instrumentos para el varón

El principal medio masculino para el control de la natalidad es el preservativo o condón (llamado popularmente: "goma"). Los preservativos suelen ser de goma muy fina o de piel de animal. Los condones de goma son pequeñas bolsas alargadas que se adquieren enrolladas convenientemente y en el momento de utilizarlas se desenrollan sobre el pene. Acostumbran a ponerse con el miembro en erección; pero también es posible, en muchos casos, colocarlos en el pene fláccido, para hallarse preparado antes de que se inicie la cópula, en lugar de tener que interrumpirla para ponerse el preservativo.

Puede saberse si los preservativos se hallan en buen estado, llenándolos de agua para comprobar pequeñas cortaduras o hinchándolos como un globo, para ver si hay escapes de aire. Es aconsejable a menudo frotar con un poco de lubricantes, como gelatina quirúrgica K-Y o gelatina espermicida, el interior y el exterior del preservativo antes de utilizarlo; de lo contrario, puede producirse una falta de sensación (Lewin y Gilmore, 1951). También es aconsejable dejar el extremo superior del preservativo algo suelto, en vez de colocarlo muy ajustado sobre el pene; pues los preservativos de goma pueden reventar si el semen no encuentra espacio suficiente donde acumularse después de la eyaculación.

Si los condones de goma son de primera calidad, pueden lavarse y secarse después de usarlos; para espolvorearlos después con polvos de talco por ambos lados y enrollarlos, guardándolos para una nueva utilización. Antes de emplearlos otra vez, puede verificarse nuevamente su estado.

Los preservativos de piel animal se utilizan húmedos y no secos y pueden utilizarse muchas veces antes de tirarlos. La mayoría de usuarios los encuentran menos convenientes que los de goma, aunque algunos los prefieren; en particular porque coartan menos las sensaciones que se experimentan.

Para alcanzar la máxima eficacia anticonceptiva, habría que acostumbrarse a emplear los preservativos juntamente con una gelatina espermicida; que podría aplicarse en la parte exterior de la punta del preservativo o dentro del mismo, y que al mismo tiempo podría servir de lubricante. Los preservativos también pueden utilizarse conjuntamente con la colaboración de métodos químicos, con el método de Ogino-Knaus, y otros que más adelante se describen. De todos modos el preservativo, utilizado con exclusión de cualquier otro método, es bastante seguro, pero no se halla exento de fallo. También presenta el inconveniente de reducir el goce en muchos hombres y en su pareja. Por otra parte, tiene la ventaja de prolongar el coito para algunos hombres propensos a tener una rápida eyaculación.

Cuando se utilice el preservativo habrá que tener cuidado, después de la eyaculación, de evitar que se desprenda en el momento de retirar el pene. Para ello puede sujetársele firmemente por el extremo inferior. De lo contrario, el semen podría derramarse fuera del preservativo y provocar la fecundación.

Instrumentos para la mujer

El principal instrumento femenino que se emplea actualmente para finalidades anticonceptivas es el diafragma de goma, que se encaja ante el cuello del útero, impidiendo que el semen penetre en la matriz.

A veces también se emplean tapones de plástico o metal, que se adaptan a la matriz; pesarios intracervicales, insertados en la propia boca del útero, y pesarios intrauterinos, insertados en el interior del útero, donde se dejan. Aquéllos pueden provocar infecciones y éstos no ofrecen una garantía absoluta; por consiguiente, los pesarios intracervicales e intrauterinos no tienen muy buena reputación.

Los diafragmas se fabrican en diversos tamaños, para adaptarse convenientemente a distintas mujeres, y por consiguiente deben escogerse después de un previo examen efectuado por el ginecólogo. Suelen emplearse conjuntamente con gelatina espermicida, según las instrucciones del médico.

Las principales ventajas que presentan los diafragmas son su extraordinaria seguridad; la mínima molestia que representan para el acto sexual, y el hecho de que puedan colocarse antes del coito, para ser retirados varias horas después del mismo, eliminando así la interrupción antes o después de la cópula. Por otra parte, algunas mujeres presentan objeciones a su empleo, a causa de las dificultades que ofrece su colocación; además, algunos diafragmas están construidos de tal modo que no ofrecen garantías absolutas de seguridad.

Los tapones de plástico o metal pueden insertarse una vez al mes, para retirarlos antes de producirse el período menstrual. Presentan claras ventajas, especialmente para las mujeres que no pueden o no quieren llevar un diafragma; pero pueden resultar desplazados por la cópula u otros movimientos, dejando a la mujer sin protección, cuando se imagina que aún sigue protegida.

En vez de diafragmas o tapones, algunas mujeres emplean apósitos, esponjas o pelotas de algodón, que pueden empaparse en substancias anticonceptivas e introducirse en la vagina antes de la cópula. Estos instrumentos, sin embargo, pueden desplazarse y cambiar de lugar durante el coito y por consiguiente no constituyen un método anticonceptivo absolutamente seguro. También pueden resultar molestos durante la cópula.

Algunas mujeres también suelen darse una irrigación después de sostener relaciones sexuales, para expulsar el semen de la vagina antes de que pueda penetrar en el útero. Los lavajes e irrigaciones, aunque se practiquen inmediatamente después de la cópula, pueden ser una medida tardía y con frecuencia no consiguen eliminar todo el semen. Como método anticonceptivo, es notablemente ineficaz. Las irrigaciones también pueden resultar peligrosas cuando son demasiado frecuentes o se practican con sustancias cáusticas e irritantes; sólo debe hacerse bajo asesoramiento médico.

Métodos químicos

Existen numerosas gelatinas, pastas, cremas pomadas espermaticidas, supositorios y tabletas vaginales en el mercado, cuya finalidad consiste en aniquilar los espermatozoides y bloquear el cuello de la matriz. Casi todos estos agentes químicos son eficaces cuando se emplean conjuntamente con un preservativo, pero ninguno de ellos es recomendable para utilizarlo solo (Dickinson, 1950, Tietze, 1959a).

El llamado método de infecundidad periódica en la mujer

El método anticonceptivo basado en una continencia periódica se basa en los descubrimientos realizados por Ogino y Knaus, actualmente muy difundidos. Según los postulados de este método la ovulación femenina se produce hacia mitades del ciclo menstrual y por lo tanto la mujer sólo puede concebir durante unos días, antes y después de esta fecha. En teoría, si se abstiene de todo contacto sexual del undécimo al décimooctavo día de un período de 28 días, la fecundación no se producirá.

Aunque existen pocas dudas de que el método Ogino-Knaus da buenos resultados en general, lo que si es dudoso es que surta resultado en algunos casos particulares. Téngase en cuenta que la mayoría de las mujeres no menstrúan con la regularidad que ellas creen y pueden tener períodos irregulares a causa de enfermedades, cambios de actividad, alteraciones psíquicas, gran actividad sexual, etc. Por consiguiente, el método de la continencia periódica puede utilizarse muy bien como una técnica suplementaria, pero cuando se emplee exclusivamente, no será excesivamente recomendable en muchos casos.

Teniendo en cuenta que muchas madres no menstruan durante el período de la lactancia de sus hijos, se supone equivocadamente que este período es estéril. Pero en realidad, la ovulación sigue produciéndose en muchas mujeres, aunque éstas no tengan sus reglas, y pueden concebir perfectamente durante el período de la lactancia.

El método de la "retirada estratégica"

Uno de los métodos más frecuente empleados (ya Onán lo emplea, según vemos en la Biblia) es el de la retirada, llamado en lenguaje médico *coitus interruptus;* es decir, la retirada del miembro viril, de la vagina, antes de que se produzca la eyaculación. Este no es un método particularmente seguro, por varias razones: *a)* es posible que el líquido lubricante precoital del varón contenga algunos espermatozoides, produciéndose entonces la fecundación de la hembra; aunque no haya tenido lugar necesariamente la eyaculación; *b)* es fácil que el varón se equivoque, por falta de dominio, nerviosismo o excitación; *c)* si el varón retira a tiempo el miembro, pero la eyaculación se produce cerca de la entrada de la vagina, la mujer aún puede quedar embarazada; *d)* si el varón que utiliza este método efectúa otra cópula poco después de la primera, los espermatozoides vivos que pueden subsistir en la uretra son susceptibles de fecundar a su compañera (Clark, 1959c).

Aunque fuese un método anticonceptivo útil, la retirada brusca no es recomendable, pues tiende a crear un estado de ansiedad excesiva, en muchos casos, en quienes lo utilizan. Ambos cónyuges se hallan tan preocupados por la retirada a tiempo, que no se concentran debidamente en el coito ni en el placer que éste les produce. Una variante del *coitus interruptus* puede ser la siguiente: la pareja efectúa la cópula hasta que la mujer alcanza el orgasmo y entonces el marido experimenta el orgasmo después de haber retirado el miembro (Robie, 1925). Pero este método también presenta sus riesgos e inconvenientes.

Coitus reservatus

El coitus reservatus tiene lugar cuando la pareja prolonga su contacto sexual durante un período considerable, sin que el varón alcance la eyaculación o el orgasmo. No es recomendable como método para regular la natalidad, pues pueden deslizarse fácilmente espermatozoides al líquido lubricante masculino, y tampoco es aconsejable como práctica sexual, pues puede provocar la congestión de la próstata y los conductos seminales (epidídimo). No obstante, parece ser que se practicó durante muchos años en la colonia neoyorquina de Oneida, durante el siglo XIX, sin resultados adversos (Ditzion, 1953). Diana es una forma de *coitus reservatus* en la que el varón goza con el contacto y la vista de las formas femeninas desnudas, pero no alcanza el orgasmo. El *descubrimiento de Zugassent* es una variante de la anterior, en el que ninguno de ambos participantes alcanza el orgasmo.[1]

Esterilización

Si fuese necesario que un matrimonio no tuviese más hijos, el marido o la mujer pueden ser esterilizados, lográndose la infecundidad absoluta. Esto se efectúa hoy mediante una operación quirúrgica relativamente sencilla, consistente en cortar y ligar los conductos deferentes (epidídimo) del varón por ambos lados; o mediante una operación más complicada, consistente en ligar las trom-

---

[1] Otra forma de *coitus reservatus* es el método *carezza*, muy beneficioso al parecer por el riesgo hormonal interno que produce (Karsten). (N. del T.)

pas de Falopio de la mujer. Una vez efectuada, la esterilización ya no tiene remedio, en la mayoría de los casos, y por lo tanto sólo habría de realizarse en último extremo (Stone y Stone, 1952; Russell, 1960; Westman, 1959).

También puede lograrse una esterilización temporal mediante un tratamiento a base de rayos X; pero esto puede resultar peligroso para la futura descendencia y por lo tanto no es aconsejable. También puede conseguirse administrando al varón la hormona femenina, o estrógeno, en cantidades suficientes, o también aplicando un calor constante a los testículos. Unas grandes dosis de andrógeno administradas al varón pueden dar también por resultado una supresión temporal de la producción de esperma. Estos procedimientos son muy poco recomendables. Pero la esterilización permanente es un procedimiento innocuo que es aconsejable únicamente en algunos casos concretos (Russell, 1960; Sanwal, 1958).

Comprensión mecánica y expulsión

Algunos varones pueden evitar la concepción ejerciendo presión con el dedo sobre su perineo, donde se encuentra la parte posterior de la uretra. Dicha presión puede impedir la eyaculación, provocando una eyaculación interna o retrógada. El semen así bloqueado puede expulsarse más tarde con la orina.

Algunas mujeres, después de tener lugar la eyaculación dentro de la vagina, efectúan movimientos pélvicos, toses y esfuerzos o presiones sobre la vagina y el cuello del útero, expulsando así fuera de la vagina las mucosidades y el semen. Es evidente, pues, que ni la eyaculación retrógada ni las técnicas para la expulsión del semen son recomendables, como métodos eficaces para el control de la natalidad.

315

Anticonceptivos administrados por vía oral

Actualmente se realizan numerosos experimentos para lograr un anticonceptivo que pueda tomarse en forma de gragea; y las primeras pruebas ésteres, susceptibles de administrarse oralmente, son muy prometedoras (Best y Jaffe, 1958; I. Rubin, 1958). Hay sobrados motivos para creer que, si continúan estas investigaciones, tarde o temprano se encontrará un anticonceptivo seguro e inofensivo, administrado por vía oral.

Continencia

Aunque resulte obvio, cabe reseñar la evidencia aplastante de que uno de los mejores métodos para regular la natalidad consiste naturalmente, en que ambos cónyuges guarden una completa continencia. Pero como son muy pocos los matrimonios que quieran o deseen guardar continencia durante mucho tiempo, este método es muy poco práctico para la inmensa mayoría de individuos.

Métodos del futuro

Parece altamente probable, en el momento de escribir estas líneas, que no tardará mucho en encontrarse un método de evitar la concepción que sea cien por cien seguro, fácil y a prueba de fracasos (Pincus y otros, 1959). En la actualidad, empero, este método no existe y hay que fomentar las investigaciones en este terreno (Lehfeldt, 1960b). Entre tanto, el preservativo junto con cremas o gelatinas espermicidas o el diafragma de goma utilizado conjuntamente con dichas pomadas, parecen ser los métodos más prácticos para la mayoría de individuos.

Aunque ambas técnicas presentan claras desventajas,

sería de desear que se aceptasen sus limitaciones con espíritu realista, en vez de adoptar una actitud neurótica de rebeldía contra su empleo, conducente a dificultades mucho más graves, cuando se desee evitar tener más hijos. En última instancia, el uso eficaz de anticonceptivos, lo mismo que la aplicación oportuna de cualquier otra técnica sexual, es un problema no sólo fisiológico sino psicológico, y debe resolverse mediante el sentido común y la comprensión.

Esta obra se termihó de imprimir
en mayo de 1998, en
TIDISA S.A. de C.V.
Asturias 57
México, D.F.

La edición consta de 1,000 ejemplares